RENEWALS 458-4574.

DATE DUE

GAYLORD			PRINTED IN U.S.A.

NACIMIENTO ÚLTIMO

HISTORIA DEL CORAZÓN

CLÁSICOS DE BIBLIOTECA NUEVA
Colección dirigida por
Jorge Urrutia

VICENTE ALEIXANDRE

NACIMIENTO ÚLTIMO

HISTORIA DEL CORAZÓN

Edición de Irma Emiliozzi

BIBLIOTECA NUEVA

Diseño de cubierta: José María Cerezo

© Vicente Aleixandre y Herederos de Agustín María Aleixandre,
  Nacimiento último, 1953, *Historia del corazón,* 1954
© Introducción, notas y edición de Irma Emiliozzi, 2001
© Editorial Biblioteca Nueva, S. L., Madrid, 2001
  Almagro, 38 - 28010 Madrid (España)

ISBN: 84-7030-840-8
Depósito Legal: M-6.833-2001

Impreso en Rógar, S. A.
Impreso en España - *Printed in Spain*

INTRODUCCIÓN

A Leopoldo de Luis,
atentamente

I. DE *ÁMBITO* A *DIÁLOGOS DEL CONOCIMIENTO:*
EVOLUCIÓN E IDENTIDAD

Antes de la lectura de *Nacimiento último* e *Historia del corazón* de Vicente Aleixandre hemos creído conveniente comenzar por trazar un breve panorama de la evolución de su lírica, al par del de su identidad, indispensable no sólo para ubicar dichos poemarios sino también para entrever las razones que nos han movido a elegirlos para esta edición.

Comunión, comunicación, conocimiento: estas tres palabras con las que José Olivio Jiménez abarcó lúcidamente la evolución de la poesía de Vicente Aleixandre, «una aventura progresivamente dirigida, cada vez con mayor voluntariedad y conciencia, hacia el conocimiento», bien pueden también ahora ayudarnos a describir rápidamente las tres grandes épocas de la poesía aleixandrina:

> La primera, (...) etapa sensorial y apasionada de la juventud, y de comunión con aquello —el reino primario de la materia, el mundo natural— cuya vivencia identificativa parecería ser suficiente al hombre que vive y al poeta que escribe. La segunda, (...) etapa de la comunicación, superación humilde del vigoroso panteísmo vitalista anterior, y aceptación amorosa y necesaria del prójimo. (...) Agotada la sorpresa que es el vivir, resta sólo meditar en lo que su ciencia sea: etapa ya regida de modo urgente por el examen del conocimiento, cuando sólo el inquirir sobre el co-

9

nocimiento y la sabiduría como algo que ciertamente no se resuelve en cómodo quietismo, será aún signo tangible de vida. (1982, págs. 16-17.)

Un movimiento o un sentimiento, como bien advirtió Carlos Bousoño (1977, pág. 49), de «solidaridad amorosa» con todo lo creado —como efecto del individualismo subjetivista propio de toda la época contemporánea, con la identificación del yo con el no yo— organiza o construye la arquitectura total de este edificio lírico: con el mundo físico (época primera), con los demás hombres (época segunda), y, en un giro que aunque parece de 360° no lo es, como veremos inmediatamente, al fin, en un tercer momento, un movimiento hacia el mismo movimiento, la interrogación sobre la misma búsqueda.

En la primera etapa, que podríamos advertir ya anunciada en *Ámbito*, de 1928, y que incluye *Pasión de la tierra, Espadas como labios, La destrucción o el amor, Sombra del paraíso, Mundo a solas* y *Nacimiento último,* lo valioso para el poeta es la naturaleza: la elementalidad, la inocencia, la frescura y belleza que ella representa será el patrón que sirva para calificar. Todo lo natural es real o auténtico y se opondrá a lo artificial. El amor que corresponde a este mundo es el amor-pasión elemental o primario: con él se aman el mar y la noche, o un hombre y una mujer, porque todo el universo de apariencia disímil, aunque de una misma sustancia, cumple con un mismo acto: el amor.

Violento como el odio, el amor es ese impulso solidario totalizador, integrador de dos partes o seres que mutuamente se atraen. El amante —sea un elemento de la naturaleza o sea un hombre —se confunde en el otro, se «destruye» para ingresar en la unidad amorosa; sus límites (piel, bordes, formas, tiempo) se aniquilan, y en la destrucción de su individualidad alcanza la consumación amorosa: la identificación en el otro, que es acto de suma libertad pues es rompimiento de fronteras para el ingreso a la totalidad (o a una fugaz ilusión o vislumbre de totalidad).

Como en el ámbito místico, la muerte o destrucción no

es muerte sino vida o «Nacimiento último». El amante, en un acto de aniquilamiento, se une a lo otro o al otro para despertar al ser auténtico del que ya no se diferencia. Pero esta destrucción amorosa que descubre «el gran secreto» sólo es atisbada por algunos elegidos, por algunos héroes: los hombres elementalizados son los únicos que se acercan a la materia primigenia y pura. El amante, el campesino y el poeta son los señalados pues son atravesados por el impulso erótico que mueve al universo.

La poesía de Vicente Aleixandre, desde *Ámbito* a *Nacimiento último* —y no porque la nota se pierda sino porque se enriquece con otras perspectivas, como ya veremos— canta al hombre que se parece al cosmos, canta al hombre en cuanto es cosmos o naturaleza. ¿Logra este hombre elemental —amante, campesino o poeta— la entrada a lo pánico, develar «el gran secreto»?:

El gran amador, el amador sencillamente, cuando existe, lleva una carga de maravillosa inocencia, porque él, y sólo él, está próximo a esa unidad perpetuamente renovada que es el secreto del mundo. Y en el fasto de las plumas del ave del paraíso, como en la fuerza preciosa del tigre despoblador, estamos viendo algo de lo que gemirá después dulcemente en la pupila intacta de la enamorada. Tentar el secreto de la vida es avasallador… e imposible. Pero presumirlo, intuirlo es algo que al amante final está deslumbrantemente acosando. Los amantes son seres en pristinidad que pasan por la vida incorporando patéticamente un momento el hambre del estado sin tiempo. ¿Qué experimenta el enamorado? En el culmen de la vida, en el éxtasis vitalizado del amor, ¿qué se alberga en el corazón del hombre? «Un desiderio di morir si sente», ha dicho un ser que lo presumió, un poeta. Muerte aquí no es muerte, es palabra suprema del amor: es inmortalidad. Las vislumbres últimas de la vida cruzan unas supremas categorías por el espíritu enardecido, y un conocimiento final suprasensible se despliega en la última comunicación, donde el alma se anega y como que alcanza la postrera sabiduría: ha vislumbrado un instante la inmortalidad. Eternidad e instantaneidad luchan abrazadamente en el corazón del hombre, y ese combate nunca alcanza más radiante estadio que en el solio del amor (…) («En la vida del poeta: el amor y la poesía», en *OC*, 1968, págs. 1322-1323)[1].

Estamos delante del gran límite: el tiempo, y en la larga cita que acabamos de leer se destaca con precisión poética uno de los grandes temas de toda la poesía de Vicente Aleixandre (y de toda gran poesía): «el hambre del estado sin tiempo», el no-límite. El hombre se ha alejado de la eternidad porque es tiempo, piel, forma, vestidos, afeites. La visión del humano destino se tiñe de pesimismo y el paraíso sólo es un recuerdo, una sombra:

> El doloroso hombre que en el humano amor busca la ciega sed del perpetuo hontanar va soñando por la vida su destino inmortal. (Ídem ant.)

La riqueza y complejidad de la cosmovisión aleixandrina del primer período se advierten cuando confrontamos las distintas opiniones al respecto: Dámaso Alonso (1952) y Carlos Bousoño (1977) calificaron al poeta de místico panteísta; Vicente Gaos (1958), de místico frustrado; Concha Zardoya (1961) y Pedro Salinas (1961) hablaron de un panteísmo pesimista. Vicente Granados (1977) no encuentra forma de justificar una pretendida «mística de la materia» o fórmulas afines. Las palabras de Dámaso Alonso referidas a *Sombra del paraíso* bien pueden sintetizar toda esta primera etapa de la obra de Vicente Aleixandre: «anhelo de lo esencial, de lo primario, de lo total (…)» (1952, pág. 314).

Ya vislumbrada en *Ámbito*, anticipada en *Sombra del paraíso* y consumada en *Historia del corazón, En un vasto dominio* y *Retratos con nombre*, la cosmovisión de la poesía aleixandrina se modifica. El hombre, proyectado siempre por su sentimiento de solidaridad amorosa con lo otro, se acerca ahora a los hombres (no al hombre elemental, como

---

[1] El Discurso de Recepción en la Real Academia Española, leído por Vicente Aleixandre el 22 de enero de 1950, fue publicado en la *Revista de Ideas Estéticas*, Consejo Superior de Investigaciones Científicas-Instituto Diego Velázquez, Madrid, núm. 28, tomo VII, 1949, bajo el título: «Estética y vida: el amor en el poeta», págs. 3-25.

ya ocurrió, sino al hombre histórico, al hombre de carne y hueso), y encontrará en la solidaria comunicación con los demás el modo más viable y satisfactorio de conocimiento de sí mismo. Así lo dice «En la plaza» de *Historia del corazón:*

> *No es bueno*
> *quedarse en la orilla*
> *como el malecón o como el molusco que quiere calcáreamente*
> *imitar a la roca.*
> *Sino que es puro y sereno arrasarse en la dicha*
> *de fluir y perderse,*
> *encontrándose en el movimiento con que el gran corazón de*
> *los hombres palpita extendido.*
> ....
> *no te busques en el espejo,*
> *en un extinto diálogo en que no te oyes.*
> *Baja, baja despacio y búscate entre los otros.*
> *Allí están todos, y tú entre ellos.*
> *Oh, desnúdate y fúndete, y reconócete.*
>
> *Entra despacio, como el bañista que, temeroso, con mucho*
> *amor y recelo al agua,*
> *introduce primero sus pies en la espuma,*
> *y siente al agua subirle, y ya se atreve, y casi ya se decide.*
> *Y ahora con el agua en la cintura todavía no se confía.*
> *Pero él extiende sus brazos, abre al fin sus dos brazos y se*
> *entrega completo.*
> *Y allí fuerte se reconoce, y crece y se lanza,*
> *y avanza y levanta espumas, y salta y confía,*
> *y hiende y late en las aguas vivas, y canta, y es joven.*
> (4-9, págs. 28-40.)

Las imágenes cósmicas y telúricas de los títulos de la primera época iluminan la inmersión en lo humano. Y otra vez, como en el intento de *comunión* o fusión con el cosmos, ahora, en el de *comunicación* con los demás hombres, el poeta o el hombre (o el bañista) se «entrega completo» y «late» en la plaza (podría ser el mar de «Destino trágico» de *Sombra del paraíso)* en un reiterado intento de conocer o re-conocer, re-conocerse, buscarse en el otro (cosmos u

hombres), no en el «espejo» —palabra clave en la poesía última de Aleixandre—, entendido como un acto de ensi-
mismamiento.

¿Lo otro? ¿Uno mismo? Lo otro también es el diverso
espejo en el que se refracta y presiente y reconoce el rostro
individual, pero este último movimiento inquisitorio,
como ya hemos prevenido, le está fundamentalmente reservado a la tercera y última etapa de la poesía de Aleixandre, lo que no quiere decir que no se anticipe aquí y allí,
desde el inicial *Ámbito*.

Dice el poeta de *Historia del corazón*:

> Y la «mirada extendida», la mirada derramada sobre los
> demás, porque el hombre no vive solo y la conciencia
> de la vida es también —¡y de qué modo!— conciencia de
> compañía. (Autocrítica de *Historia del corazón*. Véase
> Apéndice 3.)

Desde la «conciencia de la vida» hasta la «conciencia de
la compañía», palabras claves para la comprensión de las
dos primeras épocas de esta poesía del conocimiento, esta
«aventura del conocimiento» como la definió José Olivio
Jiménez:

> Una conciencia sin atenuantes: eso es el poeta, en pie,
> hasta el fin. («Poesía, moral, público», en *OC*, 1968, pág. 1578.)

Desde esta perspectiva gnoseológica, las dos etapas se
confunden, pese al predominio de lo natural sobre lo humano y viceversa en una o la otra:

> El tema de la mayoría de los libros del poeta era, si la
> expresión no parece desmedida, la Creación, la naturaleza
> entera, yo diría mejor su unidad, y el hombre quedaba
> confundido con ella, elemento de ese cosmos del que sus-
> tancialmente no se diferenciaba. Más tarde, bastante más
> tarde, *Historia del corazón* subvierte los términos y es ahora
> el hombre el directo protagonista, y la naturaleza sólo
> fondo sobre el que la historia del transcurrir humano se su-
> cede y se desenlaza. Y otra vez el poeta aquí apuntaría: ¿Ha
> variado el protagonista? El protagonista de la poesía es

siempre el mismo, porque la poesía sin que le sea dable escoger otros términos, empieza en el hombre y concluye en el hombre, aunque entre polo y polo pueda atravesar —algunas veces iluminar— el universo mundo. (Prólogo a *Mis Poemas Mejores*, 1984, pág. 7.)

Proyectada ahora la mirada sobre el humano vivir, se despliegan las edades del hombre —el tiempo, siempre el gran límite— como *historia* o relato de los pasos o momentos de una vida o de un *corazón:* de la infancia a la senectud («Entre dos oscuridades, un relámpago», dirá el poeta), pasando por la juventud y madurez de la vida. Lo radicalmente propio de Aleixandre sigue siendo «su modo totalizador de contemplar la realidad» sin desechar, como también era propio de la etapa anterior, el uso de su «pupila analítica»: la observación de una »Mano entregada», por ejemplo (Carlos Bousoño, 1977, págs. 108, 114).

El amor, que antes era frenesí y destrucción, es ahora temporal convivencia y por ende mutuo apoyo y compañía en la difícil «Ascensión del vivir». Piedad, estoicismo, aceptación de los límites humanos. Desde esa totalizadora comprensión, el poeta, que se reconoce en los otros, también los representa, y opone la serenidad al tumulto, la esperanza de la compañía a la desesperanza de la soledad: la poesía de Vicente Aleixandre alcanza así un fuerte carácter ético. Comunicación es com-pasión, etimológicamente revivida.

Antes de llegar propiamente a la tercera época en la evolución de la lírica aleixandrina, debemos considerar que si en un primer momento el hombre se ha buscado en el cosmos, y en un segundo en los demás hombres, no extrañará que en el devenir de la poesía de Aleixandre, pasmosamente coherente, cosmos y hombres, materia y espíritu se con-fundan una vez más: todo es uno y lo mismo. Ésta es la ampliación temática que en la obra de Aleixandre propone *En un vasto dominio* —además de la urgencia gnoseológica que ya lo invade, preanunciando los dos libros finales—: la materia es entrevista en evolución, sumida en historia hasta ser o cuajar en mano o vientre, o en palabra, sublimada proyección del proceso de evolución desde lo primero. Intento de percepción total, de abarcadora comprensión del devenir del hombre y de la materia espacial y temporalmente infinita.

Desde *Ámbito* a *Nacimiento último* la poesía de Aleixandre nos ha mostrado al hombre en relación amorosa con un universo en el que se proyecta y se busca; con *Historia del corazón* el marco parece ahora cambiar: lo otro es la humanidad. *En un vasto dominio* conjuga ambos espacios líricos:

> ¡Cuántas veces el que aquí escribe ha venido a pensar: el universo del poeta es infinito, pero limitado! Y el poeta, cumpliéndose, ha trascendido, en un acto de fusión con lo otro (el universo, los hombres), que es también un acto de propio reconocimiento. *(Mis Poemas Mejores,* 1984, pág. 8.)

Pero la aventura no ha terminado y Vicente Aleixandre nos espera aún con otra sorpresa, que, tal como hemos venido recalcando etapa por etapa, ya estaba preanunciada en el inicial *Ámbito* y presente en *En un vasto dominio:* los dos últimos títulos inauguran —pese a sus antecedentes, tal es el grado de originalidad— la etapa tercera y final de su poesía, y a la vez cierran y culminan toda su trayectoria, culminación no sólo por su calidad literaria sino porque en estos libros se reasume el ya extenso y consagrado recorrido poético sobre el que estas nuevas páginas arrojan una lúcida y total mirada retrospectiva. Con *Poemas de la consumación* y *Diálogos del conocimiento* el escritor adelanta ahora el problema mismo del conocimiento, el cuestionamiento poético, lúcido e implacable, de la vida, de su vida, derivación o corolario inevitables de esta obra de continua indagación:

> Conocimiento, por último, como objetivo ya específico de la sola actividad humana posible, la de la reflexión: ardua intelección, pues, sobre el mismo proceso cognoscitivo que ha acompañado al vivir, sobre sus adquisiciones y su validez. (José Olivio Jiménez, 1979, pág. 15.)

Desde la «situación del viejo que vive la plena conciencia de la juventud como el equivalente de la única vida», y
«lo inexorable de la consumación se asume como un conocimiento que en sí es un valor, una sombría iluminación», en *Poemas de la consumación* (Nota al poemario en
Mis Poemas Mejores [1984, pág. 307]), hasta la creación de «una
serie de personajes distintos del autor y diferentes también
entre sí que me sirvieran como perspectivas u órganos de
conocimiento a cuyo través se pudiera ofrecer la multiplicidad como tal del universo», en *Diálogos del conocimiento*
(Nota al poemario en *Mis Poemas Mejores* [1984, pág. 337]),
los últimos libros del poeta, de 1968 y 1974 respectivamente,
son los momentos sucesivos de un mismo movimiento
—siempre la solidaridad amorosa— que puede ser rotu-
lado, sin dudas, como epistemológico y metafísico. Culminación del conocimiento.

Esbozadas las tres grandes épocas de la poesía de Vicente
Aleixandre como un fecundo *continuum* en que la cosmovisión va evolucionando, completándose y enriquecién-
dose, podemos ya entrever la correspondiente evolución de
su lenguaje poético, desde el triunfo del superrealismo primero (etapa de *comunión),* la intermedia derivación al realismo o neorrealismo de los años 50 después (etapa de *comunicación*), y finalmente el regreso a un nuevo irracionalismo o alogicismo de carácter muy diferente a la inicial
surrealidad (etapa de *conocimiento)* [2].

Pero es hora de completar la visión de la constante evolución de esta lírica con la de su sorprendente identidad.
Y vamos a reparar para ello en *Ámbito*, de 1928, que, como
hemos entrevisto en las páginas anteriores, es preámbulo y
síntesis de toda la obra de Vicente Aleixandre, y que, como
buen libro primero, asume todas las tendencias de su
época. Empleando palabras del mismo Aleixandre, en
«Ámbito: Vetas distintas» revisa Alejandro Amusco (1984)
las corrientes estéticas de principios de siglo que pueden

---

[2] La desarticulación o separación en este análisis —por un lado, la
cosmovisión y por otro, el lenguaje poético— no ha tenido otra finalidad
que ordenar con un poco más de claridad tantos conceptos en tan pocas
páginas.

rastrearse en el libro, además de su proximidad con lo tradicional (Góngora y fray Luis): la desnudez poética de rai-
gambre «juanramoniano y saliniano-guilleniana»; el «clima
deshumanizado» de la vanguardia; el irracionalismo y la corriente neogongorina que es, para Amusco, la más prepon-
derante en *Ámbito*, sin olvidar la irracionalista «con la que
paradójicamente a veces se confunde» (en su edición de
Ámbito —1990, págs. 46-60— amplía Amusco esta misma
perspectiva crítica).

Un clásico artículo de Guillermo Carnero había ya ad-
vertido por qué este libro, hasta no hace tanto tiempo y por
ser una obra no convencional, de difícil clasificación —em-
pañada además por la envergadura de la obra superrealista
que le siguió—, quedó por muchos años al margen de la
atención de la crítica. Y valoró su relación con dicha primera gran época superrealista de la siguiente manera:

> *Ámbito* permite apreciar lo que hay de genuinamente
> personal en la etapa superrealista aleixandrina. Ya que si en
> la expresión puede haber contaminación con el surrealismo
> francés, en el más importante terreno de las formas de pen-
> samiento que están en la base de la escritura superrealista,
> Aleixandre ha llegado por su cuenta a formulaciones equi-
> valentes, antes de *Pasión de la tierra*. (…) (1979, pág. 393.)

La «secuencia irracionalista» es permanente en toda la
obra de Aleixandre aunque, claro está, incidirá en mayor o
en menor grado en los diferentes títulos. Así opina el
mismo poeta en su «Nota preliminar» a *Poesía superrealista*:

> Alguna vez he escrito que yo no soy ni he sido un poe-
> ta estrictamente superrealista, porque no he creído nunca
> en la base dogmática de ese movimiento: la escritura au-
> tomática y la consiguiente abolición de la conciencia ar-
> tística. ¿Pero hubo, en este sentido, alguna vez, en algún
> sitio, un verdadero poeta superrealista?
> Asociaciones de elementos verbales en que estalla la ló-
> gica discursiva, o aproximaciones que, obedientes a otra
> coherencia más profunda, trastornan, en aras de la expre-
> sión, su consuetudinario sentido, pueden encontrarse, y
> creo que de hecho se encuentran a todo lo largo de mi tra-

bajo poético, con variable intensidad y desde su iniciación.

Esta secuencia irracionalista es la que he intentado representar en la presente selección. La mayor contribución la prestan los libros más cercanos al superrealismo estricto (desde *Pasión de la tierra* a *Mundo a solas*), pero el cauce, con intermitencias continúa a través de otras obras hasta abrirse especialmente en la última publicada, *Poemas de la consumación,* y en alguna pieza de la aún no acabada *Diálogos del conocimiento.*

El irracionalismo de estas últimas poesías enlaza con el superrealismo de la etapa inicial y lleva a este irracionalismo a unas más alzadas fronteras.

Las presentes páginas se abren con un poema que puede servir de antecedente, extraído del primer libro, *Ámbito.* (...) (1971, pág. 7.)

Con la demorada[3] *Pasión de la tierra,* la «veta» de *Ámbito* en la que Aleixandre encuentra su primer estilo es la superrealista. ¿Cuál es el Aleixandre superrealista?

En general la crítica coincide en que esa primera etapa incluye *Pasión de la tierra* (compuesto entre 1928 y 1929, y publicado en 1935); *Espadas como labios* (compuesto entre 1930 y 1931, y publicado en 1932); *La destrucción o el amor* (compuesto entre 1932 y 1933, y publicado en 1935); y *Mundo a solas* (compuesto entre 1934 y 1936 y recién publicado en 1950). Desde la opinión de Luis Antonio de Villena, que ubica a *Pasión de la tierra* como «la entrada imperiosa en el surrealismo» y los tres libros siguientes como «la etapa clásica del superrealismo aleixandrino» (1977, pág. 40), hasta la de Pere Gimferrer (1978, pág. 113) que ve en *Mundo a solas* el «primer paso» en la búsqueda de un «orden del mundo», luego del inicial desorden, las posiciones no parecen diferir sustancialmente, aunque simulan ser diferentes.

Recientemente Yolanda Novo Villaverde clarifica definitivamente la ubicación de estas cuatro obras de Aleixandre en relación con el superrealismo, y a su opinión nos adherimos:

---

[3] Véase «Las razones de una demora» en el prólogo de Gabriele Morelli a su edición de *Pasión de la tierra* (1987, págs. 13-22).

Las obras a que doy el calificativo de surrealistas (…) son *Pasión de la tierra* (1935) y *Espadas como labios* (1932). Es innegable que el surrealismo como modo de escritura está presente en gran parte de la obra posterior del poeta, especialmente en *La destrucción o el amor* (1935), *Mundo a solas* (1950), *Poemas de la consumación* (1968) y *Diálogos del conocimiento* (1974), pero estimo que sólo en aquellas el lenguaje surreal es consecuencia expresiva de unos materiales informes, de una actitud ética y de unos estados mentales propiamente surrealistas. En las demás obras citadas, el surrealismo sólo permanece a nivel formal, decantado ya por una cosmovisión definida y coherente que esclarece el caos inicial y proporciona unas claves simbólicas de interpretación lingüística que hacen más diáfana la comprensión racional de las mismas; digamos que en este itinerario «hacia la luz» se ha ido configurando un código estrictamente personal que facilita y asume la lectura de obras anteriores. (1980, págs. 59-60.)

A fines de 1939 comienza Aleixandre la escritura de *Sombra del paraíso* (concluida en 1943 y publicada en 1944). Esa «aspiración a la luz»[4] que ha sido siempre su poesía, según propia confesión del autor, comienza a ser alcanzada. La expresión se esclarece, pero aún el plano simbólico —su título lo muestra claramente— no es abandonado.

Sin embargo esa «aspiración a la luz» ha comenzado desde antes: desde *La destrucción o el amor* precisamente, libro aún teñido, como dice Novo Villaverde, de un sostenido irracionalismo formal, y *Mundo a solas*. *Sombra del paraíso* representa el último paso en esta evolución hacia el realismo, e *Historia del corazón* (compuesto entre 1945 y 1953 y publicado en 1954), como ya hemos visto, su más cabal testimonio[5]:

---

[4] Aleixandre, Vicente (1984, pág. 10). Cito por la sexta edición de *Mis poemas mejores*. El texto de referencia, fechado el 30 de junio de 1956, ya figuraba en la primera edición.

[5] No hemos olvidado *Nacimiento Último*, de 1953. Pero el libro recoge material escrito por Aleixandre desde 1927 y es imposible su ubicación en una u otra etapa. Ya nos referiremos a su importante *rol* en la lírica de Vicente Aleixandre.

Historia del corazón (…) posee una serie de características que hacen de esta obra algo inconfundible dentro de la producción aleixandrina. Instaura en ella una nueva etapa, un nuevo camino: lo que se ha llamado «segunda época». Por eso, en un sentido profundo, *Historia del corazón* se diferencia más, por ejemplo, de *Sombra del paraíso,* que este libro pueda distinguirse del resto de la producción aleixandrina, con ser *Sombra del Paraíso* un libro tan pasmosamente singular. Y es que, contemplado con perspectiva, *Sombra del Paraíso* es incluible dentro de un ciclo donde se hallan todos los otros versos de Aleixandre: *Historia del corazón* no lo es. Inicia un ciclo nuevo, una nueva etapa. (1977, págs. 89-90.)

Resumamos. *Pasión de la tierra* y *Espadas como labios* son las dos obras de Aleixandre genuinamente superrealistas. Desde *La destrucción o el amor* a *Sombra del paraíso,* se inicia el proceso de esclarecimiento que desemboca en *Historia del corazón:* son estas obras, por consiguiente, un paulatino descenso en el grado de irracionalismo y *Sombra del paraíso* la obra fronteriza por excelencia: casi luz, pero aún desde la noche. Aun cuando para José Olivio Jiménez «(…) es más lo que *Sombra del paraíso* abre que lo que continúa y culmina», acierta al ubicar al libro «(…) como de bisagra que cierra y abre las puertas de estancias vecinas en el vasto edificio de la obra poética de Vicente Aleixandre.» (1982, pág. 60.)

El segundo ciclo, realista, comienza entonces con *Historia del corazón* e incluiría *En un vasto dominio* (compuesto entre 1958 y 1962, y publicado en el mismo año), *Picasso,* de 1961, y *Retratos con nombre* (compuesto entre 1958 y 1965, año de su publicación). *Poemas varios,* recién preparado para la edición de *Obras Completas* de 1968, reúne textos de 1927 a 1967, como es el caso de la variada procedencia temporal de los poemas de *Nacimiento último.* Pero a poco que revisemos estos títulos veremos que, como ha dicho Carlos Bousoño, sólo *Historia del corazón* es «algo inconfundible», y que *En un vasto dominio,* que resume temas y formas que están en Aleixandre desde *Ámbito* en adelante, anticipa además el irracionalismo paradójicamente racional de *Poemas de la consumación* (1968) y de *Diálogos*

del conocimiento (1974). Aunque esta tendencia al alogicismo puede rastrearse en toda la obra del poeta, será recién en *En un vasto dominio* donde se utilice frecuente-
mente, antes del uso intensivo de la etapa final. Es *En un
vasto dominio* uno de los libros más ricos y multifacéticos
de Aleixandre, y, como *Sombra del paraíso,* otra «bisagra»,
otra obra fronteriza, de difícil clasificación. También un
hito:

> (...) Es curioso ver la cronología. Hay otros libros in-
> termedios, pero La destrucción o el amor fue el libro de
> los treinta años, Sombra del P., de los 40, Historia del co-
> razón de los 50, y En un vasto dominio de los sesenta. ¡Que
> siga la racha, señal de que alentaremos![6]

Después del breve paso por el realismo —si sólo *Historia del corazón* es clasificable bajo dicho rótulo, y los libros
subsiguientes un paulatino marchar hacia la etapa final—,
con *Poemas de la consumación* se inicia el tercer y último ciclo de la poesía de Vicente Aleixandre. ¿Qué características
asume ahora este reiterado irracionalismo? ¿Irracionalismo?

Carlos Bousoño, autor de dos libros fundamentales sobre el tema que tratamos —*El irracionalismo poético (El
símbolo),* y *Superrealismo poético y simbolización*—, al refe-
rirse a las «técnicas irracionalistas» de Aleixandre resume y
precisa la importante noción de «alogicismo»:

> (...) No hay (...) superrealismo. Claro está que se ras-
> trean, con alguna frecuencia, símbolos, e incluso, son ha-
> llables los símbolos de irracionalidad más marcada, o sea,
> los símbolos de la irracionalidad, símbolos que, además,
> pueden hasta acumularse (...). Pero el uso de tales recur-
> sos es hábito anterior al superrealismo y puede hallarse in-
> cluso en Machado (poema XXVIII, pongo por caso). Lo
> que llama la atención no es ahora, pues, esto, sino otra
> cosa: la utilización incesante de la alogicidad (...). Lo irra-
> cional o simbólico no es lo mismo que lo ilógico. La dife-
> rencia está clara: lo simbólico o irracional posee un signi-

---

[6] Fragmento de carta de Vicente Aleixandre a Manuel Arce, fechada
en Madrid, el 12-I-63. Citada en Julio Neira (1985, pág. 28).

ficado escondido del que sólo nos llega hasta la conciencia una pura emoción, mientras que lo que ahora estamos denominando alogicismo, aunque rompa con los esquemas de la discursiva connotación, sugiere en nosotros, sin nombrarlo directamente, o sea, en forma indirecta o connotativa, un significado consciente. Conciencia, pues, frente a no conciencia. Dicho de otro modo: en el simbolismo nos emocionamos sin entender, mientras que en la alogicidad hay lucidez, comparencia mental del significado que no se dice, pero que se sugiere. (...) (1978, págs. 5, 30.)

Trazada someramente la evolución de esta lírica en tres momentos sucesivos de comunión-superrealismo, comunicación-realismo, conocimiento-irracionalismo, y para concluir con esta presentación general, creemos importante advertir que la sorprendente evolución de la poesía de Vicente Aleixandre, anclada en temas y recursos expresivos presentes desde su primer libro hasta el último, da como resultado algunos libros más *originales* que otros, a los que, con Susana Reisz, podríamos denominar *epigonales:*

> Las obras literarias producidas en conformidad con las reglas de un código estético cuya identidad ha dejado de ser problemática son clasificadas como imitaciones o epígonos y ubicadas en la parte más baja de una escala de valores. Las obras censadas como innovadoras o, al menos, originales —y valoradas más alto en virtud de este mismo rasgo— se caracterizan, en cambio, por fundarse en un código estético de identidad precaria, que sólo puede ser inferido a partir de su manifestación textual. (...) (Reisz de Rivarola, Susana [1981]).

Desde la perspectiva planteada, los libros más originales de Vicente Aleixandre pertenecen a sus etapas irracionalistas, mientras que en su período realista *(Historia del corazón),* y en esto, por supuesto, no hay juicio valorativo, su producción puede ser ubicada como una obra «imitativa» o «epigonal» —sobre todo pensando en el regreso al canon lingüístico, en la vuelta a la norma—. Y vale aunque sea mencionar rápidamente que, de todos sus títulos, los que mayor influencia han tenido sobre la lírica española de pos-

guerra pertenecen a sus etapas irracionalistas, los períodos
en los que Aleixandre produce una obra «original». Y, según nuestra opinión, dentro de esas etapas irracionalistas,
son las obras que hemos calificado de fronterizas, los libros-
compuertas, los que cierran un ciclo anunciando el siguiente, los que mayor impronta, más visible huella deja-
rán en la poesía de posguerra.

En virtud de su alto grado de hermetismo y de su alzada cuota de innovación, las obras «originales» serán las
que más difícilmente puedan «releerse». Sus momentos
fronterizos, más accesibles, más próximos. Aunque las ele-
mentales «fuerzas primeras» que alientan ya en *Pasión de la
tierra* —donde se inicia la preconizada rehumanización del
Aleixandre posbélico— alimentarán el caudal de no pocas
voces más jóvenes, y el capítulo de la influencia de *Poemas
de la consumación* y *Diálogos del conocimiento* viene recién
de escribirse, son *La destrucción o el amor* y sobre todo *Sombra del paraíso* de la etapa primera, y *En un vasto dominio
(Picasso* y *Retratos con nombre* funcionan como una ampliación de lo ya anticipado en *En un vasto dominio)* de la
tercera, las obras, creemos, mayormente «releídas»: un tema
que aún espera ser estudiado.

Y viceversa. Es en su etapa realista, en la transición del
primero al tercero de los momentos de su obra cuando
nuestro autor se nutre fundamentalmente de las más jóvenes voces españolas, muchas de ellas las de sus amigos personales y fieles visitantes de la mítica Velintonia, 3. Aleixandre es ahora, como debe ser para crecer incluso en
originalidad y continuar en la «ardua tarea», un atento receptor de la poesía de los escritores del 36 y el 40:

> (…) Pues, sin duda, poseía, arte, es siempre, y ante
> todo, tradición, de la que cada autor no representa otra
> cosa que la de ser, como máximo, un modesto eslabón de
> tránsito hacia una expresión estética diferente; alguien
> cuya fundamental misión es, usando otro símil, trasmitir
> una antorcha viva a la generación más joven, que ha de
> continuar en la ardua tarea. (Vicente Aleixandre, 1978,
> pág. 1. Discurso de Recepción del Premio Nobel.)

2. *Nacimiento último*: «Unidad de tiempo, unidad de poeta»

2.1. *Historia editorial de* Nacimiento último

Nacimiento último apareció en 1953, después de más de diez años de idas y vueltas, y fueron varias las razones que se sumaron para decidir esta edición. El proyecto tuvo, casi hasta ver la luz, otro nombre: *Desamor,* y existía por lo menos desde 1943. Revisemos su historia.

En carta escrita desde «Vistalegre», el chalé de los Aleixandre en Miraflores, el 3 de agosto de 1941, a José Luis Cano, Vicente Aleixandre, que confiesa vivir para estos días «una cierta tristeza y desengaño», anuncia el título «Desamor» para un poema:

> (…) Creo que escribiré un poema que llevo en el alma y que se llama «Desamor». Si lo escribo, después de escribirlo quisiera tirarme al mar o hundirme en el mar azul, inmarcesible, que eternamente me recuerda su ebria promesa. Pero no tendré estos días ni una cosa ni otra: sólo una cuartilla y una pluma en las manos. (1986, pág. 35.)

En sucesivas cartas, del 28-VI-1943, del 7-VII-1944 *(He escrito un pequeño poema para* «Desamor»), del 3-VIII-1944, del 11-VIII-1944 *(Para Desamor he escrito un poema:* «Cántico amante para después de mi muerte») no sólo se consolida la mención de *Desamor* como libro sino la de que fue un proyecto independiente y se escribió a la par de *Sombra del paraíso.*

Para 1946, Vicente Aleixandre ya pensaba en editarlo y en qué editorial podía hacerlo. Lo demuestran las siguientes líneas, que ratifican además la independencia y unidad del que sería el primer núcleo del libro, definitivamente llamado *Desamor:*

> No sé si dentro de poco daré a José Luis [Cano] unos poemas para que haga un tomito de Adonais. Ya sabes mi viejo y gustoso compromiso con él. Allí recogería algunos poemas breves de «Desamor» y otros dispersos por algunas

partes, entre otros el extenso que tengo escrito «En la
muerte de Miguel Hernández», mi también extenso poema
«Al sueño», publicado (todo errado y mezclado indecente-
mente el orden de estrofas y versos) en *El Espectador,* y algún otro aún. (Carta a José Antonio Muñoz Rojas —inédita—, Madrid 17 de abril de 1946. La cursiva es del autor.)

Sabemos que al final será la segunda edición de *Pasión de
la tierra* la que se publique en 1946, *Primera edición española*
como reza el volumen XXXII de Adonais, después de la editada por la Editorial Fábula, en México, de 1935. La nueva
edición agrega siete poemas a la primera: es decir, Aleixandre
trabaja en la búsqueda de la forma definitiva de un poemario ya publicado antes de iniciar la del que sigue. Además de
la oportunidad de reinstalar en el escenario español el importante libro superrealista casi desconocido, Adonais le
ofrece otra oportunidad, sin la que no se gana la primera: ya
ha comenzado su preocupación por el orden y la unidad en
la evolución de su lírica, la necesidad de ubicar en su trayectoria o evolución poética, ahora nada menos que un título
como *Pasión de la tierra,* el cuidado de cada sitio o lugar en
un todo lírico único y coherente. Lo mismo irá demostrando
la historia de *Nacimiento último* e *Historia del corazón.*

La oportunidad de 1946 la gana *Pasión de la tierra*, pero
la intención de publicar *Desamor* no se agota en el intento
de Adonais. Aunque aún le falta a Vicente Aleixandre editar otro título, *Destino del hombre,* que viene anunciando
como inédito desde la aparición de *La destrucción o el amor,*
de 1935, y así también anuncia en la primera edición de *Pasión de la tierra,* también de 1935. Y yo estoy cada vez más
convencida, y lo que sigo leyendo no hace más que corro-
borarlo, de que este Premio Nobel español, aparentemente
tan desorganizado o distraído con archivos, papeles y hasta
poemas dispersos que olvidaba y que muchas veces sus jóvenes amigos, José Luis Cano y Leopoldo de Luis entre
ellos, le ayudaban a reubicar o recuperar, no se olvidaba de
lo que verdaderamente le interesaba. Y desplegaba las fichas
de sus libros o de sus títulos como habilísimo maestro de
ajedrez, asegurando su evolución pero cuidadoso de la
identidad de la obra.

Desde ahora se ocupará de los dos títulos, pero primero, como era de esperar, de *Destino del hombre.* Y la aventura editorial de Santander, a la que Julio Neira le ha dedicado un breve pero indispensable libro titulado *Aleixandre: El proyecto editorial de Desamor,* publicado por Artes Gráfica Bedia, creemos que también tiene que ver con el definitivo *Mundo a solas,* finalmente editado tres años antes que *Nacimiento último,* en 1950.

Pero por ahora volvamos a *Desamor.* Nos explica Julio Neira que la historia santanderina de *Desamor* tuvo que ver con la de *El viento Sur,* la colección en la que se proyectó su edición y a la que hay que vincular la presencia de Ricardo Gullón. Gullón había llegado a Santander en 1941 y, entre otras muchas actividades (entre ellas su participación en la revista *Proel),* desde 1945 organizaba una tertulia los sábados por la tarde en el local del diario *Alerta.* En una de estas reuniones surgió la idea de publicar un relato inédito de Gullón: *El destello.* Antonio Zúñiga, abogado y hombre de negocios, se ofreció como editor, y Pablo Beltrán de Heredia fue elegido como encargado de la edición. Pronto el proyecto se amplió con la idea de una colección, a la que Beltrán de Heredia, su director, bautizó con el nombre de «El viento Sur».

A principios de 1948 se decidió que en la colección alternasen narraciones, ensayos y libros de poemas. En un primer momento se pensó en cuatro libros de cada uno de estos géneros: relatos de Gullón, Baroja, Jorge Campos y Luis Rosales; ensayos de Gregorio Marañón, Julián Marías, Jesús Pabón y Enrique Lafuente Ferrari y poemarios de Gerardo Diego, Vicente Aleixandre, Juan Panero y Francisco Azurdia-Soto, que serían ilustrados por artistas como Vázquez Díaz, Joaquín Vaquero, Juan Antonio Morales, José Escassy, «Serny», Ricardo Zamorano, Pedro de Matheu, etc. Asimismo se decidieron tamaño, tirada y precio de la colección. El plan comenzó a cumplirse:

> El proyecto —ambicioso, como se ve— se llevó a la práctica con bastante más fidelidad de lo que suele ser habitual en estos casos, al menos durante ese 1948. (…) En

ese año se publican los cuatro primeros volúmenes, impresos en Madrid. *El destello* aparece como número 1 en junio; y le siguen *Soria* de Gerardo Diego, el ensayo de Julián Marías *Ortega y la idea de la razón vital*, y de nuevo narración: *En nada de tiempo* de Jorge Campos.

Siguiendo el orden alternativo de géneros, el quinto volumen debía ser de poesía. Y era el lugar reservado al de Aleixandre: *Desamor;* y así se anuncia «en prensa» en el boletín de suscripción (…) (Julio Neira, 1986, págs. 18-19).

A fines de ese mismo 1948 comienzan las gestiones personales de Pablo Beltrán de Heredia con Vicente Aleixandre: acuerdan las condiciones económicas y el editor propone al poeta que la ilustración de su libro corra a cargo de Ricardo Zamorano, a quien Vicente Aleixandre aún no conoce. A partir de este momento comienza la correspondencia entre Pablo Beltrán de Heredia y el autor de *Desamor,* y con ella, los testimonios de la ordenación del libro: «ya estoy reuniendo los poemas y todo está en marcha», dice el poeta en tarjeta del 12 de enero de 1949; y unos días después, el 28 del mismo mes, agrega: «Ya tengo reunidos mis poemas para el libro y los he entregado para copiar a máquina. En cuanto esté dispuesta la copia se la mandaré.»

También la correspondencia recoge las vicisitudes de la frustrada aventura editorial. Cabe agregar que antes de aceptar la colaboración de Zamorano (siempre glosando a Julio Neira), por pedido de Aleixandre, Beltrán de Heredia le enviará un pliego con un poema de José Hierro (sin título), impreso por Artes Gráficas Bedia como obsequio para los suscriptores de la colección, y que está ilustrado con un dibujo de Zamorano. A Aleixandre le agradan las ilustraciones por lo que acepta a Zamorano como ilustrador de su nuevo libro, aunque solicita que los dibujos sean «un poco menos voluptuosos» (carta del 12 de enero de 1949).

Problemas de diferente orden (el retraso de Ricardo Zamorano en la entrega de los dibujos, por ejemplo[7]) y muy

---

[7] También en carta a José Luis Cano, escrita desde Madrid, el 22-III-1949, se queja Vicente Aleixandre: «Mañana espero a Zamorano, que según parece me trae por fin los dibujos para *Desamor.*» (1986, pág. 92.)

seguramente cuestiones económicas fueron demorando el proyecto. Vicente Aleixandre envió los originales —que luego recuperaría— el 30 de marzo de 1949, pero había acordado recibir 3.000 pesetas a la entrega del original, a cuenta de la posterior liquidación de sus derechos, cantidad «bastante considerable para la época»:

> un 28,57 por 100 del total de la venta, porcentaje muy superior al que se acostumbra pagar al autor en España. Para hacer rentable la publicación el precio por ejemplar debería haberse subido notablemente. Y aun así había que contar con esas 3.000 pesetas líquidas por anticipado. No es aventurado afirmar que ésta fue la causa de que el libro no se publicase. (Neira, 1986, pág. 27.)

Se ocupa Julio Neira, por supuesto, de demostrar la identidad entre el proyecto *Desamor* y el finalmente llamado *Nacimiento último*. Datos internos de una sola carta, la del 30 de marzo de 1949, y ya suficientemente estudiada por él (23-27), bastarían para probar que se trata del mismo conjunto de poemas. Y también para probar que en los cuatro años que aún faltaban para la aparición del definitivo *Nacimiento último* hubo modificaciones que afectaron no sólo a su título, tal como indicamos en las notas a textos, o en «Otros poemas del ciclo de *Nacimiento último* e *Historia del corazón*», por ejemplo, en la nota al poema «[Ha visto el poeta un día]», inicialmente incluido en el proyecto y luego eliminado. La ausencia de archivo de Vicente Aleixandre con material de esta época, según nos ha dicho en su momento don Carlos Bousoño, nos priva de datos sobre la génesis, composición y datación de estos poemas.

Pero es el mismo Vicente Aleixandre quien confirma la identidad *Desamor* = *Nacimiento último*, así como sus variaciones. Se lo comunica a Concha Zardoya en carta —inédita— escrita desde Madrid, el 29 de mayo de 1953, y de mucho valor para la apreciación de nuestro poemario, por lo que decidimos citarla extensamente:

Mi querida Concha: anteayer te he mandado un ejemplar de mi nuevo libro, «Nacimiento último», que acaba de aparecer en la Colección Ínsula. Ya ves, que cuando te aconsejaba publicaras el tuyo en ésta, obedecía a mi opinión sobre ella, ahora demostrada. Este libro, es, en parte, el que antes titulaba «Desamor», que ha cobrado ahora su genuino ser y título. Le tengo cariño. Consta de varias partes, como verás. La primera, que lleva el título del libro, es el fin de la visión del mundo mía, la visión ahora de la ultramuerte. Por eso hay tantos poemas de «enterrado», muerte como comunión con la unidad del mundo. Es el cumplimiento. Otra parte se titula «Retratos y dedicatorias», y comprende algunos poemas que a lo largo de mi vida me han inspirado movimiento de admiración o amistad. Va el tan traducido a tantas lenguas soneto a Fray Luis de León y el que hice a Herrera y Reissig, que mucho quiero, y el «a Salinas en su muerte», etc. Otra parte son cinco poemas muy seleccionados que podrían llamarse post-paradisíacos porque escritos [¿marcha?] S. del Paraíso [¿?] recién acabado. Y luego una serie de poemas sueltos, uno el hecho a Miguel, en su muerte, que creo conoces (y que aquí llamo Elegía sólo, por razones obvias), y uno extenso «Al sueño». Mi visión de sueño no es la traducción de imagen de la muerte, sino de más vida, de profunda vida. Hay más. Y termina con un poema «El Poeta Niño», que parece complementario de otros poemas míos escritos sobre «El poeta» o «Los Poetas».

Estoy contento, y tengo cierta debilidad por este libro, por la mezcla de rigor al formarlo y de sorpresa al encontrármelo con que ha nacido. Es curioso la ilusión con que lo he esperado. Influye también la variedad y complejidad dentro de la unidad y la posición implacable con que me situé al reunirlo. Para publicarlo elegí la colección Ínsula y creo ha quedado bello y justo de presentación, muy a mi gusto, dentro de que he querido que fuera como la colección, tan grata. En Enero, al ir a editarlo, pensé en Ínsula, y ahí está.

(...)

Historia del Corazón está terminada. La he acabado hace dos meses. Es un libro extenso, del tamaño de *Sombra del Paraíso* y *La destrucción o el Amor*. Es posible que mi editor sea A. Aguado. Saldría antes de acabado el año. Quiero dar una pausa entre los dos libros.

En 1949, abortado el proyecto editorial de Santander, Aleixandre ratifica el conjunto *Desamor* con una selección que, bajo ese título, se publica en *Cuadernos Hispanoamericanos* (Madrid, 8, 1949, págs. 313-318) y que, con igual título general y sin paginar, reeditará Ediciones Cultura Hispánica en forma de *plaquette*. Los poemas allí presentados fueron «El muerto» —todavía titulado «El árbol»—, «Sin amor», «Amor del cielo», «El moribundo» y «Acaba».

A la historia de la edición del definitivo *Nacimiento último* hay que agregar aún otro factor editorial externo: en 1952 la editorial Aguilar le ofrece a Vicente Aleixandre la publicación de sus *Obras Completas*. Aleixandre sabe que una edición de esta envergadura se demorará (no se equivoca: sus *Poesías Completas* saldrán en 1960) y que hay que prepararse para ella y disponerlo todo en su lugar. Así se lo dice a Leopoldo de Luis, uno de sus importantes colaboradores, en carta —inédita— escrita desde Miraflores, el 12 de agosto de 1952:

> Sobre lo de Aguilar le puedes decir a Arturo que hablaremos a mi vuelta a Madrid, y que estoy en principio dispuesto a la edición. Como yo voy a publicar inmediatamente «Historia del corazón» no da lugar a que salga antes el tomo de Obras Completas, y sería absurdo, entonces, que éste saliera *después* sin incluir lo que ya estaba publicado. No habría razón para ello. Por eso las Obras Completas pueden, entre conversaciones, preparación etc. dar una pausa, y haber lugar a que salga «Historia», que quedará después recogida también.
>
> Aparte, para ti solo, te diré que como efectivamente «Historia» no puede quedar ya fuera, y en ese caso, forzosamente tiene que ir [¿sí? el tomo] también *Desamor* por ser anterior. Esto me obliga a publicar *Desamor* también antes, porque no quiero que la 1.ª edición sea dentro de las Obras Completas. De modo que la sucesión será rápida: Historia, Desamor y Obras Completas. Por la inmediata publicación de Historia, que no quiero ya posponer, no puede aparecer el tomo de *OC*. Con los seis libros publicados, como tú y yo habíamos primitivamente pensado. [Las cursivas son del autor.]

Historia, Desamor y *Obras Completas:* ésta no sería la sucesión editorial que habría de cumplirse finalmente, sino la pautada por el orden de composición. Lo sabía muy bien, y así se lo decía a Jorge Guillén, en carta —inédita— del 16 de febrero de [1950], escrita desde Madrid:

> Ahora se imprime un libro mío antiguo que guardaba yo inédito: *Mundo a solas*[8]. Es sólo una edición de bibliófilo de 200 ejemplares, con dibujos de Gregorio Prieto. Tengo otro libro, *Desamor,* que recoge cosas varias y que no tardaré mucho en entregar. Luego *Historia del corazón,* que no es libro largo. [Las cursivas son del autor.]

El año 1952, como ya veremos, es el año decisivo en la composición de *Historia del corazón.* Y su definitiva concepción, otro motivo fundamental para apurar la edición de *Nacimiento último:* la aparición del viejo proyecto debía hacerse a tiempo, ingresándolo en la unidad de la evolución de su obra antes del gran cambio o la importante sorpresa que deparaba el título del 54.

Finalmente será Ínsula, la familiar editorial de sus amigos Enrique Canito y José Luis Cano la que edite el definitivo *Nacimiento último,* título que, pese a la cita que inmediatamente leeremos, aún no ha elegido Aleixandre, o al menos decidido, todavía en febrero de 1953. Así le dice ahora a José Luis Cano, desde Miraflores, el 20 de agosto de 1952:

> (...) El poema que deseas lo tendrás, pero te quería pedir una cosa: que en lugar de salir en septiembre, que todavía es verano, fuese en octubre o lo más tardar en noviembre. ¿Sabes por qué? Yo quisiera que ese poema de Ínsula saliera en las cercanías de la aparición del libro *(Nacimiento último)*[9], para que sirviera de efectivo y próximo anuncio. Y el libro lo daré a Canito al volver a Madrid. Por cierto que aún no he convenido las condiciones. Ya sabes

---

[8] *Mundo a solas,* Madrid, Clan, 1950.
[9] Creemos que el paréntesis que encierra el título del libro, así como su nombre, es una aclaración del editor, José Luis Cano, y no texto del autor.

lo que me parece prudente: un 15 por 100. Pero no a cobrar por liquidaciones. Yo deseo cobrar en una o dos veces: al dar el original y al aparecer. Es el único modo de
que el dinero luzca un poco. ¿Qué te parece? (Vicente Aleixandre, 1986, pág. 106.)

Desde Madrid, en carta a Carlos Barral —inédita—
del 7 de enero de 1953, así sigue constando la historia editorial de *Desamor*:

Yo entregaré «Historia» dentro de unas semanas. Veremos [¿la?] censura, porque hay algunos poemas a los que
tengo miedo, dado la estrechez de la innoble señora.
Luego aceleraré la publicación de mi libro anterior Desamor. Y entregado todo me ocuparé de hacer mi *Antología*
que tengo pedida. Y después serán las Obras Completas.
Como veis, es un programa también completo. [Cursiva
del autor.]

2.2. *Historia de una titulación*

Volvamos a la historia editorial de Santander. En carta
del 12 de enero de 1949 escribe Vicente Aleixandre a Pablo
Beltrán de Heredia:

Querido amigo: Unas letras para pedirle que no anun-
cie todavía mi libro con el título que le di. He decidido
cambiar el nombre. Le daré el nuevo título en cuanto lo
decida, que será en unos días. Esto no retrasará nada; ya
estoy reuniendo los poemas y todo está en marcha. (Julio
Neira, 1986, pág. 21.)

En su valioso *Aleixandre: El proyecto editorial de Desamor,* nos dice Julio Neira que ya en prensa su estudio, le
proporciona Beltrán de Heredia otras cartas halladas en su
archivo, entre las que destaca la que le dirige Ricardo Gullón desde Santander (se encuentra Beltrán de Heredia en
Madrid), con las que, «aún provisionalmente» dice con
acertada cautela el investigador, se puede completar la historia de «El Viento Sur» y *Desamor.* Y así cita Julio Neira

una carta de Ricardo Gullón a Pablo Beltrán de Heredia, del 31 de marzo de 1948, donde, siempre según el mencionado crítico, aparece el título primitivo del libro, anterior aún a *Desamor*, que el poeta, en las líneas anteriormente citadas, aunque sin mencionarlo, anuncia que quiere cambiar. Así dice Ricardo Gullón a Beltrán de Heredia el 31 de marzo de 1948 desde Madrid:

> La edición de *Violento Destino* está singularmente recomendada en una colección como la nuestra. Aleixandre tiene un público de fieles con los cuales nos conviene tomar contacto cuanto antes y, esto aparte, es evidente que él es uno de los dos o tres poetas a quienes interesa verdaderamente editar. Le apremiaré para que acepte y a tal fin deslizaré en su oído los más atrayentes cantos que sirena editorial haya lanzado para conquistar a un poeta. (…) (Julio Neira, 1986, pág. 35.)

Pero este título no corresponde a la historia editorial de *Desamor*: Vicente Aleixandre no se había olvidado de *Destino del hombre* y también hacía bastante tiempo que pensaba en su edición. En 1945, en carta a Julio Maruri (escrita desde Madrid el 18 de diciembre), adelanta Aleixandre la relación entre Santander y *Destino del hombre* al decir que está pensando en publicar este libro, que no sabe aún cómo hacerlo, y que José Luis Hidalgo lo anima a que «lo dé a *Proel* para una esmerada edición» (Carta inédita. Archivo de Aurelio García Cantalapiedra).

Una semana después, Madrid, 25 de diciembre de 1945, le escribe a José Antonio Muñoz Rojas:

> Por lo demás la vida sigue su ritmo, y uno viviendo al día. Yo soy fatalista y no me preocupo del futuro: quiero decir que lo acepto y «Salga el sol por Antequera» (Hombre, por tu pueblo). Sólo miro con cierta envidia los remotos planetas donde tan hermoso sería vivir.
>
> Al lado de todo eso parece un poco ridículo preocuparse de publicar libros, y sin embargo estoy pensando en publicar un libro que tengo, intermedio entre *La destrucción o el amor* y *Sombra del paraíso*, más próximo del primero que del segundo. Se llama *Violento destino*, provisio-

nalmente. Su verdadero título hubiera sido el de un folleto que creo tiene Neruda, con frase de Quevedo: *Las furias y las penas*. Ése sería su verdadero nombre. Se terminó ese libro poco antes de nuestra guerra y no te gustará: no es de tu cuerda. Yo quisiera hacer con él una edición limitada, de las llamadas de lujo, y voy a ver si se puede hacer alguna gestión en Barcelona. Pero allí estoy sin contacto con posible editor de esa clase.

Aún no le he dicho nada a José Luis, para que no *gima* por su Adonais. Tiene que ser, si puede ser, en formato mayor, en papel grueso y amarillento, en letra no chica. Así más o menos lo veo a este libro entre furioso y doloroso, con airada luna. Un libro de desolación, muy de estos tiempos. [Carta inédita. Las cursivas son del autor.]

Además del valor superlativo de esta carta para la génesis y cosmovisión de *Mundo a solas* o el anterior *Destino del hombre* (piénsese en su importante relación con *Las furias y las penas* de Pablo Neruda, escrito en 1934 e incluido como segundo apartado de *Tercera Residencia),* con ella se aclara la no identidad *Desamor = Violento destino* y se confirma además la latente posibilidad editorial de *Adonais,* que se aprovechará en 1946 para *Pasión de la tierra.*

Es probable que Vicente Aleixandre ofreciera *Violento destino* a Ricardo Gullón —es decir, *Mundo a solas,* no *Nacimiento último*—. Y al fin se decidiera por *Desamor.* O que se tratara de dos propuestas diferentes. Hipótesis de trabajo que sólo la luz de nueva documentación podrá aclarar.

El título *Desamor* perdura hasta el mismo año de su edición: 1953. Ya lo leímos en carta a Carlos Barral, de enero de 1953. Unos días después, desde Madrid, el 12 de febrero de 1953 todavía le dice Vicente Aleixandre a Jorge Guillén en carta inédita:

Yo acabo de dar por terminado «Historia del Corazón». He trabajado bastante en estos últimos meses. Las últimas partes del libro impregnan y «modifican» como diría Bousoño, con su teoría del «modificante», el libro todo; le dan su sentido último. Espero se imprima en los meses venideros, para aparecer tras la pausa del verano. Quisiera también publicar, casi al mismo tiempo, mi libro inmediata-

mente anterior, el provisionalmente titulado «Desamor»,
que no se llamará así. Como ve usted no faltan proyectos
de imprenta inmediatos.

Es indudable el apego del poeta por su título *Desamor,*
intuición cercana a la de los límites del hombre separado o
arrojado de la materia, a su desamparo, a su soledad, idea
no distintiva del libro de 1953: sin alejarnos de los dos títulos que hoy editamos, pensemos cómo este tema que ya
se anuncia en *Ámbito* y predomina desde *Pasión de la tie-*
rra en adelante, perdura aún en *Historia del corazón* (repa-
semos poemas como «Vagabundo continuo», «La realidad»,
o «Comemos sombra», por citar ejemplos muy elocuentes).
Sin embargo en *Nacimiento último,* como bien lo indica el
poeta en la citada carta a Concha Zardoya, se agolpan los
«poemas de "enterrado"», muerte como comunión con la
unidad del mundo. Es el «cumplimiento», recalca. No porque no haya «otros» poemas de «enterrado» en otros libros,
como ya veremos, sino porque aquí están llamativamente
agrupados, alineados como emblemáticos —y magistra-
les— poemas del «nacimiento último».

El cambio de título, según lo expuesto anteriormente,
fue muy rápido y también a «último» momento. «Nacimiento último» ya era el título del poema de *Espadas como*
labios cuyos tres versos finales servirían de epígrafe al libro
de 1953. ¿Volvió a escuchar aquel poema? ¿O cruzó ahora
como un relámpago la misma intuición que lo generó? ¿Re-
cordó, quizás también de golpe, guardado y alimentado
desde tantos años antes, el verso de Joan Maragall que acaso
generaron aquel poema y este título?

Es indudable que estamos frente a uno de los temas más
originales de la obra de Vicente Aleixandre: el de la unidad
amorosa, como ya hemos adelantado, el de la elementalidad natural de la que todos los seres, en un acto de desli-
mitación o de amor, participan. Y así, como regla general,
la muerte es concebida como algo positivo desde *Ámbito* o
Pasión de la Tierra a *Nacimiento Último:*

> puesto que es la definitiva entrega a la naturaleza amante,
> realidad última del universo, la muerte será vista como el

supremo acto de libertad, de amor y de vida. Ingresar en la
materia unitaria a través de la muerte será penetrar en una
plenitud de vida superior. Es el «nacimiento último» a la
verdadera existencia. (Carlos Bousoño, 1977, págs. 76-77.)

Pero la originalidad de este enfoque «panteísta» (de
«místico panteísta» lo califica Carlos Bousoño, como ya dijimos), no podía ser de otra manera, está anclada en una
milenaria tradición que ya bien ha entrevisto la crítica, in-
sistiendo sobre todo en el pensamiento de los presocráticos
y Empédocles (Jaime Siles —1982— ha llegado a estudiar
la raíz homérica de fórmulas aleixandrinas). «Todo es uno
y lo mismo» parece repetir, como en el pensamiento de los
antiguos eléatas, el pensamiento del nuevo poeta.

La historia de la humanidad está jalonada por estos secretos y entrañables registros de la experiencia de la totalidad. Ya ha estudiado Vicente Granados (1977, págs. 83-85)
la relación entre el mundo de Shelley y el aleixandrino:

> En *Adonais* podemos encontrar apuntados varios temas
> que serán centrales en la cosmovisión del autor de *Ámbito.*
> (…) encontramos formuladas varias de las constantes de
> Aleixandre: la muerte como *Nacimiento último,* por ser «in-
> destructible la unidad del mundo».

En otro poema fundamental en la obra de Shelley, *Oda
al viento del oeste,* se vuelve a encontrar «el deseo aleixandrino de fusión con la Naturaleza». Y podríamos revisar
otros hitos que directa o indirectamente han influido o podrían haber influido en la formación de la posible fuente
del «Nacimiento último» de Vicente Aleixandre.

Sin embargo, creo que es Leopoldo de Luis, como fiel
lector del autor de *Sombra del paraíso,* quien agrega una
consideración fundamental al respecto. Ya había dicho
en 1978:

> (…) se ha escrito bastante respecto del panteísmo. El poe-
> ta se integra en el cosmos y canta la materia como única y
> total (…) Su «nacimiento último» no es sino la culmina-
> ción: el hombre, al fundirse a la tierra, a la materia cós-

mica, en la muerte, nace a la unidad total. Aquí hay, en cierto modo, una mística. Aleixandre se ha llamado a sí mismo «místico de la materia». Y la ascendencia místico-panteísta la tenemos en el maestro Bernardo Pérez de Chinchón, que al dedicar su traducción de Preparatio ad mortem, de Erasmo, en 1535, escribe: «Cuando el hombre nace del vientre de su madre, entra en el vientre de la Naturaleza; y cuando muere, es el parto de la Naturaleza; es decir, que el hombre tiene dos nacimientos.» Ese segundo nacimiento de Bernardo Pérez de Chinchón es el «nacimiento último» de Vicente Aleixandre.

En *Historia del corazón* y *En un vasto dominio,* Vicente amplía su visión, abriéndola a un costado moral. (1978, páginas 188-189.)

Y diez años después, agrega:

(…) La poesía de Aleixandre es plenamente laica. Nada le inclina a la trascendencia ni a la metafísica. La vida tras la muerte es la de la materia en la que el cuerpo se integra. Algunas escasísimas alusiones a la Divinidad o al cielo, se reducen a un suave panteísmo o a una exaltación de la sensualidad contemplativa. Su *Nacimiento último* que en otras ocasiones he remitido al erasmismo del Maestro Bernardo Pérez de Chinchón, del sec. XVI, creo que tiene otro precedente más próximo. En «Cant Espiritual», de Joan Maragall (poema de 1910), el verso que lo cierra dice: «Sia' en la mort una major naixença» (Sea la muerte en mí un mayor nacimiento). Sabemos que, en 1918, ya después de su primer contacto con la poesía, Vicente leyó a Maragall en un cuaderno que llevaba consigo la profesora particular de su hermana Conchita. Era una joven licenciada catalana, que acudía a la casa de los Aleixandre en la calle de Serrano. ¿Parte, más o menos conscientemente, de ese verso la idea del nacimiento último? (…) (Leopoldo de Luis, «Vicente Aleixandre: Algunas contradicciones, algunos recuerdos», en Madrid, *FGL, Boletín de la Fundación García Lorca,* año XII, número 23, octubre de 1998, pág. 21.)

Por lo que se desprende de «Joan Maragall: Nuria y su cuaderno», que Aleixandre incluye en *Nuevos encuentros (OC,* 1968, págs. 1363-1366), bien podríamos contestar que sí:

«Aún diviso bajo la luz redonda esa página final del cuaderno, gastada, usada, repleta de signos por las manos amantes. Arriba el título: "Cant Espiritual"», sueña el poeta recuperando su juvenil lectura. Joan Maragall se constituye así en otro fértil hito para la construcción o reconstrucción de la que será la personalísima visión aleixandrina de la muerte como nacimiento último.

2.3.   *Razones para una edición*

¿*Collecta varia*? ¿Carácter inorgánico o miscelánea de textos?

En carta del 3 de mayo de 1949 dirigida por Vicente Aleixandre a Pedro Salinas (inédita), y luego de un sorpresivo tuteo *[Mi querido Pedro: ¡Cuánto me ha gustado recibir tu carta!]*, se ocupa el poeta de los libros, siempre los libros, hechos y por hacerse:

> ¡Qué estupendo sería que hicieras un libro sobre la poesía española del siglo XX! ¡Vaya libro fundamental! Tienes que decidirte y sacar tiempo de donde puedas. Sería un acontecimiento.
> Tengo entregado un nuevo libro, *Desamor,* colecta varia de poemas míos. Te lo mandaré cuando salga. Aún tardará, pues acabo de dárselo al editor.

La diferente índole compositiva de este libro en relación con otros títulos suyos está muy claramente expresada por Aleixandre: ha dicho «colecta varia», a lo que hay que agregar el hecho de que es el único título que el poeta acompaña desde su primera edición con una Nota de justificación: «Nota Editorial del autor» se llamó en principio, y con el nombre de «Nota a la Primera Edición» y sin variantes siguió apareciendo hasta la última en sus *Obras Completas* (1968, págs. 602-603), lo que nunca ocurrió con otro libro suyo. La nota que acompaña a *Poemas varios,* muy breve, dice con intención meramente descriptiva:

Poemas varios reúne, divididos en tres apartados, algunas poesías escritas a lo largo de los años y no incluidas en ninguno de los libros del autor. Inéditas, unas; otras, aparecidas en revistas y publicaciones diversas. (1968, pág. 1062.)

Nacimiento último está formado por tres partes o series de poemas, más algunos poemas «sueltos»: el primer «organismo», que da título al libro, es *Nacimiento último;* luego *Retratos y dedicatorias* y, finalmente, *Cinco poemas paradisíacos.* «La cogida (Plaza de toros)», «En la muerte de Miguel Hernández» y «Al sueño» son los tres poemas que el mismo Aleixandre calificará de «sueltos», junto al ubicado como cierre, «El poeta niño».

Pero a poco que revisemos cada una de esas partes advertiremos que son puertas que cierran y abren, o completan y anuncian diferentes temas o subtemas del vasto edificio de la poesía aleixandrina, y que una vez comenzada la lectura del libro nos vemos sumergidos en la corriente general de su poesía. Ni un libro supuestamente heterogéneo deja de insertarse con comodidad en la evolución de la lírica de Vicente Aleixandre: todo queda ingresado a la corriente general de la obra del autor, además de su clara pertenencia o identidad con la misma o con diferentes momentos de la misma.

Nada ha sido descuidado: minuciosamente previsto y organizado, la sección *Nacimiento último* completa nada menos que el tema de la fusión o con-fusión final del hombre con la tierra o la materia, sumándole algunos de sus mejores poemas; *Retratos y dedicatorias* anticipa la literatura de homenaje que iniciará, en prosa, *Los encuentros* (1958), y en verso *Retratos con nombre* (1965) —con el preámbulo de *Picasso* (1961)—; y *Poemas paradisíacos* mira nuevamente hacia atrás, completando el ciclo de *Sombra del paraíso. Poemas sueltos* es la denominación de la primera parte de *Poemas varios* (preparado para la edición de *Obras Completas,* de 1968) y, como veremos inmediatamente, los «poemas sueltos» de *Nacimiento último,* al fin así recuperados, ingresan por diversas razones pero siempre con comodidad en el poemario y en la evolución de la poesía de Aleixandre.

Al ingreso de las partes del poemario en la corriente general de la poesía aleixandrina, como acabamos de ver, suma José Olivio Jiménez otra interesante apreciación:

> Sólo cabe destacar, en el poema inicial de la colección («El moribundo»), cómo en el paso de la primera a la segunda de sus partes, Aleixandre sigue y recrea rigurosamente el inexorable destino de las «Palabras» (I) en su camino hacia «El silencio» (II). Ese mismo destino que, ya se vio latente en algunos textos significativos de su obra primera, vertebrará, mucho más tarde, algunos de los momentos más intensos de sus libros últimos. Así, la fidelidad y coherencia —la fatalidad— de Aleixandre a sus motivaciones mayores, queda en *Nacimiento último*, y a pesar de ese carácter heteróclito que indudablemente posee, de muy diáfana manera tensa y salvada. (1982, pág. 73.)

Se cierran ciclos, se anuncian otros, como ya dijimos. Todo queda ingresado en «la corriente general»:

> Hay libros que se desarrollan alrededor de un tema central, adquiriendo por trabado crecimiento la contextura y el límite de un verdadero organismo cerrado. Pero hay solicitaciones, expresiones en el trabajo del poeta (poemas o series) que sin llegar a cobrar cada una cuerpo bastante para constituir un volumen, no son tampoco asimilables en otro libro del autor, si éstos han crecido desde un núcleo originario, por definido, excluyente.
> Un volumen entonces puede de tarde en tarde recoger algunos de estos más breves organismos e ingresarlos correctamente en la corriente general a la que pertenecen. (Nota a la primera edición. Véase Apéndice 3.)

Trabado crecimiento, contextura, organismo cerrado, volumen: preocupación del poeta por la unidad, la organicidad, por el conjunto, por cómo encaja este libro en su obra. Y puedo agregar que esta preocupación lo acompañó hasta sus últimos días. Cuando, ya hace muchos años, compartió Vicente Aleixandre con Alejandro Duque Amusco y con quien esto escribe el proyecto de un nuevo libro suyo que reuniera parte de sus poemas dispersos —parte, pues lo primero que se propuso fue seleccionar—, un libro finalmente póstumo que se llamó *Nuevos Poemas Varios*, le escuché decir estas palabras:

> Este libro me tiene muy preocupado. No alcanzo a verlo. Unos cuantos meses después de terminar los *Diálogos del conocimiento*, sólo unos cuantos meses después, tuve la certeza de que mi obra estaba terminada, que había cumplido un ciclo, que estaba cerrada. Que si quería seguir escribiendo debía empezar de nuevo. Y empecé a soñar versos. Hasta tuve, tengo, el título de ese libro otra vez inicial: *Palabras diferentes*. [Lo repitió, y dibujó el nombre, las palabras, en el aire.]
>
> Entonces ahora lo que me preocupa es pensar cómo encaja este libro en esa obra. Quisiera ese libro si realmente tuviera sentido, tuviera unidad. Eso me ha preocupado siempre. Reunir páginas sueltas entre sí, de eso, que se encargue la posteridad, yo no. Alguna vez lo he pensado.
>
> [Palabras de Vicente Aleixandre —junio de 1984— a la autora de esta edición, con motivo del inicio de la preparación del libro que finalmente se llamó, ya muerto el poeta, *Nuevos Poemas Varios* (1987)][10].

«Reunir páginas sueltas entre sí…, yo no.» «Breves organismos» ingresados en la «corriente general», escribió Vicente Aleixandre para la primera edición de *Nacimiento último*, y volvió a insistir en la misma idea de organicidad, o a justificarse, al prologar su selección para *Mis Poemas Mejores*:

> *Nacimiento último* es la única obra mía que no forma un organismo cerrado. A la primera parte, la más extensa, que sí es un cuerpo orgánico y que da su título al volumen, siguen *Retratos y Dedicatorias,* homenajes y semblan-

---

[10] Para tranquilidad del lector, he de agregar que no recuerdo estas palabras de memoria: las guardo escritas, como a otras, en notas que tomaba luego de cada encuentro con el poeta. Aunque la imprudencia y la poca fidelidad de los que tomamos nota han ocasionado verdaderos estragos y Vicente Aleixandre tenía su divertida opinión al respecto. (Véase Apéndice 4. Carta a José Luis Cano, del 21-VII-1953.) Creo no haber olvidado el cuidado o la cautela con los que hay que utilizar este tipo de material.

zas en verso escritas por mí en el curso de los años, y algunas breves series más. (1984, pág. 175. Véase Apéndice 3.)

En 1953, Aleixandre decidió la publicación de *Nacimiento último*. Tenía muchas razones para ello.

El núcleo original —luego primera parte del libro—, había nacido y había seguido existiendo como proyecto independiente.

Había trabajado desde hacía varios años (decididamente ya para la frustrada edición de Santander de finales de 1948), y lo había seguido haciendo (lo prueban las modificaciones que conocemos) en la organicidad de los diferentes cuerpos.

Nacimiento último venía a cerrar el importante ciclo inicial irracionalista y a abrir o anunciar otros, pero sin adelantar la sorpresa: *Historia del corazón*. Debemos pensar que la publicación de ambos libros fue muy seguida, y Aleixandre, consciente de la novedad que deparaba —al menos en su obra— el libro del 54, decidió apurar la edición de *Nacimiento último* para ingresarlo con comodidad en su trayectoria poética. Es muy difícil separar aguas en la corriente general a la que ingresa con facilidad *Nacimiento último* pero muy difícil insertarlo después de *Historia del corazón*. Ya bien conocía él lo que significaba una edición a destiempo: *Pasión de la tierra* y *Mundo a solas* eran suficientes muestras. La continuidad en la publicación de los dos libros y el hecho de que fuera *Ínsula* la editorial elegida, una editorial familiar al poeta, es decir, que no complicaba la aparición de *Nacimiento último* sino se la aseguraba, prueban la clara voluntad del poeta en editar este título. Las palabras del poeta referidas a la primera parte del libro, que inmediatamente leeremos, lo confirman.

Rescataba poemas muy valiosos y algunos muy queridos por él (el caso de «En la muerte de Miguel Hernández», censurado y así salvado), y los recuperaba e insertaba en la corriente general de su poesía: dispersos, estaban perdidos[11].

---

[11] En «Vicente Aleixandre: Una página viva y un recuerdo» (Irma Emiliozzi, 1986) he dado testimonio de lo que sentía y decía el poeta al volver a escuchar un poema o texto disperso que de golpe, por una lectura en mi caso, recuperaba.

Nacimiento último se publicó por íntima convicción del poeta. Nada fue azaroso en la aventura poética de Vicente Aleixandre, y esta decisión, más que justificada.

2.4.   *El* «primer conjunto solidario»: Nacimiento último

> El presente libro se abre con un primer conjunto solidario: *Nacimiento último* —muerte, es decir, en la visión del poeta, nacimiento definitivo a la tierra unitaria—. Esta serie da su título al volumen porque ella lo sitúa, cronológicamente y acaso también con su sentido, en el lugar que le corresponde dentro del trabajo general de su autor. (Nota a la primera edición, 1953. Véase Apéndice 3.)

El «primer conjunto solidario» de *Nacimiento último*, de titulación homónima, es ubicado, como acaba de decir el poeta, «en el lugar que le corresponde» dentro de la evolución poética del autor. Así amplía el concepto tres años más tarde:

> La parte titulada *Nacimiento último,* por su cronología, intermedia entre *Sombra del paraíso* e *Historia del corazón,* me parece definitoria en cuanto a estilo y en cuanto a visión. Ella cierra la representación del cosmos iniciada con *Pasión de la tierra* y desarrollada en los libros siguientes. Si bajo tal mirada muerte es amorosa destrucción y reintegración unitaria, a ese término, verdadero «nacimiento último», está dedicada esta sucesión de poemas finales. El ciclo queda concluso y con él cerrada la contemplación del poeta. *(MPM,* 1984, pág. 175. Cito por sexta edición.)

Este primer apartado del libro (que también se llamó «Desamor» como el título del proyecto inicial —lo prueba la carta dirigida a Pedro Salinas desde Miraflores, el 26 de septiembre de 1951, inédita—) se inicia con un epígrafe perteneciente al poema «Nacimiento último», de *Espadas como labios,* con el que el poeta destaca la permanencia de su ya acuñada intuición así como el que creo el eje temático de *Nacimiento último:* no el canto a la unidad sino su búsqueda, el anhelo del hombre por con-fundirse con la materia.

«El moribundo» inicia la serie de catorce poemas que forman este primer conjunto. Con él confirma Aleixandre su tendencia al tratamiento del tema del lenguaje —o el de la insuficiencia del lenguaje— en primer lugar, camino que derivará en famosos poemas-prólogos. Desde «Mi voz», seguido de «La palabra», en *Espadas como labios,* a «El poeta» de *Sombra del paraíso,* «Para quién escribo», de *En un vasto dominio,* o «Las palabras del poeta», de *Poemas de la consumación.* No hay que olvidar que el libro se cierra con otro poema referido también al lenguaje: «El poeta niño».

Con el segundo poema de la serie, «El enterrado», vuelve Vicente Aleixandre a mostrar, como diría José Olivio Jiménez en relación con todo el libro, su fidelidad y coherencia —«fatalidad» agrega el crítico— a sus motivaciones mayores. Refiriéndose a la novedad en el enfoque de esta «vida telúrica» que encontramos en «El enterrado», ha confirmado Leopoldo de Luis (1978, págs. 185-188) la continuidad del tema en ocho poemas:

> Ahí está, desde sus primeros libros hasta el último, el inquietador mundo subterráneo. En conexión evidente con el tema del «nacimiento último» (…) mas con una continuada manera de contemplar la vida a través de misteriosos cimbres y naturales hipogeos. No se ha estudiado hasta ahora esa constante aleixandrina, que yo sepa, y me parece que podría llevarse a cabo sobre los jalones de ocho poemas.

Y enumera inmediatamente los siguientes: «En el fondo del pozo» de *Espadas como labios,* «Mina» de *La destrucción o el amor,* «Bajo la tierra» de *Mundo a solas,* «El enterrado», «El muerto» y «Epitafio» de *Nacimiento último;* nuevamente «El enterrado», ahora en *Poemas varios* (aclara Leopoldo de Luis que el poema, de 1944, es inicialmente una elegía a Federico García Lorca que no se incorpora al libro), y otra vez «El enterrado» *en Poemas de la consumación:*

> Obsérvese que ninguno de estos poemas propende a una visión puramente vegetal de la vida, lo que hubiera sido más tradicional y, paradójicamente, más surrealista.

(...) el mundo subterráneo de Aleixandre es aún más complejo. No se limita a ser una vida en comunicación y bo-
tánica correspondencia con la exterior, con la que alienta
en la superficie, sino que es una vida propia, una vida intratelúrica. (1978, pág. 188.)

A la vida intratelúrica, que podríamos proponer como el
canto exaltado desde el presente por el júbilo de la con-fusión, de «la unidad que no termina», continúa la mirada retrospectiva: siempre desde el presente, que se ha convertido
ahora en un solitario y nostálgico espacio, el espacio del desamor, se recuerda el pasado idealizado —o el paraíso, el
tiempo de la unidad— perdido: «Nada llena los aires; las
nubes, con sus límites, / derivan. Con sus límites, los pájaros se alejan» («Acabó el amor»). Los poemas que se agrupan bajo esta perspectiva temática elegíaca, son los más cercanos, por su estilo y cosmovisión, a *Sombra del Paraíso*:
«Viento del Este», «Los amantes enterrados», «La estampa
antigua», «Eternamente», «Acaba» y «Acabó el amor».

Pero desde el presente también se mira hacia adelante:
se busca la tierra prometida, intuida pero no alcanzada, y
el anhelo, la ilusión, el aire de vuelo iluminan algunos
poemas contrapuestos a la desesperanza de la pérdida.
A partir del décimo poema, «Cantad, pájaros», con el significativo símbolo de las jubilosas aves de la unidad, el
enigmático abismo de «La sima», o la «mano de Dios» de
«Amor del cielo», son prometedores enlaces. «El muerto»
y «Epitafio», con el regreso a la jubilosa plenitud de la
unión, completan una calidoscópica mirada sobre el hombre y el todo, que no siempre son lo mismo. Pájaro (pájaros pertinaces), raíz, aliento o respiración, conforman el
núcleo visionario y simbólico de la aurora de la consumación; los límites, su ocaso, su pérdida, su separación: el desamor.

Para cerrar, en lo referente a la datación de los poemas
que formaron este primer apartado no hay que olvidar que
en la Nota a la Primera Edición de 1953 (Véase Apéndice 3:
Notas y comentarios de Vicente Aleixandre a *Nacimiento
último* e *Historia del corazón*) escribió el poeta:

Falta la indicación, para el que le interese, de que la mayoría de los poemas incluidos, y no sólo la serie *Nacimiento
último,* están escritos —aparte algunos retratos y dedicatorias— entre la terminación de *Sombra del paraíso* y el comienzo de *Historia del corazón,* el último libro recién acabado e inédito.

El comentario es muy impreciso y además, lo sabemos
por cartas ya reseñadas, por lo menos desde 1943 y aun
desde un poco antes, Vicente Aleixandre escribía ya poemas para la primera sección de *Desamor.* En su edición de
Mundo a Solas precisa Alejandro Duque Amusco un poco
más el período de datación del primer cuerpo del poemario: 1942-1946. Así lo explica:

A finales de 1946 la colección Adonais, que cumplía su
tercer año bajo la tutela de Juan Guerrero Ruiz y José Luis
Cano, reimprime *Pasión de la tierra* con un prólogo del autor, que sitúa al libro en su origen y explica los motivos de
su reedición ampliada. Es una época de fecundidad crea-
dora. Concluye la sección principal de *Nacimiento último,*
en la que venía trabajando desde hacía cuatro años, y da
inicio a la primera gran obra de su siguiente etapa, de corte
realista y narrativo: *Historia del corazón.* Su prestigio aumenta. (…) (1998, pág. 51.)

2.5.   Retratos y dedicatorias: *literatura de homenaje*

Con los nueve poemas agrupados en la segunda sección de
Nacimiento último inicia Vicente Aleixandre su importante literatura de homenaje. Una puerta se cierra, otra se abre. Y nada
sigue siendo descuidado. En una importantísima carta a Darío
Puccini —que conserva el hispanista italiano Gabriele Morelli—, escrita desde Miraflores, el 29 de julio de 1965, así explica
Vicente Aleixandre la aparición del «retrato» en su obra:

Mi querido Puccini: Acabo de publicar un nuevo libro,
«Retratos con nombre», en verso, y desde aquí se lo voy a
mandar enseguida, por si le agrada a usted incluir algún
poema en el tomo para Lerici.

En mí el *retrato,* como género, no es capricho, sino que
está dentro de mi visión del mundo, hace sistema, diríamos.
Lo mismo que en la parte primera de mi obra, al lado de
la visión de lo grandioso, la Naturaleza, el cosmos, está la
consideración del pormenor, de la parte (el águila, la mariposa, el pez espada...), así, en la parte segunda de mi poesía, al lado de la visión totalizadora del vivir humano, está
la consideración analítica, del «detalle», la parte, tal hombre, tal mujer, y al individualizarse esta consideración surge
la caracterización, aparece el retrato.

Los retratos, semblanzas o evocaciones, en verso y en
prosa, que Aleixandre dedicó a sus amigos y maestros,
más allá de la cantidad de dedicatorias diseminadas desde
el primero *(Ámbito,* 1928) hasta el último de sus libros
(Diálogos del conocimiento, 1974), se inician en este apartado de *Nacimiento último* y continúan, siempre en verso,
en *Picasso* (1961), *Retratos con nombre* (1965), *Poemas varios* (1968), en su tercera parte, puntualmente llamada
(siempre la obsesión de la organicidad o complementariedad) *Nuevos retratos y dedicatorias.* Y también en prosa,
con *Los encuentros* (1958), *Nuevos encuentros* (1968); alguna
página de *Prólogos y notas a textos ajenos* (1968), como la
que dedica a los «Poeti spagnoli dopo la guerra civile»; y
Evocaciones y pareceres (1968).

A poco que empecemos a leer estas páginas, comienza a
evidenciarse su fuerte carácter complementario, en un en-
tramado donde poemas y «encuentros», notas y cartas pú-
blicas y privadas (la importantísima correspondencia de
Aleixandre) se corresponden, se completan, se suman en
una imbricada red de vida y poesía. Toda esta «literatura»
que en principio denuncia su decidido carácter social tiene
además un incalculable valor como testimonio histórico e
intrahistórico. Vicente Aleixandre, privilegiado testigo de
toda una época, deja así escritas las memorias que nunca
escribió, su retrato y el de sus amigos, y la descripción de
su tiempo con las consabidas vicisitudes literarias y no tan
literarias, para todos aquellos que queramos conocer algunos aspectos fundamentales de la generación del 27 y de las
generaciones de posguerra.

Compartía, en esta línea de homenaje, un género que alcanzó plena vigencia a fines del siglo XIX y que impulsó significativamente la generación del 27. Ha señalado Francisco Díaz de Castro, después de apuntar la tradición parnasiano-simbolista del retrato literario en la que se nutre la técnica del retrato de Gerardo Diego:

> Aunque la nómina es mucho más amplia, baste citar los nombres de escritores finiseculares como Antonio Espina, Pedro Luis de Gálvez, Enrique Gómez Carrillo, Ramiro de Maeztu, José Martínez Ruiz, Manuel del Palacio o Salvador Rueda para ilustrar el panorama, en su mayor parte inexplorado, que nos ofrece el desarrollo de este género que fue algo más que una moda y que sirve de base necesaria a cualquier estudio en profundidad del retrato en los Machado, en Juan Ramón Jiménez o en Ramón Gómez de la Serna, modelos y competidores durante décadas de Gerardo Diego y de otros poetas del 27 como Vicente Aleixandre, Jorge Guillén y Rafael Alberti, que tanto aprecio manifestaron por esta forma particular de autorretratarse al trazar los perfiles de sus maestros, de su figura modélica y de sus propios contemporáneos. (1996, págs. 12 y 15.)

El mismo Díaz de Castro añade algunas consideraciones que también pueden puntualmente aplicarse a la obra de Aleixandre:

> A lo largo de su vida Gerardo Diego escribió, en prosa y en verso, abundantes semblanzas y retratos de los amigos y familiares, de los músicos, pintores y escritores que formaron una parte importante de su historia literaria y de la privada. Sus retratos líricos, igual que la multitud de poemas y dedicatorias que de muy diversas maneras introducen los nombres propios en cada uno de sus libros, subrayan el carácter eminentemente sociable de toda su escritura, siempre abierta a la comunicación y al homenaje admirativo, y particularizan el latido concreto del autor, la sintonía real con ciertas personas privilegiadas a las que el poeta admiró por su humanidad o por su arte, y con las que compartieron amistad y entusiasmo creador. (Ídem ant.)

«Movimientos de admiración o amistad» (Nota a la primera edición, 1953) originan los nueve retratos y dedicatorias de esta sección. Los poemas abarcan un amplio arco temporal que, según el mismo Vicente Aleixandre en su nota a *Mis Poemas Mejores,* va desde el más antiguo de estos poemas, el soneto «A Fray Luis de León», «muy reproducido, pero no recogido antes en un libro mío», hasta «el más moderno, el recuerdo a Pedro Salinas». En las notas a los textos, a las que remitimos, anotamos que este famoso soneto a fray Luis apareció en la revista *Carmen,* la compuesta hermana de *Lola,* ambas hijas de Gerardo Diego, en marzo de 1928. Podemos datar el envío del poema con absoluta precisión ya que en carta (inédita) escrita desde Velingtonia, 3. Parque Metropolitano, el 5 de enero de 1928, dice Vicente Aleixandre a su reciente amigo Gerardo Diego (a quien aún no tutea): «Amigo Gerardo: ahí le envío a usted mi contribución a fray Luis: un soneto para "Carmen".» Y no muy anterior a esta fecha creemos que ha sido su composición ya que en carta fechada en Madrid, el 8 de noviembre de 1927, dice Gerardo Diego a José María de Cossío:

> (…) el número 3 lo dedicaré a fray Luis. (…) Quiero dar prosas de Guillén, Bergamín o Santamarina y tú, y versos de Alberti (los va a hacer), de Aleixandre que me dice es muy entusiasta del Maestro, y de Larrea o míos, y una oda de fr. Luis. (…) (Gerardo Diego/José María de Cossío, 1996, págs. 165 y 167.)

Sin embargo, el siguiente soneto incluido en este apartado de *Retratos y dedicatorias,* titulado «A don Luis de Góngora», ya se había publicado en el número 6 de la revista *Verso y Prosa,* de Murcia, en junio de 1927 —sin olvidar que también el tercer poema de *Retratos y dedicatorias* dedicado a Emilio Prados, «Retrato en redondo (Emilio Prados)» fue su título original, también se publica en *Verso y Prosa,* en su número 9, en septiembre de 1927—. Cabe una posibilidad: que la fecha impresa en la edición (junio de 1927) no sea la de la aparición, más tardía, lo que no sería nada extraño en el mundo de las publicaciones periódicas de esa época[12]. En todo caso, se alza la hipótesis de que Aleixandre se equivoca al calificar de primer soneto o soneto más antiguo al dedicado a fray Luis de León o se trata de una calificación afectiva.

Una última consideración para cerrar este apartado: en el anterior, el del *Nacimiento último,* el versículo es el medio elegido para el canto de la unidad del hombre y la materia, o su deseo. El versículo aparece en ocho poemas, entre ellos «El moribundo», y la silva libre lo hace en nueve, basados en el endecasílabo o el alejandrino: entre ellos «Epitafio», «Eternamente» y «Cantad, pájaros». Ahora, desde los sonetos iniciales, neobarrocos y neogongorinos, hasta «En la muerte de Pedro Salinas», largo poema de corte narrativo, inmerso ya en la corriente de la poesía como comunicación, el arco temporal de las diferentes composiciones despliega diferentes estilos y ritmos. Ya ha registrado Isabel Paraíso (1985, págs. 254 y 255) la fecunda variedad de metros y combinaciones de *Nacimiento último,* sobre todo en *Retratos y dedicatorias,* donde aumenta la variedad de uso de métrica tradicional: endecasílabos (sonetos), endecasílabos sueltos («Las barandas»), pareados («Emilio Prados»), coplas populares eneasílabas («Miraste amor y viste muerte»), romancillo hexasílabo («Ofrecimiento»), romancillo heptasílabo («Retrato a fondo abierto»), tercetillos («A Gabriela Mistral»), y finalmente el versículo («En la muerte de Pedro Salinas»).

---

[12] Lo he documentado, por ejemplo, al constatar el enorme atraso y las vicisitudes de la publicación de *Los cuatro vientos,* revista en la que Aleixandre publicará diez poemas pertenecientes a *La destrucción o el amor* con el título de «Profunda vida», núm. 3, junio de 1933. (Cfr. Cartas de Vicente Aleixandre a Dámaso Alonso del 13 de julio, 22 de julio y 22 de septiembre de 1933; y en carta a Jorge Guillén, del 20 de septiembre del mismo año, en Irma Emiliozzi, *Correspondencia de Vicente Aleixandre a la generación del 27 [1928-1984],* Castalia, en prensa.)

2.6.   Cinco poemas paradisíacos y
       «algunas breves series más»

Nacimiento último se completa con un conjunto de poemas que forman la sección *Cinco poemas paradisíacos,* del
ciclo poético de *Sombra del paraíso,* «más algunas breves series más», tal como dice el poeta, y como ya vimos, al prologar su selección para *Mis poemas mejores,* obsesionado por
la organicidad del conjunto mayor y de sus partes. «Breves
organismos» ingresados en la «corriente general», había anticipado en la nota a la primera edición de *Nacimiento último,* como ya lo hemos recalcado.

No debemos olvidar que de 1952 es la selección de poemas de *Sombra del paraíso* que con el título *Poemas paradisíacos* había publicado Vicente Aleixandre en la Colección
Arroyo de los Ángeles, de Málaga. En la dedicatoria de la
antología (veintiún poemas) se lee: «A Emilio Prados, mi
compañero de la niñez en nuestra "ciudad del paraíso".» El
colofón de cierre indica: «(El libro se termina de imprimir
el día 15 de noviembre de 1952, Festividad de San Alberto
Magno, en la Imprenta Dardo, por el maestro Antonio Gu-
tiérrez y al cuidado de Bernabé Fernández-Canivell. (...)»
Los poemas y los datos de edición evidencian una vez más,
como tantas veces aclaró el mismo poeta, la raíz malagueña
de la visión del paraíso, visión a la que *Nacimiento último*
suma nuevos poemas.

En relación con estos *Cinco poemas paradisíacos* agrega
Aleixandre en esta misma nota:

> Más otro conjunto manifestador de algunos poemas es-
> critos sin solución de continuidad con *Sombra del paraíso,*
> todavía en su ámbito, pero cuando tal libro ya se imprimía
> y sin que alcanzaran a incorporarse a su rúbrica. (Véase
> Apéndice 3. Nota a la primera edición.)

Si pensamos en los años de composición de *Sombra del
paraíso* («comenzado en el último tercio de 1939» y acabado
«en noviembre del 43» —Nota a *Sombra del paraíso,* en *MPM,*

1984, pág. 129—) estos cinco poemas fueron escritos a comienzos de 1944, en el primer trimestre precisa Leopoldo de Luis (1978, pág. 191), y con ellos se cierra su ciclo. Ya sabemos, por carta a José Luis Cano, que «Cántico amante para después de mi muerte» se escribe en agosto de 1944, lo que no varía sustancialmente lo afirmado por Leopoldo de Luis.

El primero de los cinco poemas acrecienta la vertiente más luminosa de *Sombra del paraíso,* la misma luz primera, paradisíaca, de «Criaturas en la aurora»: ahora es la *dorada plenitud de una primavera estallada* en la que los cuerpos se aman plenamente *bajo los cielos libres.* «Primera aparición» confirma la existencia de la *delicada muchacha que desnuda en el día,* diosa, prolonga *ese mundo sin edad de que emerge.* «Bajo la luz primera» *(¡Oh instante supremo del vivir! ¡Mediodía completo!)* irradia la plenitud de *un universo que de ti no es distinto.* «Los besos»: *Suben altos, dorados. Van calientes, ardiendo. / Gimen, cantan, esplenden. En el cielo deliran.* Con «Cántico amante para después de mi muerte» regresa el tono patético: *¡Ah, cuerpo desnudo, diosa justa, cifra de mi minuto, / cuerpo de amor que besé sólo un día, / (…),* en ese vaivén en que el canto a la luz es «emanación» o «añoranza», para usar los términos de Vicente Aleixandre en la nota a *Poemas paradisíacos,* de 1952.

A la variedad en el uso de métrica tradicional que acabamos de analizar en *Retratos y dedicatorias,* contrapone ahora Aleixandre nuevamente el uso de versículos y silva libre, y hasta alejandrinos no rimados agrupados en cuartetos en «Los besos», muy poco frecuentes en la obra de Vicente Aleixandre. La libertad, la expansión rítmica para el canto ininterrumpido al paraíso. O para la patética denuncia de su pérdida: la alternancia de ambos tipos de versos —silva libre y versículo— se da en «Elegía», cuya primera parte está escrita en silva libre y las partes II y III en versículo (Isabel Paraíso, 1985, pág. 255).

Ex profeso, aparte, ha quedado este poema tan significativo, sobre todo, por sus connotaciones biográficas y el perfil del homenajeado: *Aparte queda la «Elegía», de la que en 1948 se había hecho una edición autónoma, con título diferente* (Nota a *Mis poemas Mejores,* 1956). «En la muerte de

Miguel Hernández» había aparecido publicado en el número 2 de los *Cuadernos de las Horas Situadas,* en Zaragoza, en febrero de 1948, en tirada de cuarenta ejemplares, en la colección dirigida por Irene y José Manuel Blecua. Por razones «obvias», como dirá el poeta más de una vez —en la carta a Concha Zardoya (inédita), escrita desde Madrid, el 29 de mayo de 1953, ya lo hemos leído— terminó llamándose «Elegía». Siempre fue voluntad del poeta, expresada a varios amigos y estudiosos (Carlos Bousoño, Leopoldo de Luis, quien esto escribe), restituir el «verdadero título» al poema, lo que se cumple rápidamente a partir de esta edición. En otra carta posterior a Concha Zardoya, también inédita, escrita desde Madrid el 16 de marzo de 1954, le reitera: «El poema mío a Miguel que aparece en *Nacimiento último* se titula, en su edición primera, "En la muerte de Miguel Hernández" (es su verdadero título) y no apareció en revista, sino en edición bella y prolija. (…)»

Con «En la muerte de Miguel Hernández» ingresamos en lo «más sombrío y trágico» de *Sombra del paraíso,* libro al que también, como *Cinco poemas paradisíacos,* por fecha de composición, cosmovisión y estilo, puede sumarse, tal como ya ha estudiado L. de Luis (1978, págs. 191-194), comparándolo con poemas como «Los dormidos» (escrito en agosto de 1940), uno de los primerísimos poemas del ciclo de *Sombra del paraíso,* o «No basta», también de 1940, «Muerte en el paraíso», de 1941, «Destino de la carne», de junio de 1942 e «Hijos de los campos», de 1943. También ha destacado Leopoldo de Luis la aparición en este poema de la simbología religiosa de una Piedad (1978, pág. 192), «(…) acaso única huella de iconografía católica, si bien, a pesar de la relación madre-hijo que obviamente tiene, está empleada con más sentido plástico y estético».

«La cogida (Plaza de toros)» supone una nota temática inesperada en la obra de Vicente Aleixandre: beso, toro, herida, cuerpo de amor, con sus calificativos: oscuro, negro, caliente, concreto, o violento, implican campos simbólicos o visionarios muy aleixandrinos. Pero ahora el referente es real, y es propiamente la cogida taurina la que está vista como una forma de amor, con su secreto beso ciego y mor-

tal. Indudablemente el poema interesaba a Aleixandre ya
que escribió una nueva versión aparecida en la edición
de 1976 de *Mis poemas mejores* e incluida en *Mis poemas varios* (véase Apéndice 1). También la métrica de este poema
es novedosa: aparece el verso libre, pero ahora rimado sobre una única asonancia.

Con la breve serie «Al sueño», de excelente factura final,
presenta Aleixandre un original punto de vista, opuesto al
de la tradición clásica: el sueño no es cantado como imagen de la muerte, sino como triunfo de la «profunda vida»:
«No es la imagen tradicional de la muerte, sino de más
vida, de profunda vida», ha dicho el poeta en relación con
«Al sueño» en la carta a Concha Zardoya del 25 de mayo
de 1953 que ya hemos citado.

«El poeta niño» es el poema en prosa que cierra el libro.
Ya había observado Vicente Granados (1977, pág. 165), estudiando «El alma bajo el agua», el último poema de *Pasión de la tierra*, «que los poemas que cierran los libros de
Aleixandre son muy importantes, porque en ellos suele recoger el poeta como un compendio de lo expuesto a lo
largo de los libros. No olvidemos que el poema en Aleixandre no es unidad aislada, sino está en función del poemario». Para *Nacimiento último* elige un poema, «El Poeta
Niño» —decía en la citada carta a Concha Zardoya— «que
parece complementario de otros poemas míos escritos sobre "El poeta" o "Los Poetas"». No olvidemos que *Nacimiento último* se había iniciado, como ya advertimos, con
otro poema sobre «Las palabras».

Es indudable que «El poeta niño» se suma a la serie de
textos poético-reflexivos en los que Aleixandre se pregunta
quién es el poeta, qué lo distingue de los demás hombres,
cuál es su lugar en el mundo, cuál su misión, qué son las
palabras y para qué sirven, planteado todo esto con características distintivas según las diferentes etapas de la evolución poética del autor. Pero es importante advertir (véase
nota al poema), que este texto es también, y explícitamente, complementario de otro, «El poeta viejo» (véase
Apéndice 2), junto al que se publicó bajo el título general
de *De la edad del poeta* en 1944 en la revista *Espadaña*

(León, 3 de junio de 1944), y luego no recogido en libro por Aleixandre. Y si además leemos el epígrafe que acompaña a «El poeta viejo», y el poema al que pertenece, el campo de significación y expresión de estos dos poemas se delimita inmediatamente:

> Y miro las vagas telas que los hombres ofrecen,
> máscaras que no lloran sobre las ciudades cansadas.
>   «Primavera en la tierra»

Ya en «Primavera en la tierra» de *Sombra del paraíso* oponía Aleixandre las dos edades del hombre: ayer la Primavera dionisíaca, exultante, pagana, la de la juventud en fusión con la naturaleza, entrevista desde su pérdida o el presente, la vejez, la ciudad:

> Hoy que la nieve también existe bajo vuestra presencia, / miro los cielos de plomo pesaroso / y diviso los hierros de las torres que elevaron los hombres / como espectros de todos los deseos efímeros[13].

Del destierro del paraíso espacial «(Ángeles desterrados / de su celeste origen / en la tierra dormían / su paraíso excelso», había canonizado el poeta en «Los poetas», de *Sombra del paraíso)* al destierro temporal o la pérdida de la niñez o de la juventud. La limitación del sucederse.

Ahora se trata de «De la edad del poeta». ¿Por qué elige «El poeta niño» para cerrar *Nacimiento último* y no «El poeta viejo»? ¿O los dos? Nuestra hipótesis es que Vicente Aleixandre se decide por el poema más original, por el que

---

[13] Ya ha anotado Leopoldo de Luis en su edición de *Sombra del paraíso* que Aleixandre, al escribir este poema, tiene cuarentaiún años. Y algo más: «Se viene interpretando este poema, vagamente, como un puro sueño irreal de un ayer anterior a los hombres. Pero no podemos olvidar que ese hoy con que arranca la estrofa es el otoño de 1939, y bajo este dato histórico, creo posible un mayor acercamiento a lo real, una nieve y un plomo alusivos a hechos concretos, unos hierros tangibles y privadores de la libertad, y unos deseos que fueron efímeros precisamente como consecuencia de todo ello. (…) influjo de toda la circunstancia, gravitando y condicionando la creación de estos poemas.» (1976, pág. 32.)

agrega nuevos elementos a su descripción del poeta. «Sí, poeta: el amor y el dolor son tu reino», había dicho en «El poeta», también de *Sombra del paraíso,* lo que bien había corroborado el bellísimo poema en prosa «El poeta viejo»:

> Cantabas para los pájaros, acaso para los ríos, quizá para las hermosas colinas o los lucientes valles. Peladamente se ofrecían las rocas y las montañas. Pero cantabas para la sorda, para la impasible naturaleza que nunca pudo escuchar tu voz. Oh, solitario poeta, oh, viejo poeta sobrevivido que jamás fuiste asimilado por la tierra querida.

«El poeta canta por todos» y «El niño y el hombre» son los dos últimos poemas que escribió Vicente Aleixandre —22 y 24 de agosto de 1953— para *Historia del corazón,* posteriormente ubicados en la sección «La mirada extendida». Y son poemas también complementarios de esta dupla titulada «De la edad del hombre» (las dualidades van señalando el camino de los *Diálogos del conocimiento).* Pero en «El poeta niño», que también «asomado a su balcón *extiende* su manecita larga (…) Y la *extiende* más y se moja en la oprimida fuente de la ciudad, remotísima, que sus ojos contemplan. Y más todavía» [la cursiva es nuestra], Aleixandre aún no nos revela el fondo de la «extendida» y angustiada mirada del poema del 53: ahora se trata de un extraño poeta niño, al que aún se le puede pedir que escape a su destino. El poema en prosa elegido para cerrar *Nacimiento último* está escrito en una prosa con mayor carga irracionalista o visionaria que la de su complementario «El poeta viejo», quizás otra de las razones que llevaron a su autor a preferirlo:

> Niño en ciudad, niño dormido en la primera cuna flotante sobre los hoscos ruidos, niño nacido naturalmente en una ciudad inmensa, donde las calles se repiten, golpean, despiertan al dormido en su cielo, y arañan y lastiman y duelen, mientras el Ángel llora, en su rincón oscuro, una lágrima clara, pronto rodada hasta los cascos sucios de unos caballos grises.

Con «El poeta niño» se cierra el libro y también la serie
de «poemas sueltos» a la que pertenece: sin embargo, hemos revisado aunque muy rápidamente, la fuerte trama
textual o conjunto al que se suma con «comodidad». En la
nota preliminar al libro, de 1953, así queda salvada la diversidad en la intrínseca unidad:

> Y hay, en fin, algunas piezas distintas, de cuerpo sepa-
> rado, que en cada una empezaba y terminaba, y que aquí
> se recogen en la que pudiera llamarse unidad de tiempo,
> unidad de poeta.

3.   *HISTORIA DEL CORAZÓN:* LA MIRADA EXTENDIDA

> El poeta que canta a la luna no canta
> a la luna: canta a la luna impresa en la pu-
> pila humana.
>
> VICENTE ALEIXANDRE

3.1.   *La poesía es comunicación*

Son varios los textos y géneros (conferencias, entrevistas, cartas, ensayos, aforismos, poemas) en los que Vicente
Aleixandre desarrolló su teoría de la poesía como comunicación. Ya en carta a Gerardo Diego escrita desde Madrid
el 7 de junio de 1931, y exhumada por Gabriele Morelli
(1997, pág. 202), mostraba su temprana procupación al respecto:

> Querido Gerardo: Tu carta me ha alegrado mucho. Por
> mucho que uno se empeñe en que uno escribe sólo por
> una necesidad íntima y que la poesía propia acaba en uno
> mismo, siempre le es bueno y alegra ver que esto no es ver-
> dad del todo y que de alguna manera se cierra el circuito
> en otros ojos y en otro espíritu, tan necesarios y tan que-
> ridos.

Antes de considerar los textos propiamente teóricos, re-
cordemos en principio que memorables poemas dejan
constancia de su preocupación por este tema: hay que ci-

tar sobre todo los poemas-prólogos como «El poeta» (de *Sombra del paraíso)*, o «Para quién escribo» (de *En un vasto dominio)*, sin olvidar «Mi voz» que inicia *Espadas como labios,* o «Las palabras del poeta» de *Poemas de la consumación,* que anuncian y denuncian la preocupación del poeta por la función del lenguaje. A estos poemas podrían sumarse otros, desperdigados desde el inicio hasta el final de su obra poética.

De 1944 es su primer texto en contra del esteticismo minoritarista: la «Confidencia literaria» aparecida en *Entregas de poesía*, 6-7, del mes de julio del citado año, que luego reelaborará en diferentes páginas sucesivas. En el final de su tercera parte, ya dice Vicente Aleixandre:

> No creo que el poeta sea definido primordialmente por su labor de orfebre. La perfección de su obra es gradual aspiración de su factura, y nada valdrá su mensaje si ofrece una tosca o inadecuada superficie a los hombres. Pero la vaciedad no quedará salvada por el tenaz empeño del abrillantador del metal triste.
>
> Unos poetas —otro poeta es éste, y no de expresión, sino de punto de arranque— son poetas de «minorías». Son artistas (no importa el tamaño) que se dirigen al hombre atendiendo, cuando se caracterizan, a exquisitos temas estrictos, a refinadas parcialidades (¡qué delicados y profundos poemas hizo Mallarmé a los abanicos!), a decantadas esencias, del individuo expresivo de nuestra minuciosa civilización.
>
> Otros poetas (tampoco importa el tamaño) se dirigen a lo permanente del hombre. No a lo que refinadamente diferencia, sino a lo que esencialmente une. Y si le ven en medio de su coetánea civilización, sienten su puro desnudo irradiar inmutable bajo los vestidos cansados. El amor, la tristeza, el odio o la muerte son invariables. Estos poetas son poetas radicales y hablan a lo primario, a lo elemental humano. No pueden sentirse poetas de «minorías». Entre ellos me cuento.

Otros textos teóricos presentes en las *Obras Completas* de Vicente Aleixandre son «En la vida del poeta: el amor y la poesía» (Discurso de Recepción en la Real Academia Es-

pañola), de 1949; «Algunos caracteres de la nueva poesía española», su conferencia de 1955; y «Otros apuntes para una
poética», sección en la que se recogen textos de 1930 a 1958.

Es importante notar cómo hacia el año 50 Vicente Aleixandre ya adelanta teóricamente la total evolución de su poesía. Las palabras «comunión», «comunicación» y «conocimiento» —las que designan y resumen para el importante
aleixandrinista José Olivio Jiménez dicha evolución, tal
como ya revisamos en el punto 1 de esta Introducción— son
usadas alternativamente a lo largo de los aforismos compuestos para esa época y que inmediatamente leeremos.

Esas sentencias sobre la comunicación (sin olvidar una
breve prosa poética sobre el mismo tema) que escribió Aleixandre en 1950, cercano también el Discurso de Ingreso en
la Real Academia Española de la Lengua, se ubican en
«Otros apuntes para una poética» bajo los títulos: «Poesía,
moral, público (1950)» (págs. 1570-1580) y «Poesía, comunicación (1951)» (págs. 1581-1583)[14]. Del primer texto, es esta
selección de aforismos:

> El poeta llama a comunicación y su punto de efusión
> establece una comunidad humana.

_____

[14] Estos textos fueron reelaborados y refundidos para su inserción en
las *Obras Completas,* cuya versión seguimos. Los cambios fueron muy sig-
nificativos (alguno de ellos, como la fecha de procedencia del texto «Poesía, comunicación», de 1950, más bien un error que un cambio), y dan
cuenta de la íntima relación que hubo en la gestación y edición de los
mismos.
En *Espadaña,* núm. 48, León, 1950, apareció «Poesía: Comunicación
(Nuevos Apuntes)», que, con el título «Poesía, moral, público», y otras variantes, aparece en *Obras Completas* (1968, págs. 1570-1580). *(Espadaña,*
reedición facsimilar, León, Espadaña Editorial, 1978, págs. 1017-1018.)
En *Ínsula,* año V, núm. 59, Madrid, 15 de noviembre de 1950, págs. 1-2,
apareció «Poesía, moral, público», conteniendo varios aforismos divididos
en dos secciones. Presenta variantes en relación con lo publicado en las
Obras Completas. Está acompañado de dos dibujos de «Lara».
«Poesía, Comunicación», correspondiente a «Poesía, Comunicación»
de las *Obras Completas,* apareció en *Correo Literario, Arte y Letras Hispa-
noamericanas,* año I, núm. 1, Madrid, 1 de junio de 1950, pág. 3, bajo el
título abarcador de *De la poética de Vicente Aleixandre.* De aquí se des-
prenderán algunos aforismos como: «Las palabras no son feas o bonitas
en la poesía. Son verdaderas o son falsas.»

*

¡Ay del poeta que ante todo busca la belleza! El que quiera salvarla la perderá.

*

Toda poesía es multitudinaria en potencia, o no es.

*

La comunicación que la poesía in actu establece entre los hombres, entre otras cosas, prueba conmovedoramente lo ridículo de las «torres de marfil». Por no decir su inmoralidad.

*

El poeta que al fin se decide a escribir para sí mismo, lo que hace es suicidarse por falta de destino.

*

Hasta el poeta que canta su más definitiva y feroz insularidad está pidiendo un poco de simpatía.

*

La poesía supone, por lo menos, dos hombres. No existen los poetas solitarios.

*

Servir: la única libertad de la poesía.

*

La Poesía no es cuestión de fealdad o hermosura, sino de mudez o comunicación.

*

Entreví la virtud de la poesía repasando una antigua revista de lírica joven. Todos decían «amor», «esperanza», «corazón», «felicidad», «muerte». Todos, sin quererlo, mentían. Uno solo, que usaba de esas mismas palabras, se comunicaba.

*

Una conciencia sin atenuantes: eso es el poeta, en pie, hasta el fin.

*

Fuente de amor, fuente de conocimiento; fuente de iluminación, fuente de descubrimiento; fuente de verdad, fuente de consuelo; fuente de esperanza, fuente de sed, fuente de vida. Si alguna vez la Poesía no es eso, no es nada. (OC, 1968, págs. 1570-1580).

Comunicación es verdad, es autenticidad, es entrega al otro, lo opuesto a falsedad o mentira o fraude: queda así expuesta la alta carga ético-moral de la poesía —o el len-

guaje— para Aleixandre, y el del *rol* del poeta «que habla
por todos»: «Las palabras no son feas o bonitas en la poesía. Son verdaderas o son falsas.» Es evidente la relación de
estos conceptos con el poemario historicista y «realista» —ya
veremos hasta qué punto podemos usar esta palabra— que
es *Historia del corazón*. La poesía ya no es una cuestión de
mudez, sino de comunicación, como ha dicho el poeta.

Estas opiniones de Aleixandre, tan difundidas y de tanta
presencia en la posguerra española, se verán reforzadas por
sus cartas: en ellas el artista también encontrará un molde,
un género, un canal adecuado para su pensamiento teórico,
como bien lo demuestra, por ejemplo, la publicación en sus
Obras Completas, en la sección «Otros apuntes para una poética», de la carta a Dámaso Alonso datada en Miraflores,
19 de septiembre de 1940, y aparecida en *Corcel* en 1944,
con el título *Poética* (De una carta a Dámaso Alonso)[15].

En su conferencia de 1955 «Algunos caracteres de la
nueva poesía española», difundido ya con indudable éxito
Historia del corazón, el poeta describe las características de
la nueva poesía social. Al ordenar sus más sobresalientes aspectos, el poeta no hace más que subrayar los de su libro
de 1954: el hombre histórico; conciencia temporal; depre-
sión del arte; angustia, esperanza; posiciones religiosas; el
hombre común; dimensión social; tema de España; narrar.
Sencillez; ensanchamiento.

Éste es el resumen que el poeta propone en el fin de su
conferencia, resumen de la poesía última, incluida, en
buena medida, la de *Historia del corazón:*

> Digamos que ésta se distingue, de un lado, por un tono
> de angustia o por un tono de esperanza; de otro, por la
> aparición de ciertos temas peculiares: el de la infancia, el
> religioso, el social, el de la patria; todo ello desenvuelto en
> una atmósfera cotidiana que le otorga un aire inconfundi-

---

[15] *Corcel,* Pliegos de Poesía, Valencia, 5-6, 1944, págs. 110-111. En Aleixandre, el cambio de una corriente a otra es llamativo, pero no es incoherente. La visión del mundo se completa: si abarcó lo cósmico, si cantó
lo telúrico, si en la naturaleza se integra lo permanente, asimismo se integra lo humano. (…)

ble, asistido con frecuencia notable por los datos inmediatos del recuerdo y expresado en un lenguaje sencillo, muchas veces coloquial, que a ratos tiende a la narración y que
pretende dirigirse a una mayoría de lectores. Ahora bien:
¿no son estos signos, o por lo menos algunos de ellos, los
que diferencian el arte realista? (...) el realismo actual se
enraiza, como vimos, junto a una filosofía que ante todo
considera el historicismo del hombre. (...) *(OC,* 1968, páginas 1434-1435.)

Veamos cómo para la misma época, en una carta publicada por Leopoldo Aguirre como preliminar a su libro *Poemas del enfermo* (Premio «Valencia» de Literatura-Poesía-
1955) se ocupa Vicente Aleixandre de los mismos aspectos
que había tratado en la recién citada conferencia, a la que
justamente hace referencia en esta carta. En algunos de sus
interesantísimos párrafos insiste:

> No hace mucho, desde cierta tribuna, hablaba yo de la
> nueva poesía española, e insinuaba como rasgo unificador
> de ella su visión historicista del hombre, con su conciencia
> de lo temporal, su identificación con el individuo medio, y
> la coherente simplificación del lenguaje, que, apurado a ve-
> ces hasta lo casi coloquial y realista, quisiera convocar no al
> preparado o al especialista, sino al hombre ocupador del
> ámbito ensanchado que se define como mayoritario.
> Y en cuanto a la conciencia de lo temporal (...) Sobre
> todo el libro planea una angustia de la fugacidad del exis-
> tir, revelada en la fluencia del dolor, cuyo apresamiento
> diario se convierte en la conciencia misma de la vida.
> (...) Lo que flota en tu libro, al cerrarlo, es el conoci-
> miento de un alma templada en el sufrimiento, y vence-
> dora de él. Cierto estoicismo juvenil, tempranamente ma-
> duro y una aceptación de la verdad humana, en su duro
> extremo, de la que el poeta queda investido, con una es-
> forzada esperanza, triunfadora en su «milagro diario»,
> cuando un espíritu más débil correría el riesgo de desinte-
> grarse, sin haber alcanzado una valerosa resignación y una
> difícil sabiduría (...) (Leopoldo Aguirre, 1955, s. pág.)

Los conceptos vertidos por Vicente Aleixandre nos sirven para introducir el cambio de tema y estilo del libro

de 1954, coetáneo al operado por la joven poesía española.
Me atrevería a arriesgar la hipótesis de que en la infinita
trama de las relaciones generacionales, es ahora el maestro
quien se sumerge en las aguas de la nueva lírica, rodeado
como estaba permanentemente por las voces más jóvenes,
para salir de ellas renovado, rejuvenecido, e inconfundible.
Como ya anticipamos en el final de nuestro punto 1 de esta
Introducción, el tema de la presencia de Vicente Aleixandre en las generaciones poéticas de posguerra merece ser estudiado con verdadera atención.

3.2.   *Período y proceso de escritura de* Historia del corazón

Con *Historia del corazón*, como ya vimos, se inicia una
nueva etapa en la poesía de Vicente Aleixandre, un verdadero punto de arranque, de nueva cosmovisión y clarifi-
cado lenguaje, anclado, como no podía ser de otra manera,
en las intuiciones básicas de su autor.

De pronto, el cambio. En su conferencia «1945: año crucial en la obra de Aleixandre»[16], dice Leopoldo de Luis:

> Mi primera noticia de *Historia del corazón* fue un poe-
> ma que Aleixandre me dio en 1951, titulado «Amane-
> ciendo» y que, al año siguiente, yo mismo, por encargo
> suyo, lo entregué para abrir el primer número de la revista
> *Poesía Española.* (...) El poema no pasó a las Obras Com-
> pletas quizá porque Aleixandre lo olvidó al preparar el ma-
> terial, ya que tampoco figuró en el propio libro.
>
> Cualquier lector de Vicente Aleixandre habría de que-
> dar sorprendido. Me consta que así ocurrió: soy testigo de
> ello. Cuando aquel mes de enero de 1952, la nueva revista
> *Poesía Española* abría sus páginas con este poema, muchos
> dudaban de que se tratase del mismo autor de *La destruc-
> ción o el amor.* (...)

---

[16] «1945: año crucial en la obra de Aleixandre», leída en las Jornadas
en Homenaje a Vicente Aleixandre, organizadas en 1998 por la Universidad de San Pablo, del C.E.U., en Madrid. Agradezco a su autor la copia
de la disertación.

En Aleixandre, el cambio de una corriente a otra es llamativo, pero no es incoherente. La visión del mundo se completa: si abarcó lo cósmico, si cantó lo telúrico, si en la naturaleza se integra lo permanente, asimismo se integra lo humano. (...)

Si atendemos a la cronología de los manuscritos tal como la presenta Carlos Bousoño en su indispensable *La poesía de Vicente Aleixandre,* y con ella, al proceso de escritura del libro de 1954, podemos observar que su primer esbozo es del año 1945, pese a que el núcleo central y eje organizador de *Historia del corazón* recién llega en 1952. Sigamos el proceso de gestación del libro.

La Sección I: *Como el vilano* se escribió entre mayo de 1945 (14 de mayo, precisamente, fecha de composición de «Mano entregada») y, aproximadamente, agosto de 1946, fecha estimada para «Sombra final», año en el que figura la creación de este solo poema. En total ocho poemas. Esta primera sección se completaría con «El último amor», escrito el 16 de agosto de 1952 y «Desde la larga duda», sin datar. Aleixandre escribió en este primer año de composición, 1945, otros dos poemas no incluidos finalmente en el libro, aunque figuran en la cronología como pertenecientes a él: «No te conozco» y «Visita a la ciudad», del 17 de junio y del 4 de septiembre respectivamente[17].

Como acabamos de ver, en 1946 Vicente Aleixandre escribe un solo poema. Y en 1947 ocurre lo mismo: sólo escribe «Ausencia», fechado el 15 de febrero de 1947 y finalmente no incluido en el libro, aunque, creemos nosotros, sí publicado en revista. Es un claro ejemplo, como veremos en el Apéndice 2, del valor de algunas páginas aún hoy dispersas de Vicente Aleixandre.

Hasta 1950 no hay más poemas. En carta —inédita— a Dámaso Alonso, escrita desde Madrid, el 7 de mayo de 1948, dice Vicente Aleixandre:

---

[17] La Cronología (Carlos Bousoño, 1977, pág. 475) agrega que no fueron luego recogidos en otro libro, sin advertir que quizás se trate de los finalmente insertos en *Poemas varios (OC,* 1968, págs. 1105 y 1102).

(...) Ya Jorge [Guillén] debe de estar en Wellesley. Por
cierto que Carlitos Bousoño le decía a Jorge, al contestar
a otra suya, que yo iba a publicar un libro (Historia del corazón) a fin de año. No hagas caso: son cosas de su vehe-
mencia, que lo ve así. Te lo digo para que no creas que eres
tú el que no lo sabe. No sé cuándo pensaré en publicar;
pero no sería antes de estar tú aquí, y consultándote lo in-
decible. Sería el posible libro de que te hablé.

De 1950 son seis poemas, todos de la Sección III: *La realidad*. Desde «Mi rostro en tus manos», del 3 de febrero
de 1950, hasta «En el jardín», del 28 de julio, pasando por
«El alma», «Tendidos, de noche», «La certeza» y «La realidad». La sección III se completaría con «Tierra del mar»,
del 18 de agosto de 1951, «En el bosquecillo», del 5 de junio
de 1952 y «El sueño» del 23 de julio de ese mismo año 1952.

En el año 1951 Vicente Aleixandre compone sólo dos poemas más para *Historia del corazón*: uno, recién señalado, de
la tercera sección, «Tierra del mar», y «Con los demás», de
octubre de 1951 —fecha estimada, no exacta, tal como indica Carlos Bousoño—. Pero con este poema inicia Aleixandre la composición de la Sección V: *Los términos*, y con
ella encuentra, y vertiginosamente, el poemario total.

El punto de arranque del libro fue una fuerte experiencia amorosa, de amor y desesperación. En *5 cartas de Vicente Aleixandre* a José Luis Cano (Vicente Aleixandre
[¿1989?]) ha quedado suficiente testimonio de las apasiona-
das vicisitudes biográficas que acompañaron el nacimiento
de los primeros poemas del libro, así como de la datación
de su título; dice Vicente Aleixandre a su amigo en carta
escrita desde Miraflores, el 12 de julio de 1945:

> Lo que no sabes es que mi libro tiene ya título, que dice
> lo que el libro es o será. Se llama Historia del corazón. (...)
> No le veo más que el acaso inconveniente de que Rosales tiene
> anunciados unos poemas en prosa que llama «Contenido del
> corazón». ¿Lo ves como inconveniente? (1989, pág. 6.)

Pero el libro nace «Con los demás», su verdadero punto
de arranque. En este poema, incluido en la quinta y última
sección, la titulada «Los términos», la pareja amorosa sigue

siendo el eje del poema, pero ahora ya en el marco general de los demás, en medio de los demás, de «otras gentes», como dice el poeta. Y aunque aún no se ha trascendido la experiencia dual —y una— de los enamorados, los demás son el límite o, ya en su sentido trascendido, los términos, que abarcan la experiencia de amor pero la trascienden, dando cabida nada menos que a la solidaria mirada del poeta con la que los capítulos finales del libro adquieren su alto rango ético y moral.

Veintidós poemas escribe Vicente Aleixandre en 1952, el núcleo mayor de esta génesis compositiva: en este año cierra capítulos, compone otros, abre los últimos. Ha hallado la directriz, la idea abarcadora, la coherencia total, hasta la idea argumental, lo que prueba el alto contenido narrativo del libro. Así dice el poeta en la Nota a *Mis Poemas Mejores:*

> *Historia del Corazón,* escrita entre 1945 y 1953, creo que supone una nueva mirada y una nueva concepción en el espíritu del poeta. El vivir humano, tema central, se canta aquí desde una doble vertiente. Visión del hombre vivido, desde la conciencia de la temporalidad (por eso poemas de la edad humana: de niñez, de juventud, de madurez, de ancianidad). Y visión del amor como símbolo trascendido de solidaridad de los hombres, ante «los términos» de su vivir. Los términos... y el término, cuya vislumbre planea sobre todo el libro. Se inició la composición de éste como obra de amor en un sentido estricto, pero pronto la intuición se abrió y ensanchó hasta dar lugar a la visión completa y abarcadora. El título, sin alterarse, se mostró capaz de la cabal significación.

De 1952 son los ocho poemas restantes de la Sección V (y se completa *Los términos);* dos de la III: *La realidad* (y se completa *La realidad);* uno de la I (y se completa *Como el vilano);* ocho de la II: *La mirada extendida* (se inicia y desarrolla la sección); y tres poemas de la IV (se inicia *La mirada infantil).*

En 1953 se componen los seis poemas restantes de la Sección IV: *La mirada infantil.* Y se completa la Sección II: *La mirada extendida:* «El poeta canta por todos» y «El niño y el hombre» son los dos últimos poemas, de agosto de 1953, para *Historia del corazón*[18].

Vicente Aleixandre inició la escritura del poemario con la referencia a una experiencia amorosa: el presente palpable, palpitante. La terminó con la más distante y sublimada: la del paraíso infantil. El orden de composición privilegió la secuencia o coherencia del corazón y no el orden o evolución cronológicos. Poesía, no historia; finalmente lírica: no narrativa. En carta —inédita— a Jorge Guillén, escrita desde Madrid, el 12 de febrero de 1953, dice el poeta:

> Yo acabo de dar por terminado «Historia del Corazón». He trabajado bastante en estos últimos meses. Las últimas partes del libro impregnan y «modifican» como diría Bousoño, con su teoría del «modificante», el libro todo; le dan su sentido último.

3.3.   *Composición y estructura del poemario*

Siempre siguiendo el orden de gestación o composición de *Historia del corazón,* revisaremos las diferentes secciones que componen el libro.

La Sección I, *Como el vilano,* se subdivide en dos apartados; en el primero se ubican siete poemas: «Como el vilano», «Mano entregada», «La frontera», «Otra no amo», «Después del amor», «Nombre» y «Coronación del amor»; y tres forman su segunda parte: «Desde la larga duda», «El último amor» y «Sombra final»

El libro y la sección se inician con un poema amoroso síntesis del sí-no de toda relación amorosa, y del diferente grado de implicancia del amante en la experiencia: entrega-olvido, cercanía-distancia. El amor es «Como el vilano»[19], casquivano, travieso, esquivo, fugaz. Furor y sosiego, con-

---

[18] «Ten esperanza», que inicia la sección *La mirada extendida,* no figura en la Cronología de manuscritos.

[19] En «Junio del paraíso» uno de los *Cinco poemas paradisíacos* que hemos leído en *Nacimiento último,* ya había dicho el poeta: «Hombres plenos, muchachas de insinuado escorzo lúcido, niños como *vilanos* leves,» (verso 11, la cursiva es nuestra).

moción y serenidad, tumulto y orden: amor-desamor, para no alejarnos de las intuiciones centrales del poeta. El protagonista es «el corazón del amante», y la tercera persona utilizada otorga efecto generalizador, distanciador de la experiencia personal. La focalización omnisciente y no subjetiva produce una visión serena y contemplativa del hecho amoroso y sus protagonistas. El amante «glorioso y cargado», fundido en la llama eterna del amor, contempla a la amada: «Mientras ella ligera se exime… Y pasa, y se queda. Y se alza y vuelve. / Siempre leve, siempre aquí, siempre allí; siempre. / Como el vilano.»

Como el vilano es el amor, eterno, aunque fugaz. Viene y se va, siempre. De la experiencia particular a la «mirada extendida»: ésta es la idea que desarrolla Aleixandre en los dos poemas que escribió como prólogos para el libro *Historia del corazón* y luego no incluyó, trascendido el alcance del poemario (los textos formaron parte, finalmente, de *Poemas varios* —OC, 1968, págs. 1097-1100—). Ya está aquí la idea de que lo que uno experimenta lo experimentan también los demás, todos, antes y después de nosotros, lo que nos ubica en un plano mítico. Leopoldo de Luis, en la conferencia que ya hemos citado, afirma: «Esta nueva tesitura amorosa tuvo en principio un poema prólogo para cantar un amor inmortal, vivido transitoriamente por cada pareja humana.» De lo personal a lo general, del acontecerse sucesivo a lo cíclico, también eje vertebrador de *En un vasto dominio*.

No olvidemos que el mismo Vicente Aleixandre comentó el segundo poema de esta sección, «Mano entregada» en su texto «Dos poemas y un comentario», incluido en «Otros apuntes para una poética» *(OC, 1968, págs. 1562-1569)*, comentario precedido por uno un poco más extenso sobre la génesis de *Historia del corazón*.

Los seis poemas que van desde «Mano entregada» hasta el final de esta primera parte de la Sección I, siguen mostrando los encuentros y desencuentros de la experiencia amorosa con sus límites o fronteras (el desamor) y su opulencia o su fuego. En «Coronación del amor» el autor vuelve a elegir la distanciadora tercera persona omnisciente, verbalizadora de la profética mirada del poeta del paraíso:

Mirad a los amantes.
Quieta la amada descansa muy leve,
como a su lado reposa el corazón del amante.
Es el poniente hermoso. Han pasado los besos
como la cálida propagación de la luz.
....
Los dorados amantes, rubios ya, permanecen
sobre un lecho de verde novedad que ha nacido
bajo el fuego. ¡Oh, cuán claros al día!

Los tres poemas que se agrupan en la segunda parte de
la Sección I vuelven a reiterar el tema del «¿Te quiere? / ¿No
te quiere?» El poema al que pertenecen estos dos versos,
«Desde la larga duda», que como sabemos está sin datar, es
una síntesis de la temática de esta serie; pero el texto nos
resulta más cercano a poemas anteriores de Aleixandre que
a los que forman *Historia del corazón*. En la segunda parte
del poema «Sin esperanza» aparece un vocabulario seme-
jante al del ciclo poético de *Mundo a solas:* «odio», «turbio», «oscuro», «sucio». Es un poema también fonética-
mente agresivo y extraño: «charla», «desparrama». En
verdadero alarde de desafío métrico, el poema combina su
polimetría con asonancia de versos pares.

Con «El último amor», escrito en agosto del 52, de tono
intimista, coloquial y confesional, es evidente que Aleixandre
ha resuelto definitivamente el paso de la dimensión metafó-
rico-mítica a la humana. El poema alterna entre la cercanía de
la primera voz y el monólogo indirecto en segunda persona.

El magistral soneto «Sombra final», escrito aproximadamente en agosto de 1946, cierra la serie *Como el vilano:* la
primera sección cumple con este poema que funciona a la
manera de un epílogo una suerte de ciclo con «coronación»
y «final». La esencial soledad del amante, el triunfo del límite o el desamor, nos retrotraen al clima de *Ámbito* y al
recuerdo, entre reminiscencias lorquianas, de las voces de
fray Luis de León y de san Juan de la Cruz:

Oh noche oscura. Ya no espero nada.
La soledad no miente a mi sentido.
Reina la pura sombra sosegada.

No olvidemos que desde el punto de vista métrico, el versículo domina en casi todo el libro, salvo en este poema y en «Desde la larga duda», verso libre rimado.

Después del primer impulso creativo, el de la serie *Como el vilano,* el poeta se acerca a *La realidad* (Sección III), el «continuo olor que es la vida»: lo opuesto al desamor, al sueño, al deseo, a la tristeza, al cansancio, a la soledad, porque siempre existe. Aunque los nueve poemas que forman la serie mostrarán que también de sus contrarios se nutre la realidad, como enseguida veremos.

«Tendidos, de noche», «En el bosquecillo», «En el jardín», «La certeza», son los poemas en los que alienta la plenitud de la comprobación de la materia o su presente, no su sueño; como dice el último verso de «Tendidos, de noche»*:* «y quedarse dormido del lado del continuo olor que es la vida».

Con «El alma» (o «Mi rostro en tus manos» y el enigmático «El sueño») se introduce, como ya advirtió José Luis Cano, «un enfoque profundamente espiritual, incluso visionario, del vivir humano y amoroso»:

> Pienso, sin embargo, que en algunos poemas de *Historia del corazón* Aleixandre va más allá del realismo, ofreciéndonos un enfoque profundamente espiritual, incluso visionario, del vivir humano y amoroso. Podríamos citar como ejemplo el poema «El alma» en que el cuerpo adorado de la amada es sentido y aspirado como alma, y el alma, a su vez, toma cuerpo, exhala aroma, se hace materia respirable y tangible. Y si en un poema, «Después del amor», el poeta nos hace una descripción realista del cuerpo en reposo de la amada… Y luego nos habla de la mejilla y de la frente… en otro poema toca idéntico motivo, «Coronación del amor», la pareja amante, ya en sosiego tras la batalla amorosa, está vista, en cambio, míticamente, antirrealísticamente (…) (José Luis Cano, 1980, págs. 17-18.)

Con «El sueño», el último poema de la sección, compuesto el 23 de julio de 1952, nos acercamos a «ese aire de melancolía y secreto», como ya bien vio Ricardo Gullón, cercano «por la cruel y delicada lucidez de la intuición, a los pe-

queños poemas de Charles Baudelaire y a ciertas páginas de
Rainer María Rilke, sin dejar por eso de ser genuinamente
aleixandresco» (Ricardo Gullón, 1958, 1977, pág. 134):

> Hay momentos de soledad
> en que el corazón reconoce, atónito, que no ama.
> Acabamos de incorporarnos, cansados: el día oscuro.
> Alguien duerme, inocente, todavía sobre ese lecho.
> Pero quizá nosotros dormimos… Ah, no; nos movemos.
> Y estamos tristes, callados. La lluvia, allí insiste.
> ....
> Y sólo suena el pausado respiro de alguien,
> de aquella que allí, serena, bellísima, duerme
> y sueña que no la quieres, y tú eres su sueño.

«Entre misterioso y freudiano, el poema recoge el sueño
de la amada que sueña que no lo es: que sueña la realidad»,
comenta Leopoldo de Luis en su conferencia «1945: año
crucial en la poesía de Vicente Aleixandre». Resalta también Leopoldo de Luis la semejanza entre este poema y el
que cierra el libro: «La mirada final», el recuerdo de «In-
vernal» de *Azul*, de Rubén Darío, y la evocación del poema
«Recuerdo infantil» de *Soledades* de Antonio Machado.

Con el año 1951 llega el giro («Con los demás», luego
en *Los términos)* e inmediatamente el vigoroso arranque
creativo de 1952. Hasta ahora el poeta nos ha hablado del
amor, de la experiencia amorosa con su eterno
—«Como el vilano»— me quieres, no me quieres; de
La realidad que existe, plena, aún en sus sombras y en sus
sueños. Ahora la duración, la vida entera, la sucesión. Insertarse en el espacio de los demás —«Con los demás»—
hizo que la mirada poética sobre el amor carnal o el amor
de la pareja se extendiera a la visión del humano mundo.
Así, de los poemas eróticos Vicente Aleixandre deriva o
llega a los amorosos.

3.4. *De lo erótico a lo amoroso*

El amor es *la mirada extendida* que abarca la curva de la vida, la curva del amor, la historia de la vida, la historia del corazón. Dice Vicente Aleixandre a su gran amigo Claudio Rodríguez, en carta inédita, escrita desde Miraflores, el 10 de septiembre de 1953:

> *Historia* es un libro extenso. Consta de seis apartados, y es un libro unitario. El libro está hecho desde la evolución amorosa, describiendo un ciclo hasta la visión del vivir amante en el final mismo de la existencia. En las últimas partes, dentro de ese vivir, el libro se abre a otros temas, con cierta carga de experiencia humana, y una posición de serenidad y aceptación última. Sin ser historia, es historia del vivir, implícitamente, y lleva una parte donde queda absorbida la infancia. De las seis, ésa es la tercera parte.

Desde la pupila analítica a la totalizadora, desde lo menor a lo mayor, de la implicancia a la distancia. La Sección V: *Los términos,* formada por nueve poemas, se abre justamente con el magnífico poema «La explosión»: el amor no es sólo el estallido, es también la existencia contemplada *como una gran tarde toda del amor.* Ya ha señalado José Olivio Jiménez (1979, págs. 78-80) estos dos juegos imaginativos fundamentales: el amor-explosión, enriquecido por la imagen de la «ráfaga»; y la tarde del amor-existencia, sobre la que viene a superponerse la idea poética de una «luz» que crece hasta su coronación última y completa. Por su parte, cada una de estas imágenes (ráfaga, luz) es sometida a un desarrollo minucioso, exhaustivo, explorador de todas sus posibilidades, en una integración espacio-temporal que constituye el eje de todo el pasaje: es una realidad temporal, el existir, lo que se desea erguir y situar.

«No queremos morir», dicen los amantes:

> Lento crecer de la rama, lento curvarse, lento extenderse; lento, al fin, allá lejos, doblarse. Y densa rama con fruto, tan cargada,
>   tan rica
> —tan continuadamente juntos: como un don, como estarse—,
> (…)

Se está ante la ardua conquista (también en otros poemas) de la reducción de los sueños y la asunción valerosa de los límites temporales: en «No queremos morir» el poeta menciona por primera vez (no olvidemos que estamos leyendo el libro según su orden de composición) «el lento continuo emblanquecimiento de los cabellos». Ésta es la gran batalla: la aceptación serena de la realidad, que ahora no es sólo el palpitante presente, sino su extenderse, la curva de la realidad o de la existencia, con sus límites temporales.

«Difícil» dirá el poeta: «Todo es difícil. El silencio. La majestad. El coraje: / el supremo valor de la vida continua.» Y el esfuerzo sereno se interrumpe con la queja dirigida a un Dios ignoto. Más dura o incisiva que en «No basta» de *Sombra del paraíso,* la búsqueda de «la réplica que nos diese un Dios respondiente» se alza agónicamente en «Comemos sombra» («el sueño o su sombra»), y «estrechamos aquello que una mano arrojara».

Y en medio del «desierto», o en el de la vida como «relámpago» indescifrable, sólo el amor, ya transformado en compañía que dura lo que dura el sendero, es la salvación:

> Pero no nos engañemos, no nos crezcamos. Con humildad, con tristeza, con aceptación, con ternura,
> acojamos esto que llega. La conciencia súbita de una compañía, allí en el desierto.
> «Entre dos oscuridades un relámpago»

La vida vista como una travesía es simbólicamente un desierto. En otros poemas del libro encontramos también una serie de símbolos que representan ese largo y a veces doloroso esfuerzo que es existir. En «Ten esperanza» y «Ascensión del vivir» será la ardua subida a una montaña; en «Difícil», el navegar y remar en un mar bravío; en «Vagabundo continuo», el caminar a través de la selva africana; en «La oscuridad», una larguísima noche.

Ya ha estudiado José Luis Cano (1980, págs. 12-13) la presencia de Gustavo Adolfo Bécquer («Al brillar un re-

lámpago nacemos / y aun dura su fulgor cuando morimos/
¡tan corto es el vivir!»); el poema «Lo fatal», de Rubén Darío; y el Antonio Machado de «Proverbios y cantares»
(«Cantad conmigo en coro: saber nada sabemos; / de ar-
cano mar vinimos, a ignota mar iremos… / Y entre los dos
misterios está el enigma grave; / tres arcas cierra una desconocida llave. / La luz nada ilumina y el sabio nada en-
seña. / ¿Qué dice la palabra? ¿Qué el agua de la peña?») entre los principales intertextos presentes en «Entre dos
oscuridades un relámpago», además de la imagen de estirpe
clásica de la brevedad y fugacidad de la vida.

Arcadio López Casanova (1992, págs. 83-86) ha estudiado minuciosamente el correlato alegórico de «Ascensión del vivir»: [B] lenta subida a la montaña = [A] transcurrir de la vida. Y además la yuxtaposición temporal
entre la mañana y el atardecer. El funcionamiento de la
alegoría establece contigüidades entre momentos de la
vida —juventud, madurez, vejez— de hecho y en la realidad extraños a tal repentino contacto de sucesión. En resumen: trama alegórica, activa presencia de símbolos,
yuxtaposición temporal y una táctica de correlación progresiva. Como bien dice López Casanova, antes de pasar
a analizar este poema:

> En el segundo ciclo lo que se opera es, exactamente, un
> cambio en la índole o naturaleza de los recursos utilizados,
> pero cambio no quiere decir simplificación, o, mucho me-
> nos, «estilo realista» desnudo de artificios, «expresión di-
> recta», etc. Engañan, pues, las apariencias.

El último poema de la serie, tratado con categoría de
epílogo del libro —así lo señala su disposición tipográfica,
con hoja en blanco para presentación y titulación— se de-
nomina «Mirada final», con su subtítulo: «(Muerte y reconocimiento)». El ámbito sigue siendo el de *Nacimiento
último*, el lugar del desamor o la caída, la expulsión de la
unidad: «La soledad, en que hemos abierto los ojos.» Y en
la mañana del despertar, revuelto, el hombre se levanta y
casi no puede reconocerse. Vemos cómo se adelanta en los
siguientes versos el tema de las partes del cuerpo humano

también como historia o sucesión, planteo central de *En un vasto dominio:*

> Y se mira y se sacude y ve alzarse la nube de polvo que él
> no es, y ve aparecer sus miembros,
> y se palpa: «Aquí yo, aquí mi brazo, y éste mi cuerpo, y
> ésta mi pierna, e intacta está mi cabeza»;

En el final, cuerpo y alma, amante y amada compañía, con la deliberada transposición tierra-mujer, yo-que soy tú:

> contemple con tus pupilas, con las solas pupilas que siento
> bajo los párpados,
> en el fin el cielo piadosamente brillar.

La calidoscópica mirada de *Historia del corazón,* ahora la abarcadora mirada hasta el final del camino donde nos encontramos con el gran límite o término o muerte, pide compasivamente piedad para esta criatura huérfana que somos todos los hombres. El epílogo es menos sereno que el que necesitábamos. Dice José Olivio Jiménez (1979, página 78) que en este libro en que la vida está planteada como ascensión, construcción, enriquecimiento continuo, largo movimiento hacia arriba, camino ascendente (imagen simbólica que persistirá hasta *Poemas de la consumación),* la incorporación progresiva de conocimiento, sabiduría, plenitud, tendrá como «coronación» la muerte: el estadio del reconocimiento absoluto.

El título del último poema del libro es muy significativo al respecto:

> Aquí está, convertida en sustancia de poesía, uno de los
> puntos que con mayor clarividencia reaparece en el pensa-
> miento existencial contemporáneo: la muerte no es la ne-
> gación de la vida, es su cumplimiento máximo; sólo con la
> vista puesta en ella, podrá el hombre apurar el sentido esen-
> cial de su propio existir. No se trata ya, como en la poe-
> sía anterior del mismo Aleixandre, de la muerte como
> acto de deslimitación en una entidad cósmica y diluyente,
> sino el redondeamiento por fin totalmente lúcido de la
> propia conciencia personal: cuando en el fin me conozca,

cuando me reconozca y despierte… (José Olivio Jiménez, 1977, pág. 78.)

En 1952 se inicia y desarrolla la Sección II: *La mirada extendida,* que se completa en 1953, como enseguida veremos, con los dos últimos poemas que Vicente Aleixandre escribe para la que será la edición definitiva del libro. La sección se inicia con un poema muy cercano a «Ascensión del vivir» de *Los términos:* «Ten esperanza». Pero es «En la plaza» el poema que tradicionalmente se ha citado para resumirla:

> Hermoso es, hermosamente humilde y confiante, vivificador
>   y profundo,
> sentirse bajo el sol, entre los demás, impelido,
> llevado, conducido, mezclado, rumorosamente arrastrado.

El poeta, extendida la mirada, se ha encontrado «con los demás» y penetra en la plaza, como ya vimos en el punto 1 de esta Introducción, como el jubiloso bañista que penetra en el mar, y allí —destaquemos la importancia del verbo— «se reconoce», lejos ahora del «extinto diálogo» con el espejo. Destaquemos que en este poema parece adelantarse ya el tono y alcance de «Para quién escribo» de *En un vasto dominio.*

«En la plaza» o «A la salida del pueblo» se aprende «De tristeza, de vida, de paciencia, de limitación, de verdad». «El viejo y el sol», recuerdo de su abuelo paterno, se suma a estas bienhechoras imágenes de sol y palpitante y reconocida existencia. El reino ya no es sólo de los jóvenes amantes del paraíso intemporal: también la decadencia final del viejo es aceptada con infinita ternura y piedad.

«El poeta canta por todos» vuelve a insistir en la plenitud del encuentro colectivo: «Son miles de corazones que hacen un único corazón que te lleva.» Y el poeta cuya voz «canta por todos» renueva el gigantismo mítico del vate o el amante de la primera época de la poesía de Vicente Aleixandre.

El quinto, sexto y séptimo poemas de la Sección II forman, a nuestro entender, un conjunto poético, o por lo menos son textos relacionados y complementarios entre sí. Se trata de «Vagabundo continuo», «El niño murió (Nana en la selva)» y «El visitante». Los tres fueron compuestos en poco más de un mes: el 2 de septiembre de 1952 es la datación del primer título, y el 20 de octubre de 1952 la que corresponde a los otros dos. En los tres poemas se trata de un visitante, o de un vagabundo continuo, cada vez más extraño si pensamos en el personaje del tercer poema. En todo caso, es siempre el hombre el que camina otra vez el largo camino de la vida (la estepa de «Vagabundo continuo») y ve el infinito mundo («hace casi infinito saliste»), y la selva africana, las fieras, el poblado, el niño, las chozas, el brujo...

Como ampliación surge la maravillosa canción «El niño murió (Nana en la selva)»:

> ¿Quién sufre? Pasé de prisa.
> ¿Quién se queja? Y me detuve.

Pero «El visitante» sigue su camino:

> Aquí también entré, en esta casa.
> Aquí vi a la madre cómo cosía.
> ....
> Y entré y no me vieron.
> Entré por una puerta, para salir por otra.

Arcadio López Casanova (1992) ha estudiado este último poema como un caso muy complejo de estructura reiterativa articuladora y se ha referido al símbolo del visitante «y su correlato concretizador: el viento: un mundo nuevo, espiritualmente vivificador y elevado, capaz de transformar la vida sencilla y cotidiana».

Con «El otro dolor» aparece en *La mirada extendida* el recuerdo de doña Elvira Merlo García, la madre muerta del poeta (véase nota al poema). Caricia reconfortadora para el largo y esforzado camino del vivir.

Como «Ten esperanza», el importantísimo poema «La oscuridad» se acerca a la cosmovisión de «Los términos»:

> No pretendas encontrar una solución. ¡Has mantenido tanto tiempo abiertos los ojos!

Conocer, penetrar, indagar: una pasión que dura lo que la vida.

Recorrido el largo camino con los ojos abiertos, «tus cansados ojos vividos», el misterio del final de la vida, simbolizado en la oscuridad o en la larga noche, ya ha llegado; y la segunda persona que nos habla y se habla a sí misma, nos pide —se pide— aceptación y quietud.

«El niño y el hombre» es el poema que cierra esta serie y a su vez el último poema que escribió Vicente Aleixandre, el 24 de agosto de 1953, para la versión definitiva de *Historia del corazón*. La serie (y la composición del libro) regresa a la dualidad hombre-niño con que había terminado *Nacimiento último*[20]. El poema nos sumerge en la atmósfera angustiante de la pérdida de la infancia o de la inocencia, de los deseos irrealizables y los proyectos nunca alcanzados, todo entrevisto desde la dinámica focalización de ida y vuelta con que respectivamente se miran (siempre la mirada) el niño al hombre y viceversa.

Con la IV Sección: *La mirada infantil,* se concluye la composición de *Historia del corazón*. En 1952 se escriben sus tres primeros poemas y en 1953 los seis restantes. En su importante reseña del libro José María Valverde nos dice:

> Es la cuarta y penúltima parte del libro la que marca el punto extremo de su incursión realista. Se titula «La mirada infantil», y en ella los recuerdos concretos y personalísimos, están tratados con una forma verbal realmente inusitada en Aleixandre: con un detallismo casi tierno y humorístico, con una eficacia plástica que sustituye a la antigua exaltación. (1954, pág. 564.)

Remito a las notas de los poemas «Al colegio», «La clase», «La hermanilla», «El niño raro», «Violeta», «El más pequeño», «La joven», «En el lago» y «Una niña cruzaba» para adentrarnos en el delicioso fresco infantil de la cuarta

---

[20] No olvidemos que «El poeta canta por todos» y «El niño y el hombre» son los dos últimos poemas escritos por Aleixandre para esta versión definitiva de *Historia del corazón*, lo que muestra sugestivo paralelismo con «El poeta niño», último poema de *Nacimiento último*.

sección de *Historia del corazón,* en la que ya se advierte, y
en esto completo lo que aún en 1954 no podía sospechar
José María Valverde, la frescura de la próxima prosa de *Los*
encuentros (1958 es su año de edición) de Vicente Aleixandre. Como se verá en las notas, versos de esta sección pasaron o se recrearon en dichas prosas y hasta la correspondencia de Vicente Aleixandre por ejemplo a Emilio Prados
(«El más pequeño», «En la clase») alimenta estos poemas:
complementariedad y diversidad.

Hemos revisado *Historia del corazón* siguiendo el orden
de la datación de sus manuscritos tal como se presenta en *La*
poesía de Vicente Aleixandre, de Carlos Bousoño. La cronología puede no ser del todo exacta, o no haber sido exactamente determinada por el mismo Vicente Aleixandre. Ya se
ha ocupado Leopoldo de Luis de mostrar algunas inexactitudes en ella (Conferencia: «1945: año crucial en la poesía de
Vicente Aleixandre»). Pero nos hemos igual arriesgado a se-
guirla desde un acercamiento que creíamos indispensable: el
del proceso de gestación del libro.

Nuestra edición

Los criterios generales seguidos para nuestra presentación de *Nacimiento último* e *Historia del corazón* son los siguientes:

1. TEXTOS

Para la fijación del texto de *Nacimiento último* se han cotejado tres ediciones que, con sus respectivas siglas, son las siguientes:

NU1: Nacimiento último, Madrid, Ínsula, 1953.

NU2: Edición incluida en *Poesías Completas*, prólogo de Carlos Bousoño, Madrid, Aguilar, 1960.

NU3: Edición incluida en *Obras Completas*, prólogo de Carlos Bousoño, Madrid, Aguilar, 1968 [Ídem ed. 1977].

Se ha respetado la edición *NU3*, salvo en los casos de modificaciones o correcciones efectuadas por el mismo Vicente Aleixandre al incluir a algunos de estos poemas en *Mis Poemas Mejores* (ed. 1984), o en algún otro caso que convenientemente se anota.

Para la fijación del texto de *Historia del corazón* se han cotejado tres ediciones que, con sus respectivas siglas, son las siguientes:

HC1: Historia del corazón, Madrid, Espasa Calpe, 1954.

HC2: Ed. incluida en *Poesías Completas,* prólogo de Carlos Bousoño, Madrid, Aguilar, 1960.

HC3: Ed. incluida en *Obras Completas,* prólogo de Carlos Bousoño, Madrid, Aguilar, 1968 [Ídem ed. 1977].

Se ha respetado la edición *HC3,* salvo en los casos de modificaciones o correcciones efectuadas por el mismo Vicente Aleixandre en algunos de estos poemas incluidos en *Mis Poemas Mejores* [ed. 1984], o en algún otro caso que convenientemente se anota.

Asimismo, en nota a pie de página se indican las apariciones de los poemas en revistas españolas y extranjeras, lo que de ninguna manera pretende ser exhaustivo ante la abundante colaboración de Aleixandre en publicaciones periódicas de la época. Se remite siempre a las publicaciones pretéritas, no posteriores, y a éstas cuando su aparición resulta significativa. De las variantes presentadas en las publicaciones periódicas también se da cuenta en notas a pie de página. En caso de alguna variante muy significativa, el poema vuelve a transcribirse en el Apéndice 1: *Versiones Diferentes.*

2. Abreviaturas de antologías cotejadas

Las siglas de las antologías de Vicente Aleixandre cotejadas a lo largo de toda la edición son, por orden cronológico, las siguientes:

PP: Poemas Paradisíacos, Málaga, Edit. Dardo, El Arroyo de los Ángeles, 4, 1952.

Och: Ocho poemas de Aleixandre (Seleccionados por su Autor), Cuadernos Julio Herrera y Reissig, 39, Montevideo, 1955.

MPM: Mis poemas mejores, Madrid, Gredos, Biblioteca Románica Hispánica. VI: Antología Hispánica, 1956. Segunda edición aumentada: 1961 (Siempre se cita por sexta edición: 1984, salvo aclaración.)

P: Poemas amorosos, Antología, Buenos Aires, Losada,

Biblioteca Clásica Contemporánea, 283, 1960. Segunda edición ampliada: 1970. Tercera edición: 1977.

PRE: Presencias, Barcelona, Seix Barral, Biblioteca Breve, Poesía, 208, 1965.

PS: Poesía Superrealista. Antología, Barcelona, Barral Editores, Poesía Libros de Enlace, Ediciones de Bolsillo, 143, 1971. Segunda Edición: 1977

3. Notas a textos

Las Notas referidas a procedencia y datación se ubican con el título del poema.

Las Notas a texto se ubican por número de verso a pie de página.

Cuando se indica la procedencia de alguna versión en publicación periódica, primero se menciona la revista, e inmediatamente, entre paréntesis, su abreviatura, la que se repite en las notas.

4. Datación de los Manuscritos

DM. Se indica en nota al pie la Datación de los Manuscritos de todos los poemas de *Historia del corazón,* excepto «Desde la larga duda» y «Ten esperanza» tal como indica la cronología de poemas presentada por Carlos Bousoño (1977, págs. 475-476).

5. Normas de ortografía y homologación de presentación

Se actualiza la ortografía: acento en «sólo» (adverbio); no acentuación de monosílabos.

Se homologa la presentación: se suprime uso de comillas para títulos de libros o capítulos; se ordena el uso de números romanos y arábigos, designando las partes mayores (capítulos o secciones) con los primeros, y las partes de un poema con los segundos, uso hasta ahora indistinto en los textos de Vicente Aleixandre. Se agregan signos iniciales de pregunta y afirmación

Procedencia de algunos materiales

Para terminar, he de decir que debo a la consulta con algunos especialistas de la obra de Vicente Aleixandre, Leopoldo de Luis, Carlos Bousoño y Gabriele Morelli, la dilucidación de algunos aspectos o el encuentro con algunos materiales fundamentales para esta edición. Asimismo, he utilizado en una ínfima proporción el abundante epistolario inédito de Vicente Aleixandre recogido para el proyecto de *Obras Completas* para Editorial Aguilar en el que comencé a trabajar bajo la dirección general de Jaime Salinas, en 1989, proyecto, como todos sabemos, finalmente trunco. No pocos datos y luces aporta la correspondencia de Vicente Aleixandre para la lectura de su obra. A todos estos amigos, mi gratitud.

No está aquí, por supuesto, todo el trabajo por hacer, pero queda iniciado.

BIBLIOGRAFÍA

I. Obras de Vicente Aleixandre

I.I. *Poesía*

I.I.I. Libros (Primeras ediciones. Se ordenan por orden de composición)

Ámbito, Málaga, Litoral, Imprenta Sur, Suplemento, VI, 1928.

Pasión de la tierra. Poemas (1928-1929), México, Fábula, 1935.

Espadas como labios, Madrid, Espasa Calpe, 1932.

La destrucción o el amor, Madrid, Signo, Los cuatro vientos, 1935.

Mundo a solas, 1934-1936, con un retrato y seis dibujos por Gregorio Prieto, Madrid, Clan, 1950.

Sombra del paraíso, Madrid, Adán, Colección La Creación Literaria, I, 1944.

Nacimiento último, Madrid, Ínsula, Colección Ínsula, XV, 1953.

Historia del corazón, Madrid, Espasa Calpe, 1954.

Picasso, con pinturas inéditas de la Cueva de Nerja, Edición de Ángel Caffarena Such, Málaga, Ediciones El Guadalhorce, Cuadernos de María Cristina, Poesía Malagueña Contemporánea, 3, MCMLXI.

En un vasto dominio, Madrid, Revista de Occidente, 1962.

Retratos con nombre, Barcelona, El Bardo, Colección de Poesía, vol. 10, 1965.

Poemas de la consumación, Barcelona, Plaza y Janés, Selecciones de Poesía Española, 1968.

Diálogos del conocimiento, Barcelona, Plaza y Janés, Selecciones de Poesía Española, 1974.

1.1.2.   Plaquettes (Se ordenan por fecha de edición)

En la muerte de Miguel Hernández, Zaragoza, Cuadernos de las
    Horas Situadas, 2, 1948.
Desamor, Madrid, Ediciones Cultura Hispánica, 1949, s. pág.
La llanura duerme, Barcelona, La Rosa Vera, vol. I, carpeta
    núm. 15, 1955. (Junto a *Paisaje*, aguatinta a la goma de Rafael
    Zabaleta.)
Consumación, Málaga, Imp. Dardo, 1956.
Ciudad del paraíso, Málaga, Imp. Dardo, 1960.
Antigua casa madrileña, portada de Juan Navarro Baldeweg, San-
    tander, Hnos. Bedia, Colección Clásicos de todos los Años,
    1961.
María la Gorda, Málaga, Imp. Dardo, 1963.
Dos vidas, Málaga, Publicaciones de la Librería Anticuaria El Gua-
    dalhorce, Cuadernos de María José, XL, 1967.
Sonido de la guerra, Valencia, Fomento de Cultura Ediciones,
    Hontanar Suplementos, II, 1972. Reeditado junto a *La bús-
    queda*, de Carlos Bousoño, Valencia, Prometeo, 1978.
Diez poemas, edición privada de cien ejemplares, con grabados de
    Antonio Quintana y prólogo de Francisco Nieva, s/d.
Impresor del paraíso (Bernabé Fernández-Canivell, en Málaga), Má-
    laga, Torre de las Palomas, 1979.
Tres poemas seudónimos, Málaga, Imp. Dardo, Colección Juan de
    Yepes, VI, 1984.
Vicente Aleixandre: Primeros poemas. Edición facsímil, con palabras
    de Soledad Ortega y Testimonio de José Antonio Muñoz Ro-
    jas, Revista de Occidente, Madrid, enero de 1985. (Esta edi-
    ción acompaña al núm. 44, XII, extraordinario, de *Revista de
    Occidente.)*

1.2.   *Prosa*

1.2.1.   Libros

Los encuentros, Dibujos de Zamorano, Madrid, Ediciones Gua-
    darrama, 1958.
— Cubierta de Joan Miró, Dibujos de Julio Maruri y Retrato del
    autor por Zamorano, Santander, Hnos. Bedia, 1959. (Edición
    de Bibliófilo, con tirada de 110 ejemplares numerados.)

1.2.2.   Plaquettes (Se ordenan por fecha de edición)

«En la vida del poeta: El amor y la poesía», discurso leído ante la
    Real Academia Española el día 22 de enero de 1950 en su re-
    cepción pública por el Excmo. Sr. don Vicente Aleixandre, y
    contestación del Excmo. Sr. don Dámaso Alonso, Madrid,
    Aguirre imp., 1950.
El niño ciego de Vázquez Díaz, Madrid, El Ateneo, Colección
    Cuadernos de Arte, núm. 1, 1954.
Algunos caracteres de la nueva poesía española, Madrid, Instituto de
    España, Imp. Góngora, 1955.

1.3.   *Edición de* Obras Completas

Poesías Completas, prólogo de Carlos Bousoño, Madrid, Aguilar,
    1960.
Obras Completas, prólogo de Carlos Bousoño, Madrid, Aguilar,
    1968. Reimpreso en dos volúmenes, Aguilar, Biblioteca Pre-
    mios Nobel, vol. I, 1977; vol. II, 1978.

1.4.   *Antologías* (Se ordenan por fecha de edición)

Poemas Paradisíacos, Málaga, Edit. Dardo, El Arroyo de los Ánge-
    les, 4, 1952.
Ocho poemas de Aleixandre (Seleccionados por su autor), Monte-
    video, Cuadernos Julio Herrera y Reissig, 39, 1955.
Mis poemas mejores, Madrid, Gredos, Biblioteca Románica His-
    pánica. VI: Antología Hispánica, 1956. Segunda edición au-
    mentada, 1961 (Sexta edición, 1984).
Poemas amorosos, Antología, Buenos Aires, Losada, Biblioteca
    Clásica Contemporánea, 283, 1960. Segunda edición am-
    pliada, 1970. Tercera edición, 1977.
Presencias, Barcelona, Seix Barral, Biblioteca Breve, Poesía, 208,
    1965.
Poesía Superrealista. Antología, Barcelona, Barral Editores, Poesía
    Libros de Enlace, Ediciones de Bolsillo, 143, 1971. Segunda
    Edición, 1977.

II. PRINCIPALES EDICIONES CRÍTICAS
    Y ANTOLOGÍAS DE SU OBRA

II.1.   *Ediciones críticas* (Se ordenan de acuerdo a la cronología
        de composición de textos)

II.1.1.   Poesía

ALEIXANDRE, Vicente; DÁMASO Alonso y cols., *Álbum. Versos de
    juventud,* edición, prólogo y notas de Alejandro Duque
    Amusco y María-Jesús Velo, Barcelona, Tusquets, Marginales,
    128, 1993.
ALEIXANDRE, Vicente, *Ámbito,* prólogo de Gabriele Morelli, Ma-
    drid, Visor, Colección Visor de Poesía, LXV, 1976.
— *Ámbito,* edición, introducción y notas de Alejandro Duque
    Amusco, Madrid, Castalia, Clásicos Castalia, 175, 1990.
— *Pasión de la tierra,* Estudio, notas y comentarios de texto por
    Luis Antonio de Villena, Madrid, Narcea, S. A. de Ediciones,
    Bitácora-Biblioteca del Estudiante, 47, 1976. Segunda Edi-
    ción, 1977.
— *Pasión de la tierra,* edición de Gabriele Morelli, Madrid, Cá-
    tedra, Letras Hispánicas, 265, 1987.
— *Espadas como labios. La destrucción o el amor,* edición, intro-
    ducción y notas de José Luis Cano, Madrid, Castalia, Clási-
    cos Castalia, 43, primera edición, 1972.
— *Sombra del paraíso,* edición, Introducción y notas de Leo-
    poldo de Luis, Madrid, Castalia, Clásicos Castalia, 71,
    1976.
— *Historia del corazón,* prólogo de José Luis Cano, Madrid, Es-
    pasa Calpe, Selecciones Austral, 110, 1983.

II.1.2.   Prosa

ALEIXANDRE, Vicente, *Los encuentros,* edición aumentada y defi-
    nitiva, Prólogo de José Luis Cano, Ilustraciones de Ricardo
    Zamorano, Madrid, Espasa Calpe, Selecciones Austral, 141,
    1985.
— *Los encuentros,* ilustrado con retratos, prólogo y epílogo de
    Pere Gimferrer, Barcelona, Círculo de Lectores, Joyas literarias
    ilustradas, 1986.

Aleixandre, Vicente, *Prosa*, edición de Alejandro Duque Amusco, Madrid, Espasa Calpe, Colección Austral, 450, 1998.

11.1.3.   Epistolario. Libros

Aleixandre, Vicente, *Epistolario*, selección, prólogo y notas de José Luis Cano, Madrid, Alianza, Alianza Tres, 175, 1986.
— *5 cartas de Vicente Aleixandre*, con una nota introductoria de José Luis Cano. [Publicación del Centro Cultural de la Generación del 27, Málaga, ¿1989?]
Aleixandre, Vicente; Alonso, Dámaso; Diego, Gerardo y Guillén, Jorge, *Cartas a Juan José Domenchina*, edición de Amelia de Paz, Málaga, Centro Cultural de la Generación del 27, 1997. (Contiene trece cartas de Aleixandre a Domenchina.)
«De Vicente Aleixandre a Juan Guerrero y a Jorge Guillén», *Epistolario*, preliminar de Gabriele Morelli, Madrid, Universidad de Alcalá-Ediciones Caballo Griego para la Poesía, Biblioteca del 27, Colección Presagios, 1, 1998.

11.2.   Principales antologías (Se ordenan por fecha de edición)

Antología del mar y de la noche, ed. de Javier Lostalé, Madrid, Al-Borak Ediciones, 1971.
Antología Total, ed. de Pere Gimferrer, Barcelona, Seix Barral, 1975.
Antología poética, estudio previo, selección y notas de Leopoldo de Luis, Madrid, Alianza, El Libro de Bolsillo, Sección: Literatura, 647, primera y segunda ediciones: 1977. Sexta edición, 1982.
Poemas paradisíacos, ed. de José Luis Cano, Madrid, Cátedra, Letras Hispánicas, 75, 1978. Cuarta edición, 1983.
Poemas escogidos, ed. a cargo de Carlos Ayala, Barcelona, Círculo de Lectores, *Obras Selectas,* 1980.
Vicente Aleixandre, biografía y selección por José Luis Cano, Madrid, Ministerio de Cultura, Dirección General de Promoción del Libro y la Cinematografía, España escribir hoy, 1, 1981.
Antología esencial, prólogo, selección y notas de Alejandro Amusco, Barcelona, Orbis, Los Premios Nobel, 29, 1983.
Vicente Aleixandre para niños, edición preparada por Leopoldo de Luis, Ilustrada por Concha Martínez, Madrid, Ediciones de la

Torre, Colección Alba y mayo. Serie poesía, núm. 7, 1984. Segunda edición, 1988.

Selección poética, introducción de Joaquín Marco, ilustraciones de
Liarte, Barcelona, Círculo de Lectores, Pequeño Tesoro, 1985.

Nuevos poemas varios, edición de Irma Emiliozzi y Alejandro Duque Amusco, Recopilación de Alejandro Duque Amusco, Barcelona, Plaza y Janés, Selecciones de Poesía Española, 1987.

Prosas recobradas, edición, recopilación y notas de Alejandro Duque Amusco, Barcelona, Plaza y Janés, Literaria, 1987.

Lo mejor de Vicente Aleixandre. Antología total, Selección, prólogo
y comentarios de Pere Gimferrer, Barcelona, Planeta, 1989.

En gran noche. Últimos poemas, edición a cargo de Carlos Bousoño y Alejandro Duque Amusco, Barcelona, Seix Barral-
Biblioteca Breve, 1991.

III. BIBLIOGRAFÍA CITADA EN ESTA EDICIÓN.
      EDICIONES, LIBROS Y ARTÍCULOS

ALEIXANDRE, Vicente (1952), *Poemas paradisíacos*, Málaga, Colección Arroyo de los Ángeles, 4, 84 págs.
— (1953), *Nacimiento último*, Madrid, Ínsula, Colección Ínsula,
XV.
— (1954), *Historia del corazón*, Madrid, Espasa Calpe.
— (1971), *Poesía superrealista. Antología*, Barcelona, Barral Editores.
— (1977), *Pasión de la tierra*, estudio, notas y comentario de textos por Luis Antonio de Villena, Madrid, Narcea Editores.
— (1978), «Discurso de recepción del Premio Nobel», en *Ínsula*,
Madrid, año XXXIII, núm. 378, mayo de 1978, pág. 1
— (1979), *Poemas escogidos*, edición a cargo de Carlos Ayala, Barcelona, Círculo de Lectores.
— (1980), *Los encuentros de los poetas de la generación del 27*, con
doce grabados originales a la puntaseca y al aguatinta de
Álvaro Delgado, introducción de Dámaso Alonso, edición de
Arte y Bibliofilia, Madrid, Tiempo para la alegría.
— (1983), *Historia del corazón*, prólogo de José Luis Cano, Madrid, Espasa Calpe, Selecciones Austral.
— (1984), *Mis poemas mejores*, Madrid, Gredos, VI: Antología
Hispánica, sexta edición.
— (1985), *Selección poética*, introducción de Joaquín Marco, ilustraciones: Liarte, Barcelona, Círculo de Lectores.
— (1986), *Epistolario*, selección, prólogo y notas de José Luis
Cano, Madrid, Alianza, Alianza Tres.

Aleixandre, Vicente (1987), *Nuevos poemas varios*, edición de Irma Emiliozzi y Alejandro Duque Amusco, Barcelona, Plaza y Janés, Selecciones de Poesía Española.

— (1987), *Pasión de la tierra*, edición de Gabriele Morelli, Madrid, Cátedra, Letras Hispánicas.

— [¿1989?], *5 cartas de Vicente Aleixandre,* con una nota introductoria de José Luis Cano, Málaga, Centro Cultural de la Generación del 27.

— (1990), *Ámbito.* Edición, Introducción y notas de Alejandro Duque Amusco, Madrid, Castalia, Clásicos Castalia.

Aguirre, Leopoldo (1955), *Poemas del enfermo,* con una carta preliminar de Vicente Aleixandre, ilustraciones de R. Reyes Torrent, Valencia, Institución Alfonso el Magnánimo, Colección Murta, vol. 13.

Alonso, Dámaso (1952), *Poetas españoles contemporáneos*, Madrid, Gredos, Biblioteca Románica Hispánica.

Amusco, Alejandro (1984), «*Ámbito:* Vetas distintas», en *Hora de Poesía*, Barcelona, núm. 32, marzo-abril.

Blasco, Ricardo Juan (1978), «Vicente Aleixandre en el exilio interior (1936-1945)», en *Nueva historia*, año II, núm. 12, enero de 1978.

Bousoño, Carlos (1977), *La poesía de Vicente Aleixandre*, Madrid, Gredos, Biblioteca Románica Hispánica, II. Estudios y Ensayos, 27, Tercera Edición Aumentada.

— (1978), «Las técnicas irracionalistas de Aleixandre», en *Ínsula*, núms. 374-375, enero-febrero, Madrid, 1978, págs. 5 y 30. Luego incluido en *El surrealismo*, ed. Víctor García de la Concha (1982, págs. 303-313).

Cano, José Luis (1980), «La circunstancia amorosa», en *Historia del corazón* de Vicente Aleixandre, Sociedad de Cultura Valle-Inclán, Esquío, Ferrol.

— (1953), «Nacimiento último», en *Ínsula*, año VIII, núm. 90, junio de 1953, Madrid.

— (1986), *Los cuadernos de Velintonia*, Barcelona, Seix Barral.

Carnero, Guillermo (1979), «*Ámbito* (1928): razones de una continuidad», en *Cuadernos Hispanoamericanos*, núms. 352-354, oct.-dic. de 1979.

Depretis, Giancarlo (1986), *Davanti allo specchio. Lettura critica di Historia del corazón di Vicente Aleixandre,* Turín, Il Quadrante Edizioni, La biblioteca delle idee 2, Teste.

Díaz de Castro, Francisco J. (1996), «El arte del retrato lírico en Gerardo Diego», en *Ínsula*, 597-598, septiembre-octubre, páginas 12-15 (núm. Homenaje a Gerardo Diego).

DIEGO, Gerardo y COSSÍO, José María de (1996), *Epistolario. Nuevas claves de la Generación del 27,* prólogo de Elena Diego, edición, transcripción y notas de Rafael Gómez de Tudanca, Alcalá de Henares-Madrid, Ediciones de la Universidad-Fondo de Cultura Económica, Biblioteca Premios Cervantes.

DUQUE AMUSCO, Alejandro (1998), *Destino del hombre,* Ayuntamiento de Madrid.

EMILIOZZI, Irma (1986), «Vicente Aleixandre: Una página viva y un recuerdo», en *La Prensa,* Buenos Aires, 6 de enero de 1986, suplemento cultural, pág. 4.

FGL, *Boletín de la Fundación García Lorca,* año XII, núm. 23, Madrid, octubre de 1998.

GARCÍA DE LA CONCHA, Víctor (Ed.) (1982), *El surrealismo,* Madrid, Taurus, «El escritor y la crítica», Persiles 138.

GAOS, Vicente (1958), «Fray Luis de León, *fuente* de Aleixandre», en *Papeles de Son Armadans,* Madrid-Palma de Mallorca, vol. XI, núms. 32-33, nov.-dic. de 1958. Rpt: *Temas y problemas de la literatura española,* Madrid, Guadarrama, 1969, págs. 339-359.

GRANADOS, Vicente (1977), *La poesía de Vicente Aleixandre. (Formación y evolución),* Málaga, Planeta/Curso Superior de Filología, Madrid, Cupsa Editorial.

GIMFERRER, Pere (1977), «Itinerario de Vicente Aleixandre», en *Radicalidades,* Antoni Bosch (Ed.), Barcelona.

GULLÓN, Ricardo, «Itinerario poético de Vicente Aleixandre», en *Papeles de Son Armadans,* núms. 32-33, Madrid-Palma de Mallorca, noviembre-diciembre de 1958. Incluido en *Vicente Aleixandre,* edición de José Luis Cano, Taurus, Persiles, 97, Serie El escritor y la crítica, 1977.

JIMÉNEZ, José Olivio (1979), «Una aventura hacia el conocimiento», en *Cuadernos Hispanoamericanos-Homenaje a Vicente Aleixandre,* Madrid, 352-353-354, octubre-noviembre-diciembre.

— (1982), *Vicente Aleixandre. Una aventura hacia el conocimiento,* Madrid, Júcar, Colección Los Poetas, 33.

LÁZARO CARRETER, Fernando (1979), *Introducción a la poesía de Vicente Aleixandre,* Fundación Universitaria Española.

LÓPEZ CASANOVA, Arcadio (1992), *Lenguaje de la poesía y figuras gramaticales. Sobre los conjuntos semejantes en el sistema estilístico de Vicente Aleixandre,* Castellón, Publicacions de la Universitat Jaume I.

LUIS, Leopoldo de (1977), edición, introducción y notas de *Sombra del paraíso,* de Vicente Aleixandre, Madrid, Castalia, Clásicos Castalia.

Luis, Leopoldo de (1978), *Vida y obra de Vicente Aleixandre*, Madrid, Espasa Calpe, Selecciones Austral.

— (1981), «Sobre cuatro poemas inéditos de Vicente Aleixandre», en *Cuadernos Hispanoamericanos*, Madrid, 373, julio de 1981.

Morelli, Gabriele (1997), *Historia y Recepción de la Antología Poética de Gerardo Diego*, Valencia, Pre-Textos.

Neira, Julio (1986), *Aleixandre: El proyecto editorial de Desamor*, Santander, Artes Gráfica Bedia.

— (1985), «Vicente Aleixandre, faro en la postguerra: *La Isla de los Ratones*», en *Peña Labra*, núm. 54, primavera de 1985, págs. 21-27.

Novo Villaverde, Yolanda (1980), *Vicente Aleixandre. Poeta surrealista*, Universidad de Santiago de Compostela.

Paraíso, Isabel (1985), *El verso libre hispánico. Orígenes y corrientes*, prólogo de Rafael Lapesa, Gredos, Biblioteca Románica Hispánica.

Reisz de Rivarola, Susana, «Texto literario. Texto poético. Texto lírico. (Elementos para una tipología)», en *Lexis*, vol. V, núm. 2, diciembre de 1981.

Salinas, Pedro (1961), *Ensayos de literatura hispánica. (Del Cantar de Mio Cid a García Lorca)*, edición y prólogo de Juan Marichal, Madrid, Aguilar.

Siles, Jaime (1982), *Diversificaciones*, Fernando Torres (Ed.), Valencia.

Valverde, José María, *Reseña de* Historia del corazón, *en Arbor*, tomo XXIX, núm. 108, diciembre de 1954.

Zardoya, Concha (1961), *Poesía española contemporánea. Estudios temáticos y estilísticos*, Madrid, ediciones Guadarrama.

CRONOLOGÍA*

* Cronología establecida por Coronada Pichardo (Universidad Carlos III de Madrid).

DATOS EN TORNO AL AUTOR	REFERENCIAS HISTÓRICAS Y POLÍTICAS	ARTE, CIENCIA Y CULTURA
1898	**1898**	**1898**
— Nace en Sevilla, el 26 de abril, Vicente Pío Marcelino Cirilo Aleixandre.	— *El Maine.* Guerra con Estados Unidos. Fin del imperio.	— Blasco Ibáñez, *La barraca.* — Costa, *El colectivismo agrario.* — Rostand, *Cyrano de Bergerac.* — Stanislavsky funda el Teatro de Arte de Moscú.
		1899
		— Valera, *Morsamor.* — Maeztu, *Hacia otra España.* — Ravel, *Pavana para una infanta difunta.*
1902	**1902**	**1902**
— La familia se traslada a Málaga, donde residirá siete años.	— Sagasta, en la Presidencia del Consejo. — Primera huelga general en Barcelona. — Fin de la guerra de los bóers.	— Unamuno, *Amor y pedagogía.* — Baroja, *Camino de perfección.* — Azorín, *La voluntad.* — Valle-Inclán, *Sonata de otoño.* — Gorki, *Bajos fondos.* — Croce, *La estética como ciencia de la expresión.* — Rutherford, la radiactividad. — Se termina la construcción del Transiberiano.

DATOS EN TORNO AL AUTOR	REFERENCIAS HISTÓRICAS Y POLÍTICAS	ARTE, CIENCIA Y CULTURA
	1906	**1906**
	— Boda de Alfonso XIII con Victoria Eugenia de Battenberg.	— Albéniz estrena en París la *Suite Iberia*.
	— Conferencia de Algeciras.	— Ramón y Cajal, Premio Nobel de Medicina.
		— Gorki, *La madre*.
		— Bergson, *La evolución creadora*.
	1907	**1907**
	— Gobierno de Maura.	— Antonio Machado, *Soledades, galerías y otros poemas*.
	— Encíclica «Pascendi».	— Picasso, *Las señoritas de Aviñón*.
	1909	**1909**
	— Guerra de Melilla.	— Maeterlinck, *El pájaro azul*.
	— Huelga general en Barcelona. La Semana trágica.	— Aparece el «Manifiesto futurista» en *Le Fígaro*.
		— Blériot vuela sobre el Canal de la Mancha.
1909		**1912**
— Se traslada a Madrid e inicia sus estudios de bachillerato.		— Antonio Machado, *Campos de Castilla*.
		— Azorín, *Castilla*.
		— Manuel Machado, *Cante hondo*.

1913

— Adquiere el título de bachiller e ingresa en la Facultad de Derecho. Simultáneamente inicia sus estudios de Intendente Mercantil que finalizará en 1919.

— Unamuno, *Contra esto y aquello.*
— Mann, *La muerte en Venecia.*

1913

— Unamuno, *Del sentimiento trágico de la vida.*
— Azorín, *Clásicos y modernos.*
— G. B. Shaw, *Pygmalion.*
— Freud, *Tótem y Tabú.*
— Stravinski, *Consagración de la primavera.*

1914

— Asesinato del archiduque Francisco Fernando en Sarajevo (28 de junio).
— Se declara la guerra Europea (28 de julio). España, neutral.
— Muerte de Pío X, Benedicto XV, Papa.

1914

— Ortega y Gasset, *Meditaciones del Quijote.*
— Unamuno, *Niebla.*
— Exposición Internacional de teatro en Zúrich.
— Proust, *À la recherche du temps perdu.*

1917

— Entabla amistad con Dámaso Alonso y, con ello, inicia su entrada en el mundo de la lectura y de la expresión poética.

1917

— Huelga genaral en España.
— Abdicación de Nicolás II (15 de marzo).
— Revolución de Petrogrado (6 de noviembre): los soviets asaltan el poder (14 de noviembre).

1917

— Unamuno, *Abel Sánchez.*
— Baroja, *Juventud, Egolatría.*
— Juan Ramón Jiménez, *Platero y yo.*
— Miró, *Libro de Sigüenza.*
— Paul Valéry, *Le Jeune Parque.*

DATOS EN TORNO AL AUTOR	REFERENCIAS HISTÓRICAS Y POLÍTICAS	ARTE, CIENCIA Y CULTURA
		1918
		— Federico García Lorca, *Impresiones y paisajes.*
		— Ramón Gómez de la Serna, *Pombo.*
		— Apollinaire, *Caligramas.*
	1918	
	— El Gobierno Nacional de Maura.	
	— Ejecución del zar Nicolás II.	
1922		**1922**
— Inicia su actividad profesional en diferentes empresas ferroviarias al tiempo que comienza a ejercer como profesor encargado de curso en la asignatura de Derecho Mercantil en la Escuela de Comercio.		— Benavente, Premio Nobel de Literatura.
		— Gerardo Diego, *Imagen.*
		— Joyce, *Ulises.*
— Comienza a tener problemas de salud. En este año, una artritis infecciosa.	**1922**	
	— Expediente Picasso.	
	— Rusia adopta el nombre de URSS.	
		1923
		— Eugenio d'Ors, *Tres horas en el Museo del Prado.*
		— Ortega y Gasset funda la *Revista de Occidente.*
	1923	— Falla, *Retablo de Maese Pedro.*
	— Golpe de Estado de Primo de Rivera (13-IX). La Dictadura.	
	— Lenin abandona el poder; le sucede Stalin.	

1924
— Comienza a escribir los poemas de *Ámbito*.

1926
— Aparece su primera colaboración poética en la *Revista de Occidente*.

1926

1924
— Muerte de Lenin.
— Proclamación de la República en Grecia.

1926
— El Plus Ultra, pilotado por Ramón Franco, realiza el vuelo Palos-Buenos Aires.
— Hiro-Hito, emperador del Japón.

1927
— Pacificación en Marruecos.
— Lindbergh: primer vuelo transatlántico sin escalas de Nueva York-París.

1924
— Alberti, *Marinero en tierra*.
— Gerardo Diego, *Versos humanos*.
— Neruda, *Veinte poemas de amor y una canción desesperada*.
— R. Menéndez Pidal, *Poesía juglaresca y juglares*.

1925
— Ortega y Gasset, *La deshumanización del arte*.
— Guillermo de Torre, *Literaturas europeas de vanguardia*.
— Formación de *Le Cartel*.
— Gide, *Los monederos falsos*.

1926
— Valle-Inclán, *Tirano Banderas*.
— Miró, *El obispo leproso*.
— Maeztu, *Don Quijote, Don Juan y la Celestina*.
— Eisenstein, *El acorazado Potemkim*.

1927
— Luis Cernuda, *Perfil del aire*.
— Dámaso Alonso, edición crítica de *Las soledades*, de Góngora.

Datos en torno al autor	Referencias históricas y políticas	Arte, ciencia y cultura
		— Los poetas celebran el tercer centenario de la muerte de Góngora (Ateneo de Sevilla).
		— Publicación de *La Gaceta Literaria*.
		— García Lorca, *Mariana Pineda*.
		— Heidegger, *Ser y tiempo*.
		— Luis Buñuel, *El perro andaluz*.
1928	**1928**	**1928**
— *Ámbito*.	— Hostilidad de los intelectuales españoles contra la Dictadura.	— Valle-Inclán, *¡Viva mi dueño!*
	— Entra en vigor el primer Plan quinquenal soviético.	— Antonio Machado, *Poesías completas*.
		— García Lorca, *Romancero gitano*.
		— Jorge Guillén, *Cántico*.
		— Ravel, *Bolero*.
	1929	**1929**
	— Revueltas estudiantiles: clausura de las Universidades.	— Alberti, *Sobre los ángeles*.
	— Exposiciones Internacionales en España.	— García Lorca, *Poeta en Nueva York*.
	— Acuerdo de Letrán: creación de la Ciudad del Vaticano.	— Fundación del Museo de Arte Moderno en Nueva York.
	— Crack de la bolsa de Nueva York.	

1930
— Dimisión de Primo de Rivera.
— Detención de Gandhi.

1930
— Ortega y Gasset, *La rebelión de las masas*.
— Freud, *El malestar en la cultura*.

1932
— *Espadas como labios*.
— Comienza a escribir *La destrucción o el amor*; terminado un año después.

1932
— Salazar en el poder de Portugal (hasta 1968).
— Estatuto de Cataluña.

1932
— Gerardo Diego, *Poesía española*.
— Artaud, *El teatro de la crueldad*.

1933
— Recibe el Premio Nacional de Literatura por *La destrucción o el amor*.

1933
— Primo de Rivera pronuncia el discurso fundacional de Falange española.
— Hitler, canciller del Reich.
— Roosevelt, presidente de Estados Unidos.

1933
— Miguel Hernández, *Perito en lunas*.
— Salinas, *La voz a ti debida*.
— Pablo Neruda, *Residencia en la tierra*.

1934
— Muere su madre.

1935
— *Pasión de la tierra*.
— *La destrucción o el amor*.

1935
— Se forma el Frente Popular.

1935
— García Lorca, *Llanto por la muerte de Ignacio Sánchez Mejías*.

DATOS EN TORNO AL AUTOR	REFERENCIAS HISTÓRICAS Y POLÍTICAS	ARTE, CIENCIA Y CULTURA
	1936	**1936**
	— Elecciones generales, triunfo del Frente Popular. Comienza la Guerra Civil Española.	— Cernuda, *La realidad y el deseo.* — Miguel Hernández, *El rayo que no cesa.* — Mueren Valle-Inclán y Unamuno. — Asesinato de García Lorca y Muñoz Seca.
1937		**1937**
— Tras varias operaciones, empieza a acosarle nuevamente la enfermedad.		— César Vallejo, *España, aparta de mí este cáliz.* — Picasso, *Guernica.*
1939	**1939**	**1939**
— En septiembre comienza a escribir poemas para su libro *Sombra del paraíso.*	— Las tropas franquistas entran en Barcelona. Azaña dimite. — Derrota de las fuerzas republicanas y fin de la Guerra Civil Española. Francisco Franco, jefe de estado. — Estalla la Segunda Guerra Mundial. España se declara no beligerante.	— León Felipe, *El hacha.* — John Steinbeck, *Las uvas de la ira.* — R. Chadler, *El sueño eterno.* — Henry Miller, *Trópico de Capricornio.*
1940	**1940**	**1940**
— Muere su padre.	— Entrevista Franco-Hitler. — Se inaugura oficialmente la Bolsa de Madrid.	— Emilio Prados, *Memoria del olvido.* — Dionisio Ridruejo, *Poesía en armas.* — Se fundan las revistas *Escorial* y *Garcilaso.*

Se constituye un tribunal especial para la represión del Comunismo y la Masonería.
El Centro de Estudios Históricos pasa a ser Consejo Superior de Investigaciones Científicas.

1941

Muerte de Alfonso XIII.
Se crea la División Azul, para luchar con Alemania en el frente del Este.
Se constituye la RENFE.
Ataque japonés contra Pearl Harbour: declaración de guerra de Estados Unidos y Gran Bretaña a Japón.

1944

Don Juan de Borbón solicita a Franco el traspaso de poderes.
Desembarco de aliados en Normandía.
Liberación de París y Marsella: De Gaulle, nombrado comandante de los ejércitos de Francia Libre.

1945

Promulgación del fuero de los españoles.

Sombra del paraíso.
Se convierte en el maestro de las nuevas generaciones de escritores.

1944

Ernest Hemingway, *Por quién doblan las campanas.*
Kandisky, *Cielo azul.*

1941

Gerardo Diego, *Alondra de verdad.*
Julián Marías, *Historia de la Filosofía.*
Ciro Alegría, *El mundo es ancho y ajeno.*
Bertold Brecht, estreno de *Madre coraje* en Zúrich.

1944

Dámaso Alonso, *Hijos de la ira.*
L. Cernuda, *Como quien espera el alba.*
Aparición de las revistas literarias *La estafeta literaria* y *Espadaña.*
Jorge Luis Borges, *Ficciones.*
Sartre, *Los caminos de la libertad.*

1945

Alberti, *A la pintura.*
Vicente Gaos, *Sobre la Tierra.*

DATOS EN TORNO AL AUTOR	REFERENCIAS HISTÓRICAS Y POLÍTICAS	ARTE, CIENCIA Y CULTURA
	— Formación de un gobierno republicano español en el exilio. — Fusilamiento de Mussolini y suicidio de Hitler. — Bombas atómicas sobre Nagasaky e Hiroshima.	— Carmen Laforet obtiene el Premio Nadal con *Nada*. — Gabriela Mistral obtiene el Premio Nobel.
	1946 — La dictadura franquista se condena por la asamblea general de la ONU. — Finaliza el proceso de Nuremberg: condenas a nazis. — En Argentina, Perón es elegido presidente.	**1946** — J. R. Jiménez, *La estación total*. — Carlos Bousoño, *Primavera de la muerte*. — García Nieto, *Del campo y soledad*. — Se empieza a publicar la revista *Ínsula*.
1948 — *En la muerte de Miguel Hernández*.	**1948** — Supresión de los salvoconductos para viajar por el interior de España. — Triunfo de Mao Ise-Tung.	**1948** — Cela, *Viaje a la Alcarria*. — A. Castro, *España en su historia*. — Sartre, *Las manos sucias*.
1949 — La Academia Española de la Lengua lo elige como académico de número.	**1949** — Firma del tratado del Atlántico Norte en Washington. — Proclamación de la República Popular china.	**1949** — Juan R. Jiménez, *Animal de fondo*. — Luis Rosales, *La casa encendida*. — Buero Vallejo, *Historia de una escalera*.

— Constitución de Alemania Occidental.

— Borges, *Al Aleph*.
— Simone de Beauvoir, *El segundo sexo*.

1950

— Ejecución de varios maquis anarquistas que continuaban operando.
— Empieza la Guerra de Corea.

1950

— Lee el discurso de ingreso en la Academia.
— *Mundo a solas*.

1950

— Jorge Guillén, *Cántico* (ed. definitiva).
— Pablo Neruda, *Canto general de Chile*.
— Ferrater Mora, *Diccionario de Filosofía*.
— Graham Greene, *El tercer hombre*.
— Estreno de la película *El amor brujo*.

1952

— Fin del racionamiento de alimentos en España. Libertad de precios, comercio y circulación de productos alimenticios.
— Ingreso de España en la UNESCO.

1952

— Madariaga, *Ramo de errores*.
— Samuel Beckett, *Esperando a Godot*.
— Hemingway, *El viejo y el mar*.
— Francois Mauriac, Premio Nobel.

1953

— España firma el concordato con la Santa Sede.
— Pacto de España con Estados Unidos.
— Se proclama la República en Egipto.

1953

— *Nacimiento último*.

1953

— R. J. Sender, *Mosén Millán* (luego *Réquiem por un campesino español*).
— Leopoldo Panero, *Canto personal*.
— Gerardo Diego, *Biografía incompleta*.
— Juan Rulfo, *El llano en llamas*.

DATOS EN TORNO AL AUTOR	REFERENCIAS HISTÓRICAS Y POLÍTICAS	ARTE, CIENCIA Y CULTURA
1954	**1954**	**1954**
— *Historia del corazón.*	— Franco es condecorado por el Vaticano.	— Unamuno, *Cancionero.*
	— Restablecimiento de la soberanía alemana.	— Claudio Rodríguez, *Don de la obviedad.*
	— Independencia de Marruecos.	— Max Aub, *Las buenas intenciones.*
		— Heidegger, *¿Qué significa pensar?*
		— Federico Fellini, *La strada.*
	1956	**1956**
	— Protestas estudiantiles en Madrid: se declara el estado de excepción.	— R. Sánchez Ferlosio, *El Jarama.*
	— Ingreso de España en la Organización General del Trabajo.	— Comienza la revista *Papeles de son Armadans* de Cela.
	— Intervención rusa en Hungría.	— Cortázar, *Final de juego.*
		— Juan Ramón Jiménez, Premio Nobel.
		— Inauguración de TVE.
	1957	**1957**
	— Huelga de mineros en Asturias.	— Jorge Guillén, *Maremágnum.*
	— Comienza la Guerra de Vietnam.	— B. Pasternak, *Doctor Zivago.*
		— Picasso, *Las Meninas de Velázquez.*
	1959	**1959**
	— Fundación de Euskadi ta Askatasuna (ETA).	— Gunter Grass, *El tambor de hojalata.*
		— Octavio Paz, *Libertad bajo palabra.*

1961
— Picasso.

1962
— En un vasto dominio.

1965
— Retratos con nombre.

— Santiago Carrillo elegido secretario general del PCE en el exilio.
— Triunfo del movimiento revolucionario de Fidel Castro en Cuba.

1961
— Sabotaje de ETA contra la línea férrea Madrid-Barcelona.
— Desembarco fallido en la Bahía de Cochinos de Cuba.
— Inicio de la construcción del muro de Berlín.

1962
— En España se igualan los derechos laborales de la mujer.
— España solicita el ingreso en la CEE.
— Fundación de Amnistía Internacional.
— Comienza el Concilio Vaticano II.

1965
— Incidentes estudiantiles en Madrid.
— Ley de prensa e imprenta en España.
— Muere Winston Churchill.

— Severo Ochoa, Premio Nobel de Medicina.

1961
— García Hortelano, Tormenta de verano.
— Gabriel García Márquez, El coronel no tiene quien le escriba.
— Luis Buñuel, Viridiana.

1962
— Anthony Burgess, La naranja mecánica.
— Mario Vargas Llosa, La ciudad y los perros.
— Mueren Pérez de Ayala y Luis Panero.

1965
— Aparecen en París los Cuadernos Ruedo ibérico.
— Marcuse, Ensayos sobre política y cultura.

IRMA EMILIOZZI

DATOS EN TORNO AL AUTOR	REFERENCIAS HISTÓRICAS Y POLÍTICAS	ARTE, CIENCIA Y CULTURA
	1967 — Se cierran las Universidades de Madrid y Barcelona. — Che Guevara es asesinado en Bolivia. — Guerra de los Seis Días.	**1967** — Miguel Ángel Asturias, Premio Nobel. — Gabriel García Márquez, *Cien años de soledad.* — Muere Azorín.
1968 — *Poemas de la consumación*, que recibe al año siguiente el Premio de la Crítica.	**1968** — Primeros asesinatos de ETA. — Clausura de la Universidad de Sevilla. — Ley de tolerancia religiosa. — Manifestaciones estudiantiles en París. — Martin Luther King es asesinado. — Encíclica «Humanae Vitae».	**1968** — Lezama Lima, *Paradiso.* — Dámaso Alonso, director de la RAE. — Kubrick, *2001, Odisea del espacio.* — Muere Menéndez Pidal.
	1973 — Asesinato de Carrero Blanco. — Nicolás Redondo, Secretario General de UGT.	**1972** — Julio Caro Baroja, *Los Baroja.* — Francisco Umbral, *Historia de un niño de derechas.*

1974
— *Diálogos del conocimiento.*

1977
— Se le concede el Premio Nobel de Literatura.

1984
— Muere el poeta en Madrid, en su famosa casa de Velintonia, 3.

1975
— Muerte de Franco y subida al trono de Juan Carlos I.
— Arias Navarro, presidente del gobierno.
— La CEE interrumpe las negociaciones con España.

1982
— Comienzo del juicio por el 23-F.
— Mayoría absoluta del PSOE. Conversión de AP en el partido mayoritario de la derecha.
— Adolfo Suárez funda el CDS.
— Guerra de las Malvinas.

1975
— Gil de Biedma, *Las personas del verbo.*
— Eduardo Mendoza, *La verdad sobre el caso Savolta.*
— Carlos Barral, *Años de penitencia.*

1982
— J. M. Maravall, *La política de la transición.*
— M. Tuñón de Lara, inicio de la publicación de *La Historia de España.*
— Primera edición de ARCO en Madrid.

NACIMIENTO ÚLTIMO[1]
(1927-1952)

---

[1] La Nota a la Primera Edición, ubicada hasta *NU3* como presentación del libro, es ahora enviada al Apéndice 3: «Notas y comentarios de Vicente Aleixandre a *Nacimiento último* e *Historia del corazón.*»

NACIMIENTO ÚLTIMO
(1927-1953)

NACIMIENTO ÚLTIMO

¿Qué nubes o qué palmas, qué besos o siemprevivas
buscan esa frente, esos ojos, ese sueño,
ese crecimiento que acabará como una muerte recién nacida?

V. A.[2]

---

[2] La cita corresponde a los tres últimos versos del poema «Nacimiento último» de *Espadas como labios*.

NU3, 2-3: buscan esa frente, esos ojos, ese sueño, ese crecimiento / que acabará como una muerte recién nacida? (La importante errata es salvada en *OC*, 1978, pág. 607.)

El moribundo[3]

A Alfonso Costafreda[4]

I

PALABRAS

Él decía palabras.
Quiero decir palabras, todavía palabras.
Esperanza. El Amor. La Tristeza. Los Ojos.
Y decía palabras,
mientras su mano ligeramente débil sobre el lienzo
    aún vivía.   5
Palabras que fueron alegres, que fueron tristes, que
    fueron soberanas.

---

[3] Apareció en *Cuadernos Hispanoamericanos* (en adelante *CH),* Madrid, 8, 1949, págs. 316-317, junto a «Sin amor», «Amor del cielo», «El moribundo», «Acaba», bajo el título general de *Desamor.* Con igual título general, y sin paginar, Ediciones Cultura Hispánica publicó en plaquette el mismo conjunto de poemas.

[4] *CH:* no aparece la dedicatoria. Alfonso Costafreda (1926-1974), autor de *Nuestra elegía* (Premio Boscán 1949); *Compañera de hoy* (1966); *Suicidios y otras muertes,* de 1974, con prólogo de Vicente Aleixandre («La última vez» se titula la semblanza escrita por el maestro y amigo). En 1990 se ha publicado su *Poesía completa* (edición de Jordi Jové y Pere Rovira, Barcelona, Tusquets).

Decía moviendo los labios, quería decir el signo
      aquel,
el olvidado, ese que saben decir mejor dos labios,
no, dos bocas que fundidas en soledad pronuncian.
Decía apenas un signo leve como un suspiro,
      decía un aliento,   10
una burbuja; decía un gemido y enmudecían los
      labios,
mientras las letras teñidas de un carmín en su
      boca
destellaban muy débiles, hasta que al fin cesaban.

    Entonces alguien, no sé, alguien no humano,
alguien puso unos labios en los suyos.   15
Y alzó una boca donde sólo quedó el calor prestado,
las letras tristes de un beso nunca dicho.

---

10 *PRE*, pág. 85: decía un silencio,

2

EL SILENCIO[5]

Miró, miró por último y quiso hablar.
Unas borrosas letras sobre sus labios aparecieron.
Amor. Sí, amé. He amado. Amé, amé mucho.   20
Alzó su mano débil, su mano sagaz, y un pájaro
voló súbito en la alcoba. Amé mucho, el aliento aún
       decía.
Por la ventana negra de la noche las luces daban su
       claridad
sobre una boca, que no bebía ya de un sentido ago-
       tado.
Abrió los ojos. Llevó su mano al pecho y dijo: 25
Oídme.
Nadie oyó nada. Una sonrisa oscura veladamente
       puso su dulce máscara
sobre el rostro, borrándolo.
Un soplo sonó. Oídme. Todos, todos pusieron su
       delicado oído.
Oídme. Y se oyó puro, cristalino, el silencio.   30

---

[5] En carta a Pablo Beltrán de Heredia del 30 de marzo de 1949 Aleixandre indica: «El poema "El moribundo" está formado por dos poemas
que deben ir en páginas distintas.» Se cita por Julio Neira (1986, pág. 24).
   CH y *NUI:* El segundo poema se titula «Silencio».

---

27 *MPM:* máscara,
28 *PRE*, pág. 87: forma un solo verso con el anterior.

El enterrado

A Carlos Bousoño[6]

El muerto alienta. Terco
el cuerpo permanece. Hermosa vida,
sobrevivida vida que reúne
pájaros pertinaces, hojas claras
y luz, luz fija para el térreo labio.   5
¡Quién un beso pusiera en esa piedra,
piedra tranquila que espesor de siglos
es a una boca! ¡Besa, besa! ¡Absorbe!

---

[6] Carlos Bousoño (Boal, Asturias, 1923), prolífico poeta, ensayista y catedrático de prestigio internacional. Dilecto amigo y discípulo de Vicente Aleixandre y Dámaso Alonso, su fundamental edición de *La poesía de Vicente Aleixandre* (1951, y ediciones sucesivas y aumentadas) es imprescindible preámbulo para el conocimiento de la poesía de nuestro poeta. *Subida al amor* (Ediciones Rialp, Adonais, XVI), de 1945, nos permite mencionar por primera vez, en el marco de *Nacimiento último,* la relación de Vicente Aleixandre con los jóvenes poetas que publicaban en la colección tan vinculada a su persona y a la de José Luis Cano, un verdadero capítulo de su relación con los poetas de la posguerra.

Vicente Aleixandre le dedicó, entre otros textos, «Carlos Bousoño sueña el tiempo» incluido en *Los encuentros,* de 1958.

La autora de esta edición preparó para Editorial Castalia, de Madrid, la edición de dos de sus libros de poesía: *Oda en la ceniza. Las monedas contra la losa* (Clásicos Castalia, 1987).

Vida tremenda que la tierra arroja
por una piedra quieta hasta un aliento   10
que sorbe entero el terrenal quejido.

Hombre que, muerto o vivo, vida hallares
respirando la tierra. Solo, puro,
quebrantados tus límites, estallas,
resucitas. ¡Ya tierra, tierra hermosa!   15
Hombre: tierra perenne, gloria, vida.

Viento del Este

A Rafael Santos Torroella[7]

Yo os tuve, amantes delicadas que como gráciles
     criaturas
vinisteis ligeras traídas por la brisa del Este.
No descendisteis de las rocosas montañas de mi vida,
de allí donde subí y sufrí, donde logré un cenit de
     alcanzado desnudo.
Sino que bajasteis traídas por el viento del Este   5
de las ligeras colinas, de los bultos hermosos
donde la tierra entera como un amor respira.

Ligeras muchachas rubias o muchachas morenas,
hojas del viento que dulcemente entregasteis
vuestros cuerpos hermosos como verde caricia   10
que repasa unos hombres cuando el viento se extingue.

---

[7] Poeta, narrador, crítico de arte. En 1996 se ha publicado una *Antología poética* de su obra (Madrid, Visor-Publicaciones de la Residencia de Estudiantes). La Colección de Poesía «Adonais» publicó en 1952 su libro *Sombra infiel* (Ediciones Rialp, LXXX).
   Importante estudioso de Federico García Lorca y de sus vinculaciones con los artistas de la época, es el autor del primer epistolario de Federico García Lorca: *Cartas a sus amigos* (1950). Últimamente ha publicado: «Los putrefactos» *de Dalí y Lorca: historia y antología de un libro que no pudo ser* (Publicaciones de la Residencia de Estudiantes, 1998).

La vida como una tarde de primavera fue sólo un
    soplo del viento del Este.
Y en él llegasteis poblándolo de vuestros cuerpos
    frescos,
oh claras hojas vivas que coronasteis mis horas,
como un rumor que la brisa arrastraba.   15

La juventud como una espuma era amable.
Sonó el lejano mar donde en copos nacisteis,
y aquí en mi boca, gotas puras, besabais,
dulce sabor que era el mundo a mis labios.

Ese ligero viento del Este os llevaba,   20
y un instante vinisteis como amor, hojas puras,
oh cuerpos leves del amor, verdes besos,
oh lejanísimos cuerpos dulces de un soplo.

Los amantes enterrados

Aún tengo
aquí mis labios sobre los tuyos. Muerta,
acabada, ¡acábate!
¡Oh libertad! Aquí oscuramente apretados,
bajo la tierra, revueltos con las densas raíces,   5
vivimos, sobrevivimos, muertos, ahogados, nunca
          libres.
Siempre atados de amor, sin amor, muertos,
respirando ese barro cansado, ciegos, torpes,
prolongamos nuestra existencia, hechos ya tierra
          extinta,
confusa tierra pesada, mientras arriba libres   10
cantan su matinal libertad vivas hojas,
transcurridoras nubes
y un viento claro que otros labios besa
de los desnudos, puros, exentos amadores.

La estampa antigua

Vagamente cansado el día insiste.
La misma flor, la misma fuente,
la misma, la misma sombra del cerezo.
¿Qué preguntas? El mar tan lejos gesticula
inútilmente. Sus espumas ruedan,   5
ansia de amor proclaman sin sonido,
lejos, lejos, lejísimo, sin bulto,
vago telón de sedas amarillas.

Eternamente[8]

A Ricardo Blasco

Desde esta quieta estancia sin pasión yo contemplo
ese paisaje lento donde las nubes quedan.
Ese azul fue el imperio temporal, colorido,

---

[8] Apareció en *Corcel*, Valencia, 5-6, 1944, pág. 76. Llevaba esta indicación a pie de página: *(Desamor.* Inédito). El número fue un homenaje al autor de *Sombra del Paraíso*, que, además de artículos y notas sobre su obra, incluyó una selección del reciente título («Criaturas en la aurora», «Adiós a los campos» y «Mar del paraíso») y una Antología con poemas de sus restantes libros («Cabeza», de *Ámbito;* «En el fondo del pozo», de *Espadas como labios;* «Unidad en ella» y «Las águilas», de *La destrucción o el amor;* y dos poemas aún inéditos: «Al amor», luego incluido en *Mundo a solas,* y «Eternamente»).

Ricardo Juan Blasco era el Director de la revista. Cuenta Blasco (1978, pág. 41): «El 3 de marzo de 1945, con *Sombra del paraíso* ya en las librerías y varias críticas importantes aireando la calidad de la obra, casi todos los jóvenes firmantes del número de *Corcel,* partimos manteles con Aleixandre en la cervecería Gambrinus. El acto no tenía otro alcance que el de sellar una amistad común, congratulándonos del éxito del libro y de que su autor hubiese al fin emergido de cinco años de tinieblas. Vicente Aleixandre amplió su significación leyéndonos al final del ágape un poema (…) "A unos poetas jóvenes"». Este poema, aún disperso, apareció en el número 12 de la revista *Espadaña*, León, 1945 (págs. 265-267 de la reedición facsimilar, León, Espadaña Editorial, 1978). (Véase Apéndice 2. Poemas dispersos del ciclo *Nacimiento último-Historia del corazón.)*

Ricardo J. Blasco había publicado en ese año 1944 su libro de poesías:

de unos ojos. Ese verdor perenne
fue juventud, primavera. Tranquilo, aquí, tranquilo,   5
miro los suaves bordes de los montes enhiestos.
¿Qué redondez nativa, tibiamente desnuda?...
Esa llanura tersa sin álamos, respira.
Mano mía que supo de la corteza suave
de la tierra, hoy sostiene mi cabeza, acodada.   10
Inmarcesible un río levemente espejea
dientes de amor, cantando, riendo, hacia otra espuma.
Voces, remotas voces son el aviso dulce
de que siempre velando las remotas muchachas
entre el boscaje aguardan fuertes varones raudos   15
que arrebatadamente desemboquen con ellas
en el mar. ¡Oh ríos juveniles —auroras
permanentes— que alegremente vierten,
nunca finales, nunca!
                                    ... Con mis ojos abiertos.

Silencio de unos labios, con ilustraciones de Eduardo Vicente (Valencia, José Aguilar). De 1953 es *Alteo* (Santander, Hermanos Bedia).

Acaba[9]

A Eugenio de Nora[10]

No son tus ojos esas dos rosas que, tranquilas,
me están cediendo en calma su perfume.
La tarde muere. Acaban los soles, lunas duras
bajo la tierra pugnan, piafantes. Cielo raso
donde nunca una luna tranquila se inscribiera.   5
Cielo de piedra dura, nefando ojo completo
que sobre el mundo, fiero, vigila sin velarse.
Nunca una lluvia blanda (oh, lágrima) ha mojado
desde tu altura infame mi frente trastornada
—dulce pasión, neblina, húmedo ensueño   10
que descendiera acaso como piedad, al hombre.

---

[9] Apareció en *Cuadernos Hispanoamericanos (CH)*, Madrid, 8, 1949,
pág. 318, aún sin dedicatoria (Véase nota a «El moribundo»).

[10] Eugenio de Nora (Zacos, León, 1923), poeta y ensayista. Publicó
en 1945 *Cantos al destino* (Edit. Hispánica, Colección «Adonais» XXIII).
De 1999 es *Días y sueños. Obra poética reunida* (ed. de Santos Alonso, Madrid, Cátedra).

De 1958 es la primera edición de su conocido ensayo *La novela española contemporánea* (Gredos).

---

8 *CH:* (oh lágrima).
9-10 *CH:* trastornada: /dulce

Mas no. Sobre esta roca luciente —tierra, tierra—
presente miro inmóvil ese ojo siempre en seco.
Cielo de luz, acaba, destruye al hombre solo
que dura eternamente para tu sola vista.   15

12-13 *CH:* tierra—, / presente, miro.

Acabó el amor[11]

¿Por qué, por qué llorar? Acabó el amor.
Dime tendida tu secreto. Ya no amas.

Calla. Tendida constas como un río parado.
Azul, tranquilo, el cielo sobre tus ojos consta.
Consta el aire elevado, sus templados destellos   5
La vida quieta consta tranquilamente exacta.

Yo, reclinado en tierra de un verdor sin espuma,
transcurro, leve, apenas, como la hierba misma.
Nada llena los aires; las nubes, con sus límites,
derivan. Con sus límites, los pájaros se alejan.   10

---

[11] Se incluye aquí la última versión del poema tal como apareció
en *MPM* (1984, pág. 181). En el Apéndice de Versiones Diferentes se lee
su versión anterior, de veintidós versos, aparecida en *NU2* y *NU3* (el poema recién se incluyó en la segunda edición de *Nacimiento último*). El deseo de Vicente Aleixandre de incorporar al libro la última versión del poema fue transmitida a Carlos Bousoño. Con la modificación de este texto
se extiende el lapso temporal 1927-1952 con el que el mismo autor dató la
composición de *Nacimiento último*, pero como no poseemos la fecha
exacta de este cambio, hemos preferido conservar la primera datación general para todo el poemario: 1927-1952, y dar «Acabó el amor» como un
ejemplo de la constancia del poeta en el trabajo de corrección de sus mejores páginas.

Sin amor[12]

Fin de una vida, fin de un amor. La noche
      aguarda.
Oh noche dura, silenciosa, inminente.
Oh soledad de un cuerpo que no ama a nadie.
Con un puño se arranca sombra, sólo sombra del
      pecho.
Aquí hubo sangre, aquí en este hueco inmenso
      latió una vida;
aquí en esta húmeda soledad hubo voces, dulces   5
      voces llamando.
¿Recuerdas? Hubo un aliento que ascendía,
      exhalaba
un nombre y daba lumbre, lumbre y vida a una
      boca.
Hubo una queja, un grito, una súplica hermosa,

---

[12] Apareció en *CH,* Madrid, 8, 1949, pág. 314 (Véase nota a «El moribundo»).

---

5 *CH:* hueco triste
7 *CH:* Hubo en este pecho un aliento
8 *NU3:* un hombre y [posible errata, aunque casi inadvertida por el
contexto]. Se sigue versión *NU1, NU2* y *CH.*
9 *CH:* hermosa;
6-10 En *NU1* aparecen reducidos y con variantes: *Recuerdas? Hubo en
este pecho un aliento que ascendía, exhalaba / un nombre. Luego sólo una*

135

hubo en el pecho el mismo viento dulce que allí
      en los labios   10
modeló luego el aliento de un beso.

   Tienta, tienta, mano, esta madera fría
y torpe de una tabla sin venas.
Recorre esa forma sorda. Ya la noche amenaza.
Un sudario sin vida de tiniebla uniforme   15
te helará, larga tabla sin pesar que aún insiste.

Cantad, pájaros[13]

A María Teresa Prieto[14]

Pájaros, las caricias de vuestras alas puras
no me podrán quitar la entristecida
memoria. ¡Qué clara pasión de un labio
dice el gorjeo de vuestro pecho puro!
Cantad por mí, pájaros centelleantes   5
que en el ardiente bosque convocáis alegría
y ebrios de luz os alzáis como lenguas
hacia el azul que inspirado os adopta.
Cantad por mí, pájaros que nacéis cada día
y en vuestro grito expresáis la inocencia   10
del mundo. Cantad, cantad, y elevaos con el alma
que me arrancáis, y no vuelva a la tierra.

[13] Apareció en *Halcón* (*H*), Valladolid, 12 de agosto de 1946 (primera página). Ni aquí ni en *NUi* lleva aún dedicatoria.
[14] Compositora, tía materna de Carlos Bousoño. Puso música a este poema.

8 *H:* azul,

La sima

A Carlos R. Spiteri[15]

A la orilla el abismo sin figura ensordece
mis voces. No, no llamo a nadie.
Mis ojos no penetran sordamente esas sombras.
¡Oh el abisal silencio que me absorbe! ¿Quién llama?
¿Quién me pide mi vida? Una vida sin amor sólo
      ofrezco.   5
¿Qué tristes poderosos aullidos deletrean
mi humano nombre? ¿Quién me quiere en las
      sombras?
Heladas aguas crudas, pesadamente negras,
o un vapor, un aliento fuliginoso y largo.
¿Quién sois? No sois ojos hermosos fulgurando un
      deseo,   10
una pasión hondísima desde el fondo insondable;
no sois sed de mi vida, llama, lengua que alcanza
con su cúspide cierta mi desnudo anhelante.

---

[15] Prolífico poeta malagueño perteneciente a la generación del 36, gran amigo de Vicente Aleixandre, con *Las voces del ángel* participó de la aventura editorial de la Colección «Adonais» (volumen LXVIII). Entre sus últimos libros se encuentran *A la vista todo el tiempo (Picasso)* (1998) y *Málaga (Nuevos Poemas)* (1999). El primero de estos últimos títulos cierra una

Inmensa boca oscura, abismático enigma,
fondo del mundo, cierto torcedor de mi vida.   15

_____

importante trilogía dedicada a Picasso que, en 1969, se inició con *Se viene
a los ojos* y continuó en 1984 con *Y su propia luz en las manos*.

Amor del cielo[16]

A Julio Maruri[17]

No sé. Por esos aires ligeros, por esas ligeras manos,
por esos ojos que todavía bajo el celaje aún brillan.
Por ti, verdor perenne, incipiente hermosura,
       juventud de estos valles.
Por esa que adivino canción entre unos labios,
que muy lejos aún se oye, y lentamente fina.   5

Por todo, temerosa piedad que como mano, para
       mi frente quieta,
desciendes y me aduermes, y, tierna, me murmuras.

---

[16] Apareció en *Cuadernos Hispanoamericanos (CH)*, Madrid, 8, 1949, págs. 315-316, aún sin dedicatoria (Véase nota a «El moribundo»).
[17] Con *Los años* (volumen XL de la Colección «Adonais») Julio Maruri (n. 1920) ganó el Accésit del Premio Adonais de 1947. Vicente Aleixandre le dedicó «La encarnación de Julio Maruri» —incluida en *Los encuentros*, de 1958—, que acompañó la toma de hábitos del joven poeta y su *Antología* editada por Ediciones Cantalapiedra (1957). De 1994 es la edición de *Algo que canta sin mí: poesía 1944-1992* (San Sebastián de los Reyes, Universidad Popular) y de 1995 la publicación de *Artículos perdidos* (Santander, Artes Gráficas Bedia).

---

2 *MPM:* por esos que (posible errata).
5 *CH:* lentamente muere.
7 *NU2, NU3:* aduermes, y,

¡Oh soledad! Si cierro mis ojos, aún te escucho,
mano de Dios piadosa que tibia me regalas.

Música a los oídos cansados. Luz cernida   10
para los turbios ojos. Piel graciosa
todavía para mi frente cruda, que largamente acepta.

¡Ah, qué descanso, Vida! Blandos árboles
no insisten. Quietos alzan su copa en pos de un cielo
que grave condesciende. Ah, no, mis labios nunca,   15
nunca te huyeron, tibia turgencia dadivosa
de un cielo pleno y puro que hasta mis labios baja.

Hermosa luz tus besos, tangible. Hermoso cielo,
        carne
sutil, tan lenta, intacta que arrullas hoy mi vida.
Tú rozas, rozas dulce… Te siento. Nunca acabes…   20

14/17/18   *CH:* Cielo
20   *CH, NU1:* dulce. Te siento… Nunca acabes…

El muerto[18]

A Rafael Morales[19]

Bajo la tierra el día
oscurece. Ave rara,
ave arriba en el árbol que cantas para un muerto.
Bajo la tierra duermo
como otra raíz de ese árbol que a solas en mí nutro.   5
No pesas, árbol poderoso y terrible que emerges a
       los aires,

---

[18] Apareció en *Cuadernos Hispanoamericanos (CH)*, Madrid, 8, 1949, págs. 313-314, con el título «El árbol» (Véase nota a «El moribundo»). En *CH* el poema aún no lleva dedicatoria. También se publicó en *Revista de Literatura (RL)*, Madrid, año I, núm. 1, enero-mayo de 1952, pág. 87, igualmente sin dedicatoria.

[19] Con el famoso libro *Poemas del toro* de Rafael Morales (Talavera de la Reina, 1919) se inició en 1943 la Colección de Poesía «Adonais» (edición reeditada en facsímile, con facsímiles de manuscritos autógrafos, en 1993 por Rialp). Entre sus últimas publicaciones se encuentran: *Prado de serpientes. Entre tantos adioses* (1996); *Por aquí pasó un hombre (Antología poética)* (1999, Centro de Estudios y Actividades Culturales, Fundación Gerardo Diego); y su *Obra poética completa: (1943-1999)* (Calambur). Vicente Aleixandre le dedicó la semblanza «Rafael Morales llega a Madrid», incluida en *Los encuentros* (1958).

---

5 *CH, RL:* este árbol

que de mi pecho naces con un verdor urgente
para asomar y abrirse en rientes ramajes
donde un ave ahora canta, vivaz sobre mi pecho.

Hermosa vida clara de un árbol sostenido   10
sobre la tierra misma que un hombre ha sido un día.
Cuerpo cabal que aún vive, no duerme, nunca duerme.
Hoy vela en árbol lúcido que un sol traspasa ardiendo.

No soy memoria, amigos, ni olvido. Alegre subo,
ligero, rumoroso por un tronco a la vida.   15
Amigos, olvidadme. Mi copa canta siempre,
ligera, en el espacio, bajo un cielo continuo.

---

8   *CH, RL, N1, N2:* abrirte
17   *RL:* ligera en

Epitafio

Para borrar tu nombre,
ardiente cuerpo que en la tierra aguardas
como un dios el olvido, aquí te nombro,
límite de una vida, aquí, preciso
cuerpo que ardió. No tumba: tierra libre.   5

Dejad al paso la mirada lenta,
la que una piedra dura os reclamara,
o la que pide un árbol sin sus pájaros,
casto en la noche, en su velar desnudo.

Nunca el rumor de un río aquí se escuche.   10
En la profunda tierra el muerto vive
como absoluta tierra.
                              Pasa, humano:
no sonarán tus pasos en un pecho.

RETRATOS Y DEDICATORIAS

A Fray Luis de León[20]

   ¿Qué linfa esbelta, de los altos hielos
hija y sepulcro, sobre el haz silente
rompe sus fríos, vierte su corriente,
luces llevando, derramando cielos?

   ¿Qué agua orquestal bajo los mansos celos   5
del aire, muda, funde su crujiente
espuma en anchas copias y consiente,
terso el diálogo, signo y luz gemelos?

   La alta noche su copa sustantiva
—árbol ilustre— yergue a la bonanza,   10
total su crecimiento y ramas bellas.

---

[20] Apareció en *Carmen,* Gijón, 3-4 de marzo de 1928, s. pág. Lo incluyó Gerardo Diego en *Poesía Española. Antología 1915-1931,* Madrid, Signo, 1932, pág. 497, y en *Poesía Española. Antología (Contemporáneos),* Madrid, Signo, 1934, pág. 499. El 25 de febrero de 1941 inició la nómina de poemas que bajo el encabezamiento «Dan comienzo en esta página algunos versos de Vicente Aleixandre, inéditos o no recogidos en libro por su autor» transcribió el poeta a petición de José María de Cossío para su *Cancionero,* hoy en el Archivo de Tudanca (Leopoldo de Luis, 1981).

Brisa joven de cielo, persuasiva,
su pompa abierta, desplegada, alcanza
largamente, y resuenan las estrellas.

1928

A don Luis de Góngora[21]

¿Qué firme arquitectura se levanta
del paisaje, si urgente de belleza,
ordenada, y penetra en la certeza
del aire, sin furor y la suplanta?

Las líneas graves van. Mas de su planta   5
brota la curva, comba su justeza
en la cima, y respeta la corteza
intacta, cárcel para pompa tanta.

El alto cielo luces meditadas
reparte en ritmos de ponientes cultos,   10
que sumos logran su mandato recto.

Sus matices sin iris las moradas
del aire rinden al vibrar, ocultos,
y el acorde total clama perfecto.

1927

---

[21] Apareció en *Verso y Prosa (VP)*, Murcia, año I, núm. 6, junio de 1927,
s. pág. (primera página). Está incluido en el *Cancionero para José María
de Cossío* (Véase nota a «A Fray Luis de León»).

---

4 *VP:* furor,

Emilio Prados[22]

(RETRATO EN REDONDO)

I

Una sombra. Sólo una
sombra justa. Sin penumbra.

2

Un perfil. Tan sólo un crudo
perfil sobre el cielo puro.

3

Un torso. Un torso de pluma   5
quieto, peinado de espumas.

---

[22] Apareció con el título «Retrato en redondo (Emilio Prados)» en *Verso y Prosa (VP)*, Murcia, año I, núm. 9, septiembre de 1927, como homenaje al compañero de generación y autor de *Vuelta*. Pese a incluirse en *Nacimiento último*, el poema responde categóricamente al período de gestación de *Ámbito*, con el que se identifica por la propensión a la poesía pura, la economía verbal, el juego de contraluces («noche»-«aurora»-«día»); de paradojas («sombra»-«sin penumbra»); la idea de «comba-cerrado-perfecto-redondo», todo dispuesto en doce brevísimos apartados y numerados en los que se insertan sendos dísticos asonantes. Se trata, probablemente, de la página menos biográfica, menos referencial, más vacía de anécdota entre las que escribe Aleixandre como homenaje a Prados, pero sin embargo una de las más significativas y sugerentes.

4

(No hay que tocarlo. Una herida,
sin saberse, quedaría.)

5

Una mano. ¿Blanca? ¿Negra?
Sus dos manos verdaderas.   10

6

Una frente. ¿Y los luceros?
Una frente hasta vencerlos.

7

(La noche, en comba, cerrada
sobre su negra mirada.)

8

El aire en su brazo. ¿El aire?   15
(Una sierpe se contrae.)

9

Gime la luz. De su boca
surte, dolida, la aurora.

10

Inagotable la vierte.
Cierra los ojos, y siente.   20

11

Se ha hecho ya el día. Completo
se le lanza contra el pecho.

---

21 VP: día. Perfecto,

12

Pero en el suelo, tendido,
su pie lo pisa, infinito.

1927

Las barandas[23]

*Homenaje a Julio Herrera y Reissig,
poeta «modernista»* [24]

Un hombre largo, enlevitado y solo
mira brillar su anillo complicado.
Su mano exangüe pende en las barandas,
mano que amaron vírgenes dormidas.

---

[23] Apareció con el mismo título y en segundo lugar, en el conjunto
«Tres poetas y una muchacha (Retratos)», en *Finisterre (F)*, Madrid, segunda época, núm. 37, mayo de 1948, págs. 64-65. Agrega datación al final del texto: 1936. En primer lugar, aún sin título, iniciaba todo el conjunto de retratos el poema finalmente denominado «Retrato a fondo
abierto», incluido en *Nacimiento último*. Después del segundo poema,
«Las barandas», se incluyó, también sin título, «Miraste amor y viste
muerte», asimismo incluido luego en *Nacimiento último*. Cerraba todo el
conjunto otro poema intitulado, el número 4, con el epígrafe: *(José María Valverde, en su libro Oda a la Creación del mundo)*. Aleixandre pensó
también en incluirlo en *Nacimiento último*, de lo que finalmente desistió
(Véase nota a: *[Ha visto el poeta un día]* en Apéndice: «Poemas dispersos
del ciclo de *Nacimiento último* e *Historia del corazón»)*.
   «Las barandas» fue incluido en el pliego fechado el 25 de febrero de 1941
con el que Vicente Aleixandre respondió a la solicitud de José María de Cossío para formar un «Cancionero», con la indicación: *En memoria de un poeta sudamericano «modernista», muerto en 1908* (Leopoldo de Luis, 1981).
   Ya notó José Luis Cano (1953, pág. 7) la irónica y tierna visión «1900»
del poema.
[24] Gran poeta uruguayo (1875-1910), la leyenda ha mitificado la figura
humana de Herrera y Reissig, presentándolo como el típico hombre y ar-

Miradle, sí. Los lagos brillan yertos.   5
Pero los astros, sí, ruedan sin música.
Constelaciones en la frente mueren,
mueren mintiendo su palor cansado.
Casi no alumbran unos labios fríos,
labios que amaron cajas musicales.   10
Pero las lunas, lunas de oro, envían
«supramundanamente» sus encantos
y hay un batir de besos gemebundos
que entre jacintos mueren como pluma.

Un fantasma azulenco no se inclina.   15
Fósforos lucen. Polvos fatuos, trémulos.
Suena un violín de hueso y una rosa.
Un proyecto de sombra se deshace.

Una garganta silenciosa emite
un clamor de azucenas deshojándose,   20
y un vals, un giro o vals toma, arrebata
esa ilusión de sábanas vacías.

Lejos un mar encerrado entre dardos
suspira o canta como un pecho oprimido,
y unos labios de seda besan, y alzan   25
una sonrisa pálida de sangre.

Dulces mujeres como barcas huyen.
Largos adioses suenan como llamas.
Mar encerrado, corazón o urna,
lágrima que no asumen las arenas.   30

---

tista *fin du siècle*. Autor de *Las Pascuas del tiempo, Los maitines de la no-che, Los éxtasis de la montaña, Los parques abandonados, Las clepsidras, La torre de las Esfinges*.
Recuérdese el soneto «En la tumba sin nombre de Herrera y Reissig en el cementerio de Montevideo» de Federico García Lorca.

25 *F* y *PRE*, pág. 28: besan y

Duramente vestido el hombre mira
por las barandas una lluvia mágica.
Suena una selva, un huracán, un cosmos.
Pálido lleva su mano hasta el pecho.

1936

Miraste amor y viste muerte[25]

José Luis Cano, en su libro
«Voz de la Muerte»[26]

Miraste amor y viste muerte,
amor o muerte fugitiva.
Miraste el mundo y viste huyendo
la rubia sombra tornadiza.

---

[25] Apareció sin título, con el mismo epígrafe y en el orden *3*, en *Finisterre (F)* —Véase nota a «Las barandas»—, págs. 65-67. Agrega datación al final del texto: 1940. Fue incluido con el título «Retrato de un poeta» y la datación 1939 en el pliego fechado el 25 de febrero de 1941 con el que Vicente Aleixandre respondió a la solicitud de José María de Cossío para formar un «Cancionero» (Leopoldo de Luis, 1981).

[26] José Luis Cano (Algeciras, Cádiz, 1912, Madrid, 1999), importante poeta, ensayista y editor, amigo dilecto de Vicente Aleixandre y gran estudioso y difusor de su obra, como de la de la poesía española contemporánea en general. Director de la Colección de Poesía «Adonais» y Secretario y Director de la revista *Ínsula*. Autor, entre otros libros de poesía, de *Sonetos de la bahía* (1942); *Voz de la muerte* (volumen XIV de la Colección «Adonais», 1945); *Recuerdos de un poeta* (1946); *Las alas perseguidas* (1946); *Sonetos de la bahía y otros poemas* (1950); *Luz del tiempo* (1962). De 1986 son sus *Poesías completas*.

Vicente Aleixandre le dedicó la semblanza «José Luis Cano, en su fondo andaluz» incluida en *Los encuentros* (1958).

Amaste su cuerpo encendido.   5
Lo deseaste con tus labios.
Mas, solitario sobre el mundo,
era en tus ojos triste el campo.

Sé que en tu frente centellea
la leve chispa del misterio.   10
Veo en tus ojos vagas lunas
perseguidas entre luceros.

El resplandor de las estrellas
está en las palmas de tus manos.
Pero en tus venas bate, oscuro,   15
eco de un denso mar cerrado.

Miras el campo largo, abierto.
Es un desnudo allá extendido.
Tú lo acaricias con los ojos.
¡Latiente cuerpo lejanísimo!   20

La luz se ciñe a las colinas,
los dulces valles, suaves flancos.
Un ave blanca de deseo
pica entre los abiertos labios.

Brisa de oriente, rosa y vaga,   25
rodea el cálido presente.
Un cuerpo hermoso casi pesa
envuelto en luces de poniente.

Veo tu brazo alzar, tenderse;
tu pecho arder. Tus ojos brillan.   30
Pero el desnudo lejos yace
en soledades amarillas.

---

7 *F:* Mas solitario
10 *F:* dulce chispa
16 *F:* dulce mar
17 *F:* al campo
32-33 *F, NUI:* a partir de la novena estrofa, se inicia el comienzo de
una segunda sección, señalada con asterisco.

La tarde cae. El cielo se hace
azul, profundo, casi un agua.
Sobre ese extenso mar tranquilo   35
boga la luna plateada.

El aire inquieto te circunda.
Nunca más vivo vi al poeta.
Sobre su frente clavan todas
sus vivas puntas las estrellas.   40

Un corazón, un mar, un pecho.
¿Qué es el deseo cuando late?
Sombra de sombra, luz tangible,
rayo de luna hecho de carne.

Música entera te hace el mundo.   45
Vuela la tierra en su canción.
En los espacios infinitos
un astro imita un corazón.

El mundo es tuyo. Entre tus brazos
un cuerpo entero está presente.   50
Sobre tus labios, quietos, fijos,
están los labios de la muerte.

1940

---

37 *F, NU₁:* aire quieto [¿errata?].
46 *F:* la tierra vuela en su canción.

Ofrecimiento[27]

(Habla la diminuta muñeca que en la
noche de Reyes traía una barra de carmín
y unos pañuelos para Amanda y Carmen.)

A Carmen Conde e «Isabel de Ambía»

No sé si soy bella,
pero soy chiquita.
Llego del oriente
casi en una brisa

[27] Poema dedicado a las escritoras Carmen Conde e «Isabel de Ambía», seudónimo literario de Amanda Junquera, esposa de Cayetano Alcázar. Eran amigas y vecinas de Vicente Aleixandre.

Véase en el Apéndice 2, el poema «La niña», dedicado a Carmen Conde, complementario de «Ofrecimiento»: es probable que fuera finalmente excluido de la serie de *Retratos y dedicatorias* de *Nacimiento último* al privilegiar Aleixandre la doble dedicatoria de «Ofrecimiento» y decidir no incluir otro poema dedicado a Carmen Conde.

Autora de memorias, relatos y novelas, en la prolífica trayectoria poética de Carmen Conde (1907-1996) pueden recordarse el temprano *Brocal* (1929); *Ansia de la gracia*, de 1945 (Colección «Adonais», volumen XIX); *Mujer sin edén* (1947); *Iluminada tierra* (1951), y tantos más. Sin olvidar su copiosa obra para niños, lo que puede explicar la temática no sólo de «Ofrecimiento» sino la de «La niña». Entre otros títulos, en 1934 publicó: *Júbilos: Poemas de niños, rosas, animales, máquinas y vientos*, con prólogo de Gabriela Mistral y dibujos de Norah Borges de Torre.

Vicente Aleixandre le dedicó «En pie, Carmen Conde», incluido en *Los encuentros* (1958).

y toco en los vidrios   5
de esta casa. ¡Abridla!
Abridla, que llego
casi desnudilla,
con mi cuerpo leve,
con mi cara fina.   10
Traigo un crespo lazo
grande, que no abriga,
un vestido o ala
y una carne niña.
¿Quién me quiere? Abridme.   15
La noche está fría.
Yo os querré. Soy dulce,
soy modosa, tímida.
Soy inmóvil. Callo
sólo en mi sonrisa.   20
Cuán ricos presentes
de oriente os traía:
soplos de otras lunas,
de otras albas brisas,
de otros sueños auras,   25
besos de otras risas.
Pero hoy llego a veros
casi desnudilla.
Llegué por milagro.
Triste está la niña.   30
Tomadme, queredme.
Sólo en luz soy rica.
Para Amanda traigo,
no sé si tardía,
el carmín de oriente   35
hecho barra viva.
¿Llego tarde? Acaso.
¡Ay, no lo querría!

También Amanda Junquera era escritora, poetisa y traductora del fran-
cés. Cayetano Alcázar Molina, su marido, era historiador y catedrático de
Historia de España. Fue gran amigo de Aleixandre, como lo prueba su correspondencia (por ejemplo, carta a Dámaso Alonso —inédita— del 29
de marzo de 1935).

Tal vez dejo a Carmen,
por eso, este día,   40
unos pañuelicos
de esa holanda tímida
que sólo han tocado
las lágrimas mías.

1946

Retrato a fondo abierto[28]

Una luz, una sombra
volaban como un ave.
Pero tú te reías,
muchacha. Era una tarde
de abril, un inspirado   5
atardecer volante,
con luces disparadas
risueñas por el aire.
Recuerdo. Un agua firme
lejana en los estanques   10
copiaba un cielo joven,
donde la nube grácil
era ya azul, ya blanca...
Era otra vez el aire.
¿Qué vientos se encendían   15
contra tu sien, fugaces,

[28] Apareció en *Finisterre (F)*, Rev. mensual, Madrid, segunda época, núm. 37, mayo de 1948, págs. 61-63, sin título y numerado con *1*, en el conjunto titulado «Tres poetas y una muchacha (Retratos)» (Véase Nota a «Las barandas»). Agrega datación al final del texto: 1940. En *NU1*, la datación es: 1939. A partir de *NU2*, desaparece la datación; pese a que toda esta sección está fechada, se elige en este caso la omisión de *NU2* y *NU3* por la confusión originada entre *F* y *NU1*.

13 *F:* blanca, / era

mientras tu frente ardía
feliz ante los mares?
En tu boca, risueñas
las ansias, los instables   20
deseos se rompían
en luces cambiantes.
Pero en tus pies espumas
eran de pronto haces
de plumas, alas, vientos,   25
los derramados cauces
de un infinito breve
que a tu pasión tentase.
Fresca la luz, gozoso,
sin torbellino el aire,   30
un claro espejo el mundo,
qué dulce signo te hacen
para los ricos vuelos,
para el amor volante,
para la risa pura,   35
para el azul amante.

     Pero tú miras, ríes.
Los soberanos mares
en tu mano se rinden
secretos, palpitantes.   40
Las trémulas montañas
deponen majestades
de nieves, y desnudas
como puros diamantes
hasta tus claros ojos   45
envían su mensaje.
Pero tú juegas, cantas.
¡Oh juventud, oh cárcel!
Súbitamente antigua,
miras al mundo, que hacen   50

---

29 *NUI:* gozoso
30 *F:* torbellino,
44 *F, NUI:* diamantes,

sus fatigados giros
ante tus ojos grandes.
¡Oh soledad, oh pena!
Pero los potros ágiles
pasan de nuevo, saltan,   55
huyen veloces, abren
bocas de amor en selvas,
que, trastornadas, arden.

Una paloma lucha
con un león. Un aire   60
débil derriba un monte,
que una ilusión deshace.

Ríos, canciones, almas,
cuerpos, silencios, mares,
todo se empuja y rueda   65
sobre la playa amante.

Mientras tus ojos miran
agua en el hoyo. Un ave
brilla en el aire quieto,
pura, total, constante.   70
Y oyes, sin ver, un mundo
que apasionado te hace
signos de adiós, sonando
largo al pasar, borrándose.

_____

73 *F:* sonando,

A Gabriela Mistral[29]

Lago transparente
donde un puro rostro
sólo se refleja.

Grandes ojos veo,
frente clara, luces,
boca de tristeza.   5

Viento largo pasa
que riza y deshace
la suave belleza.

Allá arriba hay águilas   10
caudales, y crujen
las alas serenas.

Hermosa es la vida
potente: en la mano
de Dios se ve plena.   15

---

[29] Gabriela Mistral, seudónimo de Lucía Godoy, importante escritora chilena (Vicuña, 1889-Nueva York, 1957), Premio Nobel de Literatura en 1945. Entre otros títulos, autora de *Desolación, Ternura, Tala* y *Lagar*.

¡Qué azul acabado,
cuajado! No hay nubes.
¡La luz es benévola!

Pero abajo hay voces,
hay roces. ¿Quién llama?   20
Hay sombras y piedras.

Hay trochas, caminos,
desiertos, paredes,
ciudades espesas.

El sol. Su esperanza…   25
Las lluvias continuas.
Las muertas tormentas.

La luz. Su consuelo…
Las manos que tocan
las frentes en niebla.   30

Todo está en el nítido
temblor de la lágrima
que brilla en tus ojos, Gabriela.

1946

En la muerte de Pedro Salinas[30]

Él perfilaba despacio sus versos.
Aquí una cabeza delicada. Aquí apenas una
        penumbra.
Le veíamos a veces dibujar minuciosamente una
        sombra.
Retrataba con imposible mano la caída muy
        lenta de un sonido esfumándose.
Y le veíamos encarnizarse, disponerse a apresar,
        absorberse en su detenidísima tarea,   5
hasta que al fin levantaba sus grandes ojos
        humanos,
su empeñado rostro sonriente, donde el
        transcurrir de la vida,
la generosidad, su pasión, su obstinado creer, su
        invencible verdad, su fiel luz se entregaban.

---

[30] Apareció en *Ínsula* (I), Madrid, año VII, núm. 74, 15 de febrero
de 1952, pág. 2, con el título «Pedro Salinas». Este poema fue leído pú-
blicamente por Vicente Aleixandre en el homenaje a Pedro Salinas, en el
Teatro María Guerrero de Madrid, en marzo de 1952 (Cfr. José Luis Cano,
1986, pág. 25).
    Vicente Aleixandre incluyó la semblanza «En casa de Pedro Salinas»
en *Los encuentros* (1958), también editada en principio en *Ínsula* (año XII,
núm. 127, junio de 1957, pág. 1).

---

1 *I:* Él dibujaba despacio
5 *I:* Y le mirábamos encarnizarse, disponerse a apresar;

Entre sus compañeros él supo reconocerse en
    todos y en todos supo encontrar alegría.
Todos partieron, todos juntos en un momento,
    para muy diferentes caminos.   10
Como todos él acaso partiera; pero todos
    pudieron decir
que en la fatigosa carrera, cuando con el pecho
    desnudo y la luz remotísima
todos corrían con esperanza, con fatalidad, hacia
    el viento,
él, que también corriera, que como los demás
    corría con su frenética labor,
él para cada uno algún instante aparecía sonriente
    en la ladera al paso,   15
como el espectador que le ve, como el espectador
    que le mira
y que confía más que nadie, y que le grita una
    palabra, y que con los ojos le empuja, y
    que con él corre y llega.

Él llegaba como todos, como cada uno, allí
    donde nadie esperaba,
allí con la sensación de entregar el aliento para
    cumplir su vida.
Pero de su llegada decía poco, y mezclado con el
    público general de la carrera esforzada,   20
lo comentaba como casi nadie, apasionándose
    por cada uno,
y cada uno podía creer que allí entre el público
    bullidero y anónimo
él tenía por lo menos un feroz partidario.

Su corazón fue entender, y presenciar, y
    esfumarse.
Comentaba la vida con precisa palabra   25

9 *I:* Él supo reconocerse en todos (…)
14 *I:* su absorbida labor,

y la hacía líneas sutiles, sin maraña, en su orden,
y él tenía el secreto (oh, el abierto secreto) de la
        raya que tiembla,
dirigida, continua, sobre el mapa entregado.

Vivió lejos, partido: corazón agrupado
pero no dividido. Trazó vidas, minutos.   30
Entendió vida siempre, y amó vida, transcurso.
Al final, ya maduro, descorrió los telones
y armó historias o sueños, irguió vidas o voces.

Hoy nos mira de lejos, y cada uno ahora sabe
que le mira, y a él solo. Entendiendo, esperando,   35
es Salinas su nombre, su delgado sonido.
Sí, se escucha su nombre, se pronuncia despacio:
«Sí, Salinas...», y sientes que un rumor, unos
        ojos...

1952

36 *NU2, NU3:* Salinas, su (preferimos *I, NU1*).

LA COGIDA[31]

(Plaza de toros)

[31] Con este poema se inicia la serie de «poemas sueltos» incluidos en *Nacimiento último*. Tanto para la ubicación de este título como para la de «En la muerte de Miguel Hernández», «Al sueño» y «El poeta niño», Vicente Aleixandre eligió hojas aparte, espacio con el que distinguía su rango de poemas independientes.

Se remite al Apéndice de Versiones Diferentes para leer la nueva versión que escribió Vicente Aleixandre de este poema, no incluida en *Nacimiento último*, a diferencia del poema «Acabó el amor», porque el mismo poeta la ubicó en *Poemas Varios*, de *Mis Poemas Mejores*, desde su edición de 1976, y no en nuestro título.

En *NUi* aparece la dedicatoria: *A Miguel García de Sáez.* He ubicado una colaboración de García de Sáez: Francisco de Goya, *La tauromaquia*, Ed. facsímile, ofrecida por don Miguel García de Sáez, Madrid, Altamira, 1970. Quizás se trate de la misma persona.

El beso
con su testuz de sueño
y seda, insiste,
oscuro, negro.

Se adensa   5
caliente, concreto,
herida adentro,
como un cuerpo de amor
entero
que arrasase y alzase   10
violento
su maravilloso
trofeo.

Sí, una masa de polvo
ciego,   15
y allí el secreto
beso,
sin que nadie lo vea,
envuelto
en el maravilloso velo   20
que la tarde de oro
enciende inmóvil en el estruendo.

¡Oh perfectísimo silencio!

_____
14 *NU1:* Sí. Una

173

   Beso ciego,
tremendo,   25
que la vida potente
enrisca contra el pequeño cuerpo,
mientras ella indemne en su terciopelo
salta de la nube de oro,
bulto poderoso de negro,   30
imponente majestad que ha emergido
elevando la testuz hacia un reino.

   Hermosa luna, toro
del amor ciego
que ensalza como contra el cielo   35
el cuerpo del amor diestro,
tendido en la cuna radiante,
delicado entre los dos cuernos.

---

33 *NU3:* Hermosa, luna (posible errata).

EN LA MUERTE
DE MIGUEL HERNÁNDEZ[32]

[32] Se publicó en *Cuadernos de las Horas Situadas (CHS),* Zaragoza, 2, febrero de 1948, en tirada de cuarenta ejemplares, en la colección dirigida por Irene y José Manuel Blecua. Se restituye el título original del poema, según expreso deseo de Vicente Aleixandre a Carlos Bousoño y otros testimonios, reemplazando al de «Elegía», de *NU1, NU2* y *NU3.*

En carta a Concha Zardoya (inédita), escrita desde Madrid, el 29 de mayo de 1953, que acompaña el envío de *Nacimiento último,* dice Vicente Aleixandre: «Y luego una serie de poemas sueltos, como el hecho a Miguel, en su muerte, que creo conoces (y que aquí llamo Elegía sólo, por razones obvias) (…)»

En carta posterior, también inédita, escrita desde Madrid el 16 de marzo de 1954, le reitera: «El poema mío a Miguel que aparece en "Nacimiento último" se titula, en su edición primera, "En la muerte de Miguel Hernández" (es su verdadero título) y no apareció en revista, sino en edición bella y prolija. (…)» Tanto este fragmento como el anterior han sido citados en el punto 2.6. de la Introducción.

I

No lo sé. Fue sin música.
Tus grandes ojos azules
abiertos se quedaron bajo el vacío ignorante,
cielo de losa oscura,
masa total que lenta desciende y te aboveda,   5
cuerpo tú solo, inmenso,
único hoy en la Tierra,
que contigo apretado por los soles escapa.

Tumba estelar que los espacios ruedas
con sólo él, con su cuerpo acabado.   10
Tierra caliente que con sus solos huesos
vuelas así, desdeñando a los hombres.
¡Huye! ¡Escapa! No hay nadie;
sólo hoy su inmensa pesantez da sentido,
Tierra, a tu giro por los astros amantes.   15
Sólo esa Luna que en la noche aún insiste
contemplará la montaña de vida.
Loca, amorosa, en tu seno le llevas,

CHS: Aparece un primer verso, siempre eliminado en las demás ediciones, que forma además una primera estrofa: ¿Por dónde?

---

5 *CHS:* aboveda;
14 Se corrige la permanente errata: pesantez de sentido
17-18 *CHS, NU1* y *MPM,* con espacio interestrófico (Se sigue *NU2, NU3).*

Tierra, oh Piedad, que, sin mantos, le ofreces.
Oh soledad de los cielos. Las luces   20
sólo su cuerpo funeral hoy alumbran.

                                    2

  No, ni una sola mirada de un hombre
ponga su vidrio sobre el mármol celeste.
No le toquéis. No podríais. Él supo,
sólo él supo. Hombre tú, sólo tú, padre todo   25
de dolor. Carne sólo para amor. Vida sólo
por amor. Sí. Que los ríos
apresuren su curso: que el agua
se haga sangre: que la orilla
su verdor acumule: que el empuje   30
hacia el mar sea hacia ti, cuerpo augusto,
cuerpo noble de luz que te diste crujiendo
con amor, como tierra, como roca, cual grito
de fusión, como rayo repentino que a un pecho
total único del vivir acertase.   35

  Nadie, nadie. Ni un hombre. Esas manos
apretaron día a día su garganta estelar. Sofocaron
ese caño de luz que a los hombres bañaba.
Esa gloria rompiente, generosa que un día
revelara a los hombres su destino; que habló   40
como flor, como mar, como pluma, cual astro.
Sí, esconded, esconded la cabeza. Ahora hundidla
entre tierra, una tumba para el negro pensamiento
        cavaos,

_____

19 *CHS:* Piedad que sin mantos le
    NU2, NU3: Piedad, que sin mantos le (Se sigue versión *NU1* y
        MPM).
20 *CHS:* !Oh soledad de los cielos!
28 *CHS:* curso, que
35 *CHS:* total, único
39 *CHS:* rompiente, generosa,
42 *CHS:* Sí. Esconded,
43 *CHS:* tierra; una

y morded entre tierra las manos, las uñas, los dedos
con que todos ahogasteis su fragante vivir.   45

3

   Nadie gemirá nunca bastante.
Tu hermoso corazón nacido para amar
murió, fue muerto, muerto, acabado, cruelmente
        acuchillado de odio.
¡Ah! ¿Quién dijo que el hombre ama?
¿Quién hizo esperar un día amor sobre la tierra?   50
¿Quién dijo que las almas esperan el amor y a su
        sombra florecen?
¿Que su melodioso canto existe para los oídos de
        los hombres?

   Tierra ligera, ¡vuela!
Vuela tú sola y huye.
Huye así de los hombres, despeñados, perdidos,   55
ciegos restos del odio, catarata de cuerpos
crueles que tú, bella, desdeñando hoy arrojas.

   Huye hermosa, lograda,
por el celeste espacio con tu tesoro a solas.
Su pesantez, al seno de tu vivir sidéreo   60
da sentido, y sus bellos miembros lúcidos para
        siempre
inmortales sostienes para la luz sin hombres.

---

49 *NU1:* !Ah! ¿quién?
    MPM: !Ah!, ¿quién (Se sigue versión *CHS, NU2* y *NU3*).
60 *CHS:* pesantez al
    MPM: el seno

AL SUEÑO[33]

A Gerardo Diego

[33] Apareció en *Raíz (R),* Madrid, Facultad de Filosofía y Letras, 1, mayo de 1948, págs. 2-3, con el título «El sueño» (en el Sumario: «Al sueño»), aún sin dedicatoria.

1

Imagen dulce de la esperanza,
centella perdurable de la eterna alegría,
diosa tranquila que como luz combates
con el oscuro dolor del hombre.

Te conozco. Eres blanca y propagas   5
entre los brazos de tu dueño instantáneo
la eternidad, tan breve,
tan infinitamente hermosa bajo tus alas dulces.

2

La noche comba enteramente
su sima sinuosa sobre los ojos grandes,   10
abiertos, sin estrellas, que un mundo oscuro
        imitan.
¿Quién contempla, en los ojos del despierto,
        presentes
sombras, aves volando con sordas plumas y ecos
de unos remotos ayes que largamente gimen,
que oscuramente gimen por ese cielo inmóvil?   15
¿Qué grito último, qué cuchillo final rasga esa
        altura,

_____
16 *R:* rasga ese cielo

chorro de sangre de qué mundo o destino,
de qué perdido crisma remotísimo que se alza
y estrella su torrente sobre la frente en vela?

El cuerpo del insomne deriva   20
por las oscuras aguas veladoras,
espesas ondas dulces que lastiman los bordes
de este vaso doliente de vigilante grito.

Yo sé quién canta oscuro ribereño del sueño,
intacta margen límpida donde flores inmensas   25
abren labios y envían silenciosas canciones,
mientras la luna apunta su magia ensordecida.

Decidme, ebrios mortales de un sueño
              vaporoso
que os finge nube sobre las frentes claras,
describidme ese pájaro volador que os conduce   30
sobre las plumas blandas, entre las alas puras.

Imaginadme ese tacto vivísimo,
esa faz de lucero que al pasar os contempla,
ese beso de luna, de pasión, de quietud,
que entre un sordo murmullo de estrellas os
              consagra.
                                                               35

¡Amantes sois! La luz generosa se os rinde.
Cántico son los cielos, y una mano reparte
una promesa lúcida, constelación reciente
para los ojos dulces cerrados por el sueño.

Ebrios quizá de vino, de ciencia, de universo,   40
sois dueños de un secreto que el velador anhela.
Un firmamento vibra, hermético en la frente,
con todas sus estrellas pujantes encendidas.

Qué deleznables suenan los murmullos del
              mundo,

---

37 *R:* Mano
40 *R:* vino, de fulgor, de
42 *R, NU1:* vibra hermético

allá residuos tristes, residuos aún despiertos.   45
¡Todo es sueño! Todo es pájaro. ¡Todo, oh, ya
    todo es cielo!

3

Pero tú, blanca diosa propicia,
tersa imagen de vida perdurable,
inmenso y dulce cuerpo que entre los brazos
    clamas
por mis besos. ¡Beleño, alegría!   50

Tú, generosa de una verdad instantánea
que robas el corazón del hombre
para hundirlo en la luz tenebrosa donde sólo se
    escuchan
tus palabras, que nadie recordamos despiertos.

Tú, imagen del amor que destruye a la muerte,   55
tú, reluciente nácar de mis mares continuos;
bella esposa del aire, de la luz, de la sombra;
tú, efímera espuma.

Cede, oh, cede un instante
en tus bellos jardines la misteriosa flor que tu
    brazo me alarga.   60
Adelanta tu planta, donde el desnudo muslo
    todo luz me deslumbra,
y ofrece ese perfume robador de tu cuerpo
que enhechiza a los hombres fatigados del día.

Bebe, bebe del amor que propagas;
dame, dame tu sueño, soñadora que velas.   65
Yace junto a mí en este lecho, no de espinas, de
    cánticos,
y fundido en tu seno sea yo el mundo en la noche.

_____

54 *R:* palabras que
62 *R:* robador, de
66 *NU3:* ese lecho,

CINCO POEMAS PARADISÍACOS

Junio del paraíso[34]

A José Suárez Carreño[35]

Sois los mismos que cantasteis
cogidos de la mano, hombres alegres, niños,
mujeres hermosas, leves muchachas.
Los mismos que en el mediodía de Junio,
dorada plenitud de una primavera estallada,   5
corristeis, arrasasteis de vuestra hermosura los
       silenciosos prados,
los festivales bosques
y las umbrías florestas donde el sol se aplastaba
       con un frenético beso prematuro de estío.

---

[34] Apareció en *Corcel (C)* —Almanaque de *Corcel* para 1946—, Valencia, núms. 10-11-12, diciembre de 1945, págs. 180-182, aún sin dedicatoria.
[35] *La tierra amenazada* de José Suárez Carreño es otro de los títulos que engrosará la fila de los jóvenes poetas que publicarán en la Colección «Adonais» (vol. V, 1943), donde también aparecerá su *Edad de hombre* (vol. XIII, 1944). Poeta, dramaturgo, guionista cinematográfico, novelista, con *Las últimas horas* fue Premio Nadal.

2-3 *C, NU1:* forman un solo verso.
5 *C:* primavera colmada,
6-7 *C:* forman un solo verso.
8 *C:* florestas, donde

Toda la superficie del planeta se henchía
precisamente allí bajo vuestras plantas desnudas.   10
Hombres plenos, muchachas de insinuado
        escorzo lúcido, niños como vilanos leves,
mujeres cuya hermosa rotundidad solar
pesaba gravemente sobre la tarde augusta.

Las muchachas más jóvenes, bajo las hojas de
        los álamos agitados,
sentían la planta vegetal como risa impaciente,   15
ramas gayas y frescas de un amor que oreaba
su ternura a la brisa de los ríos cantantes.

Los niños, oro rubio, creciente hacia el puro
        carmín de la aurora,
tendían sus brazos a los primeros rayos solares.
Y unos pájaros leves instantáneos brotaban,   20
hacia el aire hechizado, desde sus manos tiernas.

¡Inocencia del día! Cuerpos robustos, cálidos,
se amaban plenamente bajo los cielos libres.
Todo el azul vibraba de estremecida espuma
y la tierra se alzaba con esperanza hermosa.   25

El mar… No es que naciese el mar. Intacto,
        eterno,
el mar sólo era el mar. Cada mañana, estaba.
Hijo del mar, el mundo nacía siempre arrojado
nocturnamente de su brillante espuma.

---

15 C, NU1: la plata vegetal (probable errata).
21 C: sobre sus
29-30 C, NU1: sin espacio interestrófico.

Ebrios de luz los seres mojaban sus pies   30
en aquel hirviente resplandor, y sentían sus
      cuerpos destellar,
y tendidos se amaban sobre las playas vívidas.

Hasta la orilla misma descendían los tigres,
que llevaban en su pupila el fuego elástico de los
      bosques,
y con su lengua bebían luz, y su larga cola
      arrastraba   35
sobre un pecho desnudo de mujer que dormía.

Esa corza esbeltísima sobre la que todavía
      ninguna mano puso su amor tranquilo,
miraba el mar, radiosa de estremecidas fugas,
y de un salto se deshacía en la blanda floresta,
y en el aire había sólo un bramido de dicha.   40

Si brotaba la noche, los hombres, sobre las
      lomas estremecidas,
bajo el súbito beso lunar, derramaban sus cuerpos
y alzaban a los cielos sus encendidos brazos,
hijos también de la dulce sorpresa.

Vosotras, trémulas apariencias del amor,
      mujeres lúcidas   45
que brillabais amontonadas bajo la suave lumbre,
embriagabais a la tierra con vuestra carne agolpada,
cúmulo del amor, muda pirámide de temblor
      hacia el cielo.

---

31 *C, NU1:* cuerpos / destellar,

¿Qué rayo súbito, qué grito celeste descendía
        a la tierra
desde los cielos mágicos, donde un brazo desnudo   50
ceñía repentino vuestras cinturas ardientes,
mientras el mundo se deshacía como en un beso
        del amor entregándose?

El nacimiento de la aurora era el imperio del
        niño.
Su pura mano extendía sagradamente su palma
y allí todo el fuego nocturno se vertía en sosiego,   55
en fervor, en mudas luces límpidas
de otros labios rientes que la vida aclarasen.

Todavía os contemplo, hálito permanente de
        la tierra bellísima,
os diviso en el aliento de las muchachas fugaces,
en el brillo menudo de los inocentes bucles ligeros   60
y en la sombra tangible de las mujeres que aman
        como montes tranquilos.

Y puedo tocar la invicta onda, brillo inestable
        de un eterno pie fugitivo,
y acercar mis labios pasados por la vida
y sentir el fuego sin edad de lo que nunca naciera,
a cuya orilla vida y muerte son un beso, una
        espuma.   65

---

52 *C:* deshacía, como (…) amor, entregándose? *NU1:* amor, entregándose?

Primera aparición

Allí surtiendo de lo oscuro,
rompiendo de lo oscuro,
serena, pero casi cruel, como una leve diosa
      recobrada,
hete aquí que ella emerge, sagradamente su
      ademán extendiendo,
para que la luz del día, la ya gozosa luz que la
      asalta,
se vierta doradamente viva sobre su palma núbil.   5

¿Es la sombra o la luz lo que su luciente cabello
arroja a los hombres, cuando cruza mortal un
      instante,
como un íntimo favor que la vida dejara?

¿O es sólo su graciosa cintura, donde la luz se
      acumula,   10
se agolpa, se enreda, como la largamente desterrada
que, devuelta a su reino, jubilar se amontona?

No sé si es ella o su sueño. Pájaros inocentes
todavía se escapan de sus crespos cabellos,
prolongando ese mundo sin edad de que emerge,   15
chorreando de sus luces secretas, sonriente,
      clemente,
bajo ese cielo propio que su frente imitase.

Oh tú, delicada muchacha que desnuda en el
       día,
que vestida en el día de las luces primeras,
detuviste un momento tu graciosa figura   20
para mirarme largo como un viento encendido
que al pasar arrastrase dulcemente mi vida.

Si pasaste te quedas. Hoy te veo. Tú pasas.
Tú te alejas. Tú quedas… Como luz en los labios.
Como fiel resplandor en los labios. Miradme.   25
Otros brillos me duran en la voz que ahora canta.

Bajo la luz primera[36]

A Leopoldo de Luis[37]

Porque naciste en la aurora
y porque con tu mano mortal acariciaste
    suavemente la tenaz piel del tigre,
y porque no sabes si las aves cruzan hoy por los cielos
    o vuelan solamente en el azul de tus ojos,
tú, no más ligero que el aire,
pero tan fugaz en la tierra,
naces, mortal, y miras   5
y entre solares luces pisando hacia un soto
    desciendes.

---

[36] Apareció en *Proel (PL)*, Santander, núm. 18, septiembre de 1945, en el homenaje a don Francisco de Quevedo en el tricentenario de su muerte, con la dedicatoria «(A don Francisco de Quevedo)», y con la aclaración final: «(Inédito de *Sombra del Paraíso*)». Desde *NU1* la dedicatoria es: «A Leopoldo de Luis.»

[37] Leopoldo Urrutia de Luis —tal es su verdadero nombre— (Córdoba, 1918) ha publicado una vasta obra como poeta y ensayista. Desde 1946 su creación lírica comprende más de treinta títulos, entre los que se destacan: *Huésped de un tiempo sombrío, Los imposibles pájaros* (vol. LVII de la Colección «Adonais»» de Poesía), *Teatro real, Juego limpio, La luz a nuestro lado, Con los cinco sentidos,* y otros.

Fiel amigo y colaborador de Vicente Aleixandre, a él se debe su imprescindible biografía: *Vida y obra de Vicente Aleixandre* (1977). También especialista en Miguel Hernández (entre sus estudios deben mencionarse algunos realizados en colaboración con su hijo, Jorge Urrutia) y Antonio

Aposentado estás en el valle. Dichoso
miras la casi imagen de ti que, más blanda,
    encontraste.
Ámala prontamente. Todo el azul es suyo,   10
cuando en sus ojos brilla el envío dorado
de un sol de amor que vuela con alas en el fondo
de sus pupilas. Bebe, bebe amor. ¡Es el día!

¡Oh instante supremo del vivir! ¡Mediodía
    completo!
Enlazando una cintura rosada, cazando con tus
    manos   15
el palpitar de unas aves calientes en el seno,
sorprendes entre labios amantes el fugitivo soplo
    de la vida.
Y mientras sientes sobre tu nuca lentamente girar
    la bóveda celeste
tú estrechas un universo que de ti no es distinto.

Apoyado suavemente sobre el soto ligero,   20
ese cuerpo es mortal, pero acaso lo ignoras.
Roba al día su céfiro: no es visible, mas mira
cómo vuela el cabello de esa testa adorada.

Si sobre un tigre hermoso, apoyada, te
    contempla,
y una leve gacela más allá devora el luminoso
    césped,   25
tú derramado también, como remanso bordeas
esa carne celeste que algún dios te otorgara.

Machado, suya es una de las más importantes selecciones de poesía española contemporánea: *Antología de la poesía social,* recientemente reeditada
(Antología de la poesía social española contemporánea [1939-1968], Madrid,
Biblioteca Nueva, 2000).
    Vicente Aleixandre le dedicó la semblanza «Leopoldo de Luis, atenta-
mente», incluida en *Los encuentros,* de 1958.

---

    13 *PL:* !Bebe, bebe amor! !Es
    14 *PL:* perfecto!
    17 *PL:* en los labios
    22-23 *PL:* !Roba (…) adorada! NU1, NU2: céfiro: ¡no (…) adorada!

Águilas libres, cóndores soberanos,
altos cielos sin dueño que en plenitud deslumbran,
brillad, batid sobre la fértil tierra sin malicia.   30
¿Quién eres tú, mortal, humano, que desnudo en
        el día
amas serenamente sobre la hierba noble?
Olvida esa futura soledad, muerte sola,
cuando una mano divina cubra con nube gris el
        mundo nuevo.

---

31 *PL:* humano que

Los besos[38]

No te olvides, temprana, de los besos un día.
De los besos alados que a tu boca llegaron.
Un instante pusieron su plumaje encendido
sobre el puro dibujo que se rinde entreabierto.

Te rozaron los dientes. Tú sentiste su bulto.   5
En tu boca latiendo su celeste plumaje.
Ah, redondo tu labio palpitaba de dicha.
¿Quién no besa esos pájaros cuando llegan, escapan?

Entreabierta tu boca vi tus dientes blanquísimos.
Ah, los picos delgados entre labios se hunden.   10
Ah, picaron celestes, mientras dulce sentiste
que tu cuerpo ligero, muy ligero, se erguía.

¡Cuán graciosa, cuán fina, cuán esbelta reinabas!
Luz o pájaros llegan, besos puros, plumajes.
Y oscurecen tu rostro con sus alas calientes,   15
que te rozan, revuelan, mientras ciega tú brillas.

---

[38] Con el mismo título, y fechado el 23 de octubre de 1942 (Carlos Bousoño, 1977, pág. 474), hay otro poema incluido en *Sombra del paraíso*.

No lo olvides. Felices, mira, van, ahora escapan.
Mira: vuelan, ascienden, el azul los adopta.
Suben altos, dorados. Van calientes, ardiendo.
Gimen, cantan, esplenden. En el cielo deliran.   20

Cántico amante para
después de mi muerte

Oh diosa, ligera eras tú, como un cuerpo
    desnudo
que levantado en medio de un bosque brilla a solas.
Desnuda como una piedra dulce para el beso.
Asaeteada por el sol, esbelta en tu baño de luz
    que hierve de tu belleza,
iluminabas en redondo los laureles, los arces, los
    juveniles robles, los álamos ofrecidos,   5
sus lianas amantes
y ese rumor de hojas doradas que bajo tu inmóvil
    pie crujían como un beso continuo.

Ah, cuán poco duraste, tú eterna, para mis ojos
    pasajeros.
Yo un hombre, yo sólo un hombre que atravesó
    por mi existencia habitadora de mi cuerpo,
espíritu rapidísimo que cobró forma en el mundo,   10
mientras tú perdurabas esbelta, poderosa en tu
    delicada figura casi de piedra,
de carne vivacísima habitadora de los fulgores
    últimos.

12-13 *NU1:* últimos, / porque

Porque yo te vi alta y juvenil refulgir en el bosque,
con fuego por tus venas, llameando como un sol
        para la selva ofrecida.

Pero tú no quemabas. Toda la lumbre del
        mundo por tus venas bajaba   15
y pasaba delgada como una lengua única
por el estrecho cauce de tu cintura fulgurante,
mientras los pájaros encendidos desliaban sus
        lenguas
y las fieras hermosas a tus pies se tendían y un
        palio celeste de aves resplandecientes
daba aplauso de vuelos como una selva elevándose.   20

¡Ah, cuerpo desnudo, diosa justa, cifra de mi
        minuto,
cuerpo de amor que besé sólo un día,
vida entera de amor que acabó porque he muerto,
mientras tú resplandeces inmarchita a los hombres!

_____

19 *NUɪ:* se tendían / y un

EL POETA NIÑO[39]

A Jalín Pietro[40]

[39] Apareció en *Espadaña (E)*, León, 3 de junio de 1944, pág. [53] de la reproducción facsimilar, León, Espadaña Editorial, 1978, junto a «El poeta viejo», y bajo el título general: *De la edad del poeta*. Aún no lleva la dedicatoria. Para la lectura de «El poeta viejo» remitimos al Apéndice 2. Poemas dispersos del ciclo *Nacimiento último-Historia del corazón*.

[40] Juan Luis Prieto, músico.

Niño en ciudad, niño dormido en la primera cuna flotante sobre los hoscos ruidos, niño nacido naturalmente en una ciudad inmensa, donde las calles se repiten, golpean, despiertan al dormido en su cielo, y arañan y lastiman y duelen, mientras el Ángel llora, en su rincón oscuro, una lágrima clara, pronto rodada hasta los cascos sucios de unos caballos grises.

Crece el niño y asomado a su balcón extiende su manecita larga. Desde allí acaricia ahora acaso, en lo hondo, los peludos lomos de esos mismos caballos fatigados de día. Y la extiende más y se moja en la oprimida fuente de la ciudad, remotísima, que sus ojos contemplan. Y más todavía: y la mano pequeña sube hasta que ese vidrio de color de esa calle, de aquella, de aquella otra, de todas donde, amarilleante, el sol repiquetea su vibrante crepúsculo. ¡Oh[41] dulce luz pasajera que en los dientes te brilla, niño de amor que con tus manos llegas a los remotos, no vistos, mas recordados altozanos de un verde campo de perpetua alegría!

Oyes en tu corazón diminuto el rumor de los ríos donde viviste siempre, desde la primera creación del mundo. Ahora[42], aquí, pasajeramente, un minuto, entre los hombres tristes, miras atónito su cansado voltear sin sentido en-

---

[41] E: crepúsculo. Oh, dulce
[42] E, NUi: Ahora aquí,

tre las calles muertas. En tu pequeña pupila verde tiembla
fresca la realidad que amamos. Pero nadie te mira, nadie
mira tus ojos, por cuyo fondo huir, ascender, regresar ínte-
gros al devuelto destino. Oh[43], niño transitorio que como
desde el fondo de un espejo nos miras, pronto a escaparte
como una niebla dulce.

Mas los hombres te tocan al pasar con descuidada
mano. Niño pequeño, tu cabellera invita a enredar distraí-
damente un instante los dedos en su luz apacible. Pequeño,
más pequeño todavía, se acariciaría al pasar la ligera mejilla, mientras nadie conoce el mar imperioso, furioso[44] que
para los hombres brama con amorosa voz desde el fondo
de tus ojos perpetuos[45]. ¡Ah, acaba! Acaba tu misteriosa visita[46] y escapa como luz, como muerte temprana. Nunca el
hombre que tú eres te herede, padre tú de dolor en la vida
madura. Y huye ligero, con tu talón precioso despegándose,
rayo de luz arriba, hacia el hondo horizonte, hacia el cenit[47]; más alto: al innombrable reino sin meta donde tú residías[48], eternamente naciente, con la edad de los siglos.

[43]   E, NU1: Oh niño
[44]   E: imperioso, furioso, que
[45]   E, NU1: perpetuos. // ¡Ah,
[46]   E: visita; y escapa como la luz,
[47]   E: cenit, más alto, al
[48]   E: residías eternamente

HISTORIA DEL CORAZÓN
(1945-1953)

A Dámaso Alonso.

Amigo de todas las horas, seguro en toda la vicisitud, desde la remota adolescencia, dedico hoy este libro, cumplido y rebasado un tercio de siglo de fraternal amistad[49].

---

[49] Vicente Aleixandre y Dámaso Alonso se conocieron en un veraneo, en Las Navas del Marqués, en 1917, un encuentro definitorio para la vocación del primero ya que en las manos de su amigo se escondía la revelación: un libro, *Prosas Profanas* de Rubén Darío, que significó el despertar poético para el joven sevillano, como el mismo Aleixandre relató más de una vez, desde «Dámaso Alonso, sobre un paisaje de juventud» (*Los encuentros*, 1958), en adelante. La muerte de Vicente Aleixandre, en 1984, puso fin a esta amistad sin fallas.

I
COMO EL VILANO

I [50]

Como el vilano [51]

Hermoso es el reino del amor,
pero triste es también.
Porque el corazón del amante
triste es en las horas de la soledad,
cuando a su lado mira los ojos queridos   5
que inaccesibles se posan en las nubes ligeras.

Nació el amante para la dicha,
para la eterna propagación del amor,
que de su corazón se expande
para verterse sin término   10
en el puro corazón de la amada entregada.

---

[50] Se restituye la adecuada disposición y jerarquización de todas las
partes de *Historia del corazón*, con:
- números romanos para las partes o secciones del libro;
- números arábigos —1 y 2— para las subdivisiones de la sección I:
  Como el vilano;
- números arábigos para las subdivisiones de los poemas.

[51] Apareció en *Insula*, Madrid, año III, núm. 34, octubre de 1948, pág. 3.
DM (Datación de manuscrito): 27 de agosto de 1945.

Pero la realidad de la vida,
la solicitación de las diarias horas,
la misma nube lejana, los sueños, el corto vuelo
        inspirado del juvenil corazón que él ama,
todo conspira contra la perduración sin descanso
        de la llama imposible.   15

Aquí el amante contempla
el rostro joven,
el adorado perfil rubio,
el gracioso cuerpo que reposado un instante en
        sus brazos descansa.
Viene de lejos y pasa,   20
y pasa siempre.
Y mientras ese cuerpo duerme o gime de amor en
        los brazos amados,
el amante sabe que pasa,
que el amor mismo pasa,
y que este fuego generoso que en él no pasa,   25
presencia puro el tránsito dulcísimo de lo que
        eternamente pasa.

Por eso el amante sabe
que su amada le ama
una hora, mientras otra hora sus ojos
leves discurren   30
en la nube falaz que pasa y se aleja.
Y sabe que todo el fuego que común se ha elevado,
sólo en él dura. Porque ligera y transitoria es la
        muchacha
que se entrega y se rehúsa,
que gime y sonríe.   35
Y el amante la mira
con el infinito amor de lo que se sabe instantáneo.
Dulce es, acaso más dulce, más tristísimamente
        dulce,
verla en los brazos
en su efímera entrega.   40
«Tuyo soy —dice el cuerpo armonioso—,

pero sólo un instante.
Mañana,
ahora mismo,
despierto de este beso y contemplo   45
el país, este río, esa rama, aquel pájaro...»

   Y el amante la mira
infinitamente pesaroso —glorioso y cargado—.
Mientras ella ligera se exime,
adorada y dorada,   50
y leve discurre.
Y pasa, y se queda. Y se alza, y vuelve.
Siempre leve, siempre aquí, siempre allí; siempre.
Como el vilano.

---

52 *Och:* alza y

Mano entregada[52]

Pero otro día toco tu mano. Mano tibia.
Tu delicada mano silente. A veces cierro
mis ojos y toco leve tu mano, leve toque
que comprueba su forma, que tienta
su estructura, sintiendo bajo la piel alada el duro
      hueso   5
insobornable, el triste hueso adonde no llega
      nunca
el amor. Oh carne dulce, que sí se empapa del
      amor hermoso.

---

[52] DM: 14 de mayo de 1945.

    En la *Revista de Estudios Americanos (RA)*, Separata del núm. 10, Sevilla, 1951, págs. 361-367, publicó Vicente Aleixandre «Dos poemas y un comentario», luego incluido en sus *Obras Completas* (1968, págs. 1562-1569) en la Sección «Otros apuntes para una poética», con la datación 1950 [?]. En este texto, selecciona «A ti, viva» de *La destrucción o el amor* y «Mano entregada» del libro aún inédito *Historia del corazón* como significativos ejemplos de sus dos épocas poéticas. Dice sobre este poema: «(…) Aquí es sólo la emoción de la mano amada entre las manos amantes, con el poder y el límite del amor. No busquéis un horizonte, un rumor de naturaleza: un mar golpeador, un río insinuante, unos pájaros que se reflejen en unos ojos. El amante cierra los suyos y tienta la delicada mano muda, y en el denso y secreto contacto prolongado siente la invasión misteriosa, el adentramiento inexplicable, la comunión en el silencio del puro amor: el conocimiento.»

---

5 *RA:* del duro hueso

Es por la piel secreta, secretamente abierta,
    invisiblemente entreabierta,
por donde el calor tibio propaga su voz, su afán
    dulce;
por donde mi voz penetra hasta tus venas tibias,   10
para rodar por ellas en tu escondida sangre,
como otra sangre que sonara oscura, que
    dulcemente oscura te besara
por dentro, recorriendo despacio como sonido
    puro
ese cuerpo, que ahora resuena mío, mío poblado
    de mis voces profundas,
oh resonado cuerpo de mi amor, oh poseído
    cuerpo, oh cuerpo sólo sonido de mi voz
    poseyéndole.   15

Por eso, cuando acaricio tu mano, sé que sólo
    el hueso rehúsa
mi amor —el nunca incandescente hueso del
    hombre—.
Y que una zona triste de tu ser se rehúsa,
mientras tu carne entera llega un instante lúcido
en que total flamea, por virtud de ese lento
    contacto de tu mano,   20
de tu porosa mano suavísima que gime,
tu delicada mano silente, por donde entro
despacio, despacísimo, secretamente en tu vida,
hasta tus venas hondas totales donde bogo,
donde te pueblo y canto completo entre tu carne.   25

---

9 *RA:* dulce que

La frontera[53]

Si miro tus ojos,
si acerco a tus ojos los míos,
¡oh, cómo leo en ellos retratado todo el
    pensamiento de mi soledad!
Ah, mi desconocida amante a quien día a día
    estrecho en los brazos.
Cuán delicadamente beso despacio, despacísimo,
    secretamente en tu piel   5
la delicada frontera que de mí te separa.
Piel preciosa, tibia, presentemente dulce,
    invisiblemente cerrada,
que tiene la contextura suave, el color, la entrega
    de la fina magnolia.
Su mismo perfume, que parece decir: «Tuya soy,
    heme entregada al ser que adoro
como una hoja leve, apenas resistente, toda aroma
    bajo sus labios frescos.»   10
Pero no. Yo la beso, a tu piel, finísima, sutil,
    casi irreal bajo el rozar de mi boca,

---

[53] Apareció en *Ínsula* (I), Madrid, año V, núm. 50, febrero de 1950,
pág. 3, con la indicación: (Del libro inédito *Historia del corazón*).
DM: 17 de junio de 1945.

3 *I:* sin signos de admiración.
5 *I:* Cuán suavemente beso (…) piel,

y te siento del otro lado, inasible, imposible,
      rehusada,
detrás de tu frontera preciosa, de tu mágica
      piel inviolable,
separada de mí por tu superficie delicada, por tu
      severa magnolia,
cuerpo encerrado débilmente en perfume   15
que me enloquece de distancia y que, envuelto
      rigurosamente, como una diosa de mí te
      aparta, bajo mis labios mortales.

  Déjame entonces con mi beso recorrer la secreta
      cárcel de mi vivir,
piel pálida y olorosa, carnalidad de flor, ramo o
      perfume,
suave carnación que delicadamente te niega,
mientras cierro los ojos, en la tarde extinguiéndose,   20
ebrio de tus aromas remotos, inalcanzables,
dueño de ese pétalo entero que tu esencia me niega.

---

16 *I:* que enloqueces de distancia (…) una diosa, de

Otra no amo[54]

Tú, en cambio, sí que podrías quererme;
tú, a quien no amo.

A veces me quedo mirando tus ojos, ojos grandes,
      oscuros;
tu frente pálida, tu cabello sombrío,
tu espigada presencia que delicadamente se acerca
      en la tarde, sonríe,   5
se aquieta, y espera con humildad que mi palabra
      le aliente.
Desde mi cansancio de otro amor padecido
te miro, oh pura muchacha pálida que yo podría
      amar y no amo.
Me asomo entonces a tu fina piel, al secreto visible
      de tu frente donde yo sé que habito,
y espío muy levemente, muy continuadamente,
      el brillo rehusado de tus ojos,   10

[54] Apareció en *Cuadernos Hispanoamericanos (CH)*, Madrid, núm. 41,
1953, págs. 165-166.
DM: 24 de junio de 1945.

1 *CH:* quererme,
2 *CH:* tú a
2-3 *HC1, HC2, HC3, CH:* Sin espacio interestrófico en todas las ediciones (Se sigue *MPM*).
6 *HC1, HC2, HC3, CH:* aquieta y (Se sigue *MPM*).

adivinando la diminuta imagen palpitante que
    de mí sé que llevan.
Hablo entonces de ti, de la vida, de tristeza, de
    tiempo…,
mientras mi pensamiento vaga lejos, penando allá
    donde vive
la otra descuidada existencia por quien sufro a tu
    lado.

Al lado de esta muchacha veo la injusticia del
    amor.   15
A veces, con estos labios fríos te beso en la frente,
    en súplica
helada, que tú ignoras, a tu amor: que me encienda.
Labios fríos en la tarde apagada. Labios convulsos,
    yertos, que tenazmente ahondan
la frente cálida, pidiéndole entero su cabal fuego
    perdido.
Labios que se hunden en tu cabellera negrísima,   20
    mientras cierro los ojos,
mientras siento a mis besos como un resplandeciente
    cabello rubio donde quemo mi boca.
Un gemido, y despierto, heladamente cálido,
    febril, sobre el brusco negror que, de
    pronto, en tristeza a mis labios sorprende.

Otras veces, cerrados los ojos, desciende mi
    boca triste sobre la frente tersa,
oh pálido campo de besos sin destino,   25
anónima piel donde ofrendo mis labios como un
    aire sin vida,
mientras gimo, mientras secretamente gimo de
    otra piel que quemara.

Oh pálida joven sin amor de mi vida,
joven tenaz para amarme sin súplica,

---

17 *CH:* helada que
23 *HC2:* negror, que de pronto,

recorren mis labios tu mejilla sin flor,   30
sin aroma, tu boca sin luz,
tu apagado cuello que dulce se inclina,
mientras yo me separo, oh inmediata que yo no
       pido,
oh cuerpo que no deseo,
oh cintura quebrada pero nunca en mi abrazo.   35

Échate aquí y descansa de tu pálida fiebre.
Desnudo el pecho, un momento te miro.
Pálidamente hermosa, con ojos oscuros,
semidesnuda y quieta, muda y mirándome.
¡Cómo te olvido mientras te beso! El pecho   40
tuyo mi labio acepta, con amor, con tristeza.
Oh, tú no sabes… Y doliente sonríes.
Oh, cuánto pido que otra luz me alcanzase.

---

35 *CH, HC3:* quebrada, pero (Se sigue *MPM*).
42 *CH:* sabes. Y

Después del amor[55]

Tendida tú aquí, en la penumbra del cuarto,
como el silencio que queda después del amor,
yo asciendo levemente desde el fondo de mi reposo
hasta tus bordes, tenues, apagados, que dulces existen.
Y con mi mano repaso las lindes delicadas de tu vivir
      retraído   5
y siento la musical, callada verdad de tu cuerpo, que
      hace un instante, en desorden, como
      lumbre cantaba.
El reposo consiente a la masa que perdió por el amor
      su forma continua,
para despegar hacia arriba con la voraz irregularidad
      de la llama,
convertirse otra vez en el cuerpo veraz que en sus
      límites se rehace.

Tocando esos bordes, sedosos, indemnes, tibios,
      delicadamente desnudos,   10
se sabe que la amada persiste en su vida.

---

[55] DM: noviembre de 1945.
    La carta escrita por Vicente Aleixandre a José Luis Cano (Vicente Alei-
xandre, 1986, pág. 82), desde «Vistalegre», Miraflores, 18 de julio de 1945,
deja muy en claro otra datación para el poema: «(...) Ayer escribí un poema que será de mi libro Historia del corazón. El poema se titula "Después del amor", y evoca el reconocimiento del cuerpo adorado, como vaso
del amor, después de la fiebre de la unión física. (...)»

Momentánea destrucción el amor, combustión que
      amenaza
al puro ser que amamos, al que nuestro fuego vulnera,
sólo cuando desprendidos de sus lumbres deshechas
la miramos, reconocemos perfecta, cuajada, reciente
      la vida,   15
la silenciosa y cálida vida que desde su dulce
      exterioridad nos llamaba.
He aquí el perfecto vaso del amor que, colmado,
opulento de su sangre serena, dorado reluce.
He aquí los senos, el vientre, su redondo muslo, su
      acabado pie,
y arriba los hombros, el cuello de suave pluma
      reciente,   20
la mejilla no quemada, no ardida, cándida en su rosa
      nacido,
y la frente donde habita el pensamiento diario de
      nuestro amor, que allí lúcido vela.
En medio, sellando el rostro nítido que la tarde
      amarilla caldea sin celo,
está la boca fina, rasgada, pura en las luces.
Oh temerosa llave del recinto del fuego.   25
Rozo tu delicada piel con estos dedos que temen y
      saben,
mientras pongo mi boca sobre tu cabellera apagada.

Nombre[56]

Mía eres. Pero otro
es aparentemente tu dueño. Por eso,
cuando digo tu nombre,
algo oculto se agita en mi alma.
Tu nombre suave, apenas pasado delicadamente por
    mi labio.   5
Pasa, se detiene, en el borde un instante se queda,
y luego vuela ligero, ¿quién lo creyera?: hecho puro
    sonido.
Me duele tu nombre como tu misma dolorosa carne
    en mis labios.
No sé si él emerge de mi pecho. Allí estaba
dormido, celeste, acaso luminoso. Recorría mi sangre   10
su sabido dominio, pero llegaba un instante
en que pasaba por la secreta yema donde tú residías,
secreto nombre, nunca sabido, por nadie aprendido,
doradamente quieto, cubierto sólo, sin ruido, por mi
    leve sangre.
Ella luego te traía a mis labios. Mi sangre pasaba   15
con su luz todavía por mi boca. Y yo entonces estaba
    hablando con alguien
y arribaba el momento en que tu nombre con mi
    sangre pasaba por mi labio.

---

[56] DM: 21 de junio de 1945.

Un instante mi labio, por virtud de su sangre sabía
a ti, y se ponía dorado, luminoso: brillaba de tu sabor
      sin que nadie lo viera.
Oh, cuán dulce era callar entonces, un momento.
      Tu nombre,   20
¿decirlo? ¿Dejarlo que brillara, secreto, revelado a los
      otros?
Oh, callarlo, más secretamente que nunca, tenerlo
      en la boca, sentirlo
continuo, dulce, lento, sensible sobre la lengua,
      y luego, cerrando los ojos,
dejarlo pasar al pecho
de nuevo, en su paz querida, en la visita callada   25
que se alberga, se aposenta y delicadamente se efunde.

   Hoy tu nombre está aquí. No decirlo, no decirlo
      jamás, como un beso
que nadie daría, como nadie daría los labios a otro
      amor sino al suyo.

---

18 *HC3:* labio por (Se siguen restantes ediciones y *MPM*).

Coronación del amor[57]

Mirad a los amantes.
Quieta la amada descansa muy leve,
como a su lado reposa el corazón del amante.
Es al poniente hermoso. Han pasado los besos
como la cálida propagación de la luz.   5
Ondas hubo encendidas que agitadas cruzaron,
coloreadas como las mismas nubes que una dicha
        envolvieron.
Luz confusa, son de los árboles conmovidos por
        el furioso y dulce soplo del amor,
que agitó sus ramajes, mientras un instante,
        absorbido, su verdor se endulzaba.
Para quedar sereno y claro el día, puro el azul,   10
sosegada la bóveda que las felices frentes coronara.

Miradles ahora dueños de su sangre, vencido
el tumultuoso ardor que flamígera puso
su corporal unidad, hecha luz trastornada.
Los dorados amantes, rubios ya, permanecen   15
sobre un lecho de verde novedad que ha nacido
bajo el fuego. ¡Oh, cuán claros al día!

---

[57] DM: junio de 1945.

Helos bajo los aires que los besan
mientras la mañana crece sobre su tenue molicie,
sin pesar nunca, con vocación de rapto leve,   20
porque la luz quiere como pluma elevarles,
mientras ellos sonríen a su amor, sosegados,
coronados del fuego que no quema,
pasados por las alas altísimas que ellos sienten
              cual besos
para sus puros labios que el amor no destruye.   25

2

Desde la larga duda[58]

I

    ¿Te quiere?
¿No te quiere?
¡Dichoso el tiempo del saberlo siempre!
Dichoso el que besa fuerte
y besa cierto. Y dice: «Tente»,   5
y enreda en la cintura tenue
un brazo robusto
y suficiente.
Y siente la boca segura
bajo su boca caliente,   10
y el pecho extenso y siervo
como la tierra bajo el sol ardiente.

---

[58] En la «Cronología de Poemas» (Carlos Bousoño, 1977, págs. 473-480) no figura la datación del manuscrito de este texto, lo que afirma nuestra sospecha de que «Desde la larga duda» es un poema anterior a 1945. Aunque por su tema es afín a los demás textos de esta sección, su estilo, ritmo y versificación lo alejan de ellos.

2

Sin esperanza

Oh odio que no se redime,
que no se engaña
con la palabra;   15
que no charla,
que no se desparrama,
que no se pierde
y agua.

Odio concreto   20
que no es amor confuso,
amor turbio,
amor oscuro y sucio.

El último amor[59]

I

Amor mío, amor mío.
Y la palabra suena en el vacío. Y se está solo.
Y acaba de irse aquélla que nos quería. Acaba de salir.
      Acabamos de oír cerrarse la puerta.
Todavía nuestros brazos están tendidos. Y la voz se
      queja en la garganta.
Amor mío...   5

Cállate. Vuelve sobre tus pasos. Cierra despacio la
      puerta, si es que no quedó bien cerrada.
Regrésate.
Siéntate ahí, y descansa.
No, no oigas el ruido de la calle. No vuelve. No
      puede volver.
Se ha marchado, y estás solo.   10
No levantes los ojos para mirarlo todo, como si en
      todo aún estuviera.
Se está haciendo de noche.
Ponte así: tu rostro en tu mano.

[59] Apareció en *Poesía Española (PE)*, Madrid, núm. 24, diciembre
de 1953, págs. 1-2.
    DM: 16 de agosto de 1952.

Apóyate. Descansa.
Te envuelve dulcemente la oscuridad, y lentamente
         te borra.   15
Todavía respiras. Duerme.
Duerme si puedes. Duerme poquito a poco,
         deshaciéndote, desliéndote en la noche que
         poco a poco te anega.

   ¿No oyes? No, ya no oyes. El puro
silencio eres tú, oh dormido, oh abandonado,
oh solitario.
              ¡Oh, si yo pudiera hacer   20
que nunca más despertases!

                              2

   Las palabras del abandono. Las de la amargura.

   Yo mismo, sí, yo y no otro.
Yo las oí. Sonaban como las demás. Daban el mismo
         sonido.
Las decían los mismos labios, que hacían el mismo
         movimiento.   25
Pero no se las podía oír igual. Porque significaban:
         las palabras
significan. Ay, si las palabras fuesen sólo un suave
         sonido,
y cerrando los ojos se las pudiese escuchar en el
         sueño…

Yo las oí. Y su sonido final fue como el de una llave
         que se cierra.
Como un portazo.   30
Las oí, y quedé mudo.
Y oí los pasos que se alejaron.
Volví, y me senté.

_____

   23 *PE:* sí; yo

Silenciosamente cerré la puerta yo mismo.
Sin ruido. Y me senté. Sin sollozo.   35
Sereno, mientras la noche empezaba.
La noche larga. Y apoyé mi cabeza en mi mano.
Y dije...

    Pero no dije nada. Moví mis labios. Suavemente,
        suavísimamente.
Y dibujé todavía   40
el último gesto, ese
que yo ya nunca repetiría.

                                    3

    Porque era el último amor. ¿No lo sabes?
Era el último. Duérmete. Calla.
Era el último amor...   45
Y es de noche.

SOMBRA FINAL[60]

---

[60] Restituimos la disposición tipográfica de *HC1* y *HC2*, que resalta, con categoría de apartado (epílogo de la primera sección) este poema. El mismo criterio fue seguido por el poeta con «Mirada final», epílogo de la última.

Sombra final[61]

Pensamiento apagado, alma sombría,
¿quién aquí tú, que largamente beso?
Alma o bulto sin luz, o letal hueso
que inmóvil consumió la fiebre mía.

---

[61] Apareció con el título «Soledad final» en *Espadaña*, León, núm. 34, 1948, pág. [711] de la reproducción facsimilar, León, Espadaña Editorial, 1978, sin más variantes.

También en *ABC*, Madrid, 24 de mayo de 1953, ya con su título definitivo, en la nota titulada «Vicente Aleixandre», con dibujo de Escassi, que incluye una breve presentación del poeta y una «Antología de urgencia», con los poemas: «Cabellera negra» de *Sombra del paraíso* y el inédito «El otro dolor», de *Historia del corazón*, además de «Sombra final».

El poema está transido de reminiscencias místicas y religiosas (entre ellas san Juan de la Cruz y fray Luis de León), como ya vimos en la Introducción, y también recuerda a los famosos *Sonetos* de Federico García Lorca, que Vicente Aleixandre, privilegiado receptor de estos poemas, tenía muy presentes: «(…) Recordaré siempre la lectura que me hizo, tiempo antes de partir para Granada, de su última obra lírica, que no habíamos de ver terminada. Me leía sus "Sonetos del amor oscuro", prodigio de pasión, de entusiasmo, de felicidad, de tormento, puro y ardiente monumento al amor, en que la primera materia es ya la carne, el corazón, el alma del poeta en trance de destrucción. (…)» («Evocación de Federico García Lorca» fue incluida en *Los encuentros,* 1958. Se publicó por primera vez en *La voz,* cuyas célebres páginas literarias tituladas *El mono azul* dirigía Rafael Alberti, con el título de «Federico», *El mono azul, Hoja semanal de la Alianza de Intelectuales Antifascistas para la Defensa de la Cultura,* Madrid, año II, núm. 19, jueves 10 de junio de 1937, págs. 1 y 2. La sem-

    Aquí ciega pasión se estrelló fría,   5
aquí mi corazón golpeó obseso,
tercamente insistió, palpitó opreso.
Aquí perdió mi boca su alegría.

    Entre mis brazos ciega te he tenido,
bajo mi pecho respiraste amada   10
y en ti vivió mi sangre su latido.

    Oh noche oscura. Ya no espero nada.
La soledad no miente a mi sentido.
Reina la pura sombra sosegada.

blanza de Aleixandre volvió a imprimirse rápidamente en *Hora de España*,
Valencia, VII, julio de 1937, págs. 43-45).
    DM: agosto de 1946.

    9 *ABC:* brazos, ciega
    12 *ABC:* !Oh, noche oscura! Ya

II
LA MIRADA EXTENDIDA

Ten esperanza[62]

¿Lo comprendes? Lo has comprendido.
¿Lo repites? Y lo vuelves a repetir.
Siéntate. No mires hacia atrás. ¡Adelante!
Adelante. Levántate. Un poco más. Es la vida.
Es el camino. ¿Que llevas la frente cubierta de
        sudores, con espinas, con polvo, con
        amargura, sin amor, sin mañana?…   5
Sigue, sigue subiendo. Falta poco. Oh, qué joven eres.
Qué joven, qué jovencísimo, qué recién nacido.
        Qué ignorante.
Entre tus pelos grises caídos sobre la frente brillan
        tus claros ojos azules,
tus vividos, tus lentos ojos puros, allí quedados
        bajo algún velo.
Oh, no vaciles y álzate. Álzate todavía. ¿Qué quieres?   10
Coge tu palo de fresno blanco y apóyate. Un brazo
        a tu lado quisieras. Míralo.
Míralo, ¿no lo sientes? Allí, súbitamente, está quieto.
        Es un bulto silente.
Apenas si el color de su túnica lo denuncia. Y en tu
        oído una palabra no pronunciada.
Una palabra sin música, aunque tú la estés escuchando.

---

[62] En la «Cronología de poemas» (Carlos Bousoño, 1977, págs. 473-480)
no figura la datación de este manuscrito ni la del poema «Desde la larga duda».

Una palabra con viento, con brisa fresca. La que
        mueve tus vestidos gastados.   15
La que suavemente orea tu frente. La que seca tu
        rostro,
la que enjuga el rastro de aquellas lágrimas.
La que atusa, apenas roza tu cabello gris ahora en la
        inmediación de la noche.
Cógete a ese brazo blanco. A ese que apenas conoces,
        pero que reconoces.
Yérguete y mira la raya azul del increíble crepúsculo,   20
la raya de la esperanza en el límite de la tierra.
Y con grandes pasos seguros, enderézate, y allí
        apoyado, confiado, solo,
échate rápidamente a andar…

En la plaza[63]

Hermoso es, hermosamente humilde y confiante,
     vivificador y profundo,
sentirse bajo el sol, entre los demás, impelido,
llevado, conducido, mezclado, rumorosamente
     arrastrado.

No es bueno
quedarse en la orilla   5
como el malecón o como el molusco que quiere
     calcáreamente imitar a la roca.
Sino que es puro y sereno arrasarse en la dicha
de fluir y perderse,
encontrándose en el movimiento con que el gran
     corazón de los hombres palpita extendido.

---

[63] Apareció en *Ínsula*, Madrid, año IX, 100-101, 30 de abril de 1954, pág. 3.
DM: 14 de noviembre de 1952.
Vicente Granados arriesga una interpretación sobre este poema que no necesariamente compartimos, habida cuenta de las persistentes diseminaciones —obsesiones podríamos decir— de la imaginería aleixandrina, pero que vale la pena apuntar: «(…) es un recuerdo nostálgico de la proclamación de la II República, según creo. Y lo creo porque la clave podría ser la evocación que en 1962 Vicente Aleixandre escribió de Luis Cernuda ("Luis Cernuda en la ciudad") donde refiere, con alegría desbordante, la asistencia de Aleixandre y Cernuda a "la Plaza" (La Puerta del Sol) el 14 de abril. Incluso la imagen del bañista, que es medular en el poema, se encuentra también en la evocación. La adjetivación, incluso, es idéntica en uno y otro sitio.» (1977, pág. 34.)

Como ese que vive ahí, ignoro en qué piso,   10
y le he visto bajar por unas escaleras
y adentrarse valientemente entre la multitud y
        perderse.
La gran masa pasaba. Pero era reconocible el diminuto
        corazón afluido.
Allí, ¿quién lo reconocería? Allí con esperanza, con
        resolución o con fe, con temeroso
        denuedo,
con silenciosa humildad, allí él también   15
transcurría.

Era una gran plaza abierta, y había olor de
        existencia.
Un olor a gran sol descubierto, a viento rizándolo,
un gran viento que sobre las cabezas pasaba su mano,
su gran mano que rozaba las frentes unidas y las
        reconfortaba.   20

Y era el serpear que se movía
como un único ser, no sé si desvalido, no sé si
        poderoso,
pero existente y perceptible, pero cubridor de la tierra.

Allí cada uno puede mirarse y puede alegrarse y
        puede reconocerse.
Cuando, en la tarde caldeada, solo en tu gabinete,   25
con los ojos extraños y la interrogación en la boca,
quisieras algo preguntar a tu imagen,

no te busques en el espejo,
en un extinto diálogo en que no te oyes.
Baja, baja despacio y búscate entre los otros.   30
Allí están todos, y tú entre ellos.
Oh, desnúdate y fúndete, y reconócete.

---

17 *PRE:* abierta y

Entra despacio, como el bañista que, temeroso,
    con mucho amor y recelo al agua,
introduce primero sus pies en la espuma,
y siente el agua subirle, y ya se atreve, y casi ya se
    decide.   35
Y ahora con el agua en la cintura todavía no se confía.
Pero él extiende sus brazos, abre al fin sus dos brazos
    y se entrega completo.
Y allí fuerte se reconoce, y crece y se lanza,
y avanza y levanta espumas, y salta y confía,
y hiende y late en las aguas vivas, y canta, y es joven.   40

Así, entra con pies desnudos. Entra en el hervor,
    en la plaza.
Entra en el torrente que te reclama y allí sé tú mismo.
¡Oh pequeño corazón diminuto, corazón que quiere
    latir
para ser él también el unánime corazón que le alcanza!

A la salida del pueblo[64]

Todos ellos eran hermosos, tristes, silenciosos,
    viejísimos.
Tomaban el sol y hablaban muy raramente.
Ah el sol aquel dulce, que parecía cargado de la
    misma viejísima vida que ellos.
Un sol casi melodioso, irisado, benévolo,
en aquellas lentas tardes de marzo.   5

No había que hablar con ellos, sino ingresar,
    demorarse.
El ideal allí parecía ser dormir suavemente
bajo aquel sol y en aquella densísima compañía.
A veces mirándolos se pensaba
en una piedra dorada, arcillosa, quizá pulida por el
    paso de las lluvias y de los soles.   10
Allí puesta la piedra repetida,
allí templada y existida, padecida,
victoriosa y comunicada bajo aquella piadosa luz solar.
Otros quedaban fuera del palio de las ramas

---

[64] DM: 5 de diciembre de 1952.

---

3 *HC2:* Ah, el sol aquel, dulce, que
8 *HC2:* aquel mismo sol y

y estaban sentados, acurrucados y meditaban
     exactamente como la piedra.   15
Otros dormían como rodados del monte hace siglos,
     allí, en el borde de la inmóvil falda majestuosa.

  Pero todos agrupados, diseminados en el corto
     trecho,
callados y vegetativos, profundos y abandonados a la
     benigna mano que los unía.

  Mucho allí se podría aprender. De tristeza, de vida,
     de paciencia, de limitación, de verdad.
Pasaban los jóvenes alborotando.   20
Cantaban las muchachas y se atropellaban riendo los
     niños.
Y nadie miraba.
A un lado del camino solían reunirse los viejos.
Próximo estaba el pueblo, y allí los domingos
era el tránsito y la vida, y la persecución y la agitada
     inocencia.   25
Pero ellos dormían, o ajenos miraban.
Sólo con una casi metafísica presencia ya para el sol.
Viendo el vaporoso transcurso de los que pasaban.
Sí, como un vapor increíble,
como un vago sueño en que a veces filosóficamente
     se distraían.   30

El poeta canta por todos[65]

I

Allí están todos, y tú los estás mirando pasar.
¡Ah, sí, allí, cómo quisieras mezclarte y reconocerte!

El furioso torbellino dentro del corazón te
    enloquece.
Masa frenética de dolor, salpicada
contra aquellas mudas paredes interiores de carne.   5
Y entonces en un último esfuerzo te decides. Sí, pasan.
Todos están pasando. Hay niños, mujeres. Hombres
    serios. Luto cierto, miradas.
Y una masa sola, un único ser, reconcentradamente
    desfila.
Y tú, con el corazón apretado, convulso de tu solitario
    dolor, en un último esfuerzo te sumes.
Sí, al fin, ¡cómo te encuentras y hallas!   10
Allí serenamente en la ola te entregas. Quedamente
    derivas.

---

[65] En *Presencias (PRE)*, págs. 107-111: Cada sección de poema se ubica
en hoja aparte.
    DM: 22 de agosto de 1953.

---

10 *PRE:* fin ¡cómo

Y vas acunadamente empujado, como mecido,
    ablandado.
Y oyes un rumor denso, como un cántico ensordecido.
Son miles de corazones que hacen un único corazón
    que te lleva.

2

  Un único corazón que te lleva.   15
Abdica de tu propio dolor. Distiende tu propio
    corazón contraído.
Un único corazón te recorre, un único latido sube
    a tus ojos,
poderosamente invade tu cuerpo, levanta tu pecho,
    te hace agitar las manos cuando ahora avanzas.
Y si te yergues un instante, si un instante levantas la
    voz,
yo sé bien lo que cantas.   20
Eso que desde todos los oscuros cuerpos casi infinitos
    se ha unido y relampagueado,
que a través de cuerpos y almas se liberta de pronto
    en tu grito,
es la voz de los que te llevan, la voz verdadera y alzada
donde tú puedes escucharte, donde tú, con asombro,
    te reconoces.
La voz que por tu garganta, desde todos los corazones
    esparcidos,   25
se alza limpiamente en el aire.

3

  Y para todos los oídos. Sí. Mírales cómo te oyen.
Se están escuchando a sí mismos. Están escuchando
    una única voz que los canta.
Masa misma del canto, se mueven como una onda.

---

24 *PRE:* tú con asombro te

Y tú sumido, casi disuelto, como un nudo de su ser
    te conoces.   30
Suena la voz que los lleva. Se acuesta como un camino.
Todas las plantas están pisándola.
Están pisándola hermosamente, están grabándola con
    su carne.
Y ella se despliega y ofrece, y toda la masa gravemente
    desfila.
Como una montaña sube. Es la senda de los que
    marchan.   35
Y asciende hasta el pico claro. Y el sol se abre sobre
    las frentes.
Y en la cumbre, con su grandeza, están todos ya
    cantando.
Y es tu voz la que les expresa. Tu voz colectiva y
    alzada.
Y un cielo de poderío, completamente existente,
hace ahora con majestad el eco entero del hombre.   40

Vagabundo continuo[66]

Hemos andado despacio, sin acabar nunca.
Salimos una madrugada, hace mucho, oh, sí, hace
      muchísimo.
Hemos andado caminos, estepas, trochas, llanazos.
Las sienes grises azotadas por vientos largos. Los
      cabellos enredados en polvo, en espinas, en
      ramas, a veces en flores.
Oímos el bramar de las fieras, en las noches, cuando
      dormíamos junto a un fuego serenador.   5
Y en los amaneceres goteantes oímos a los pájaros
      gritadores.
Y vimos gruesas serpientes dibujar su pregunta,
      arrastrándose sobre el polvo.
Y la larga y lejana respuesta de la manada de los
      elefantes.
Búfalos y bisontes, anchos, estúpidos hipopótamos,
      coriáceos caimanes, débiles colibríes.
Y las enormes cataratas donde un cuerpo humano
      caería como una hoja.   10
Y el orear de una brisa increíble.

---

[66] Apareció en *Caracola,* Málaga, Revista Malagueña de Poesía, núm. 19, mayo de 1954.
DM: 2 de septiembre de 1952.

4 *PRE:* las barbas grises

Y el cuchillo en la selva, y los blancos colmillos, y la
    enorme avenida de las fieras y de sus víctimas
    huyendo de las enllamecidas devastaciones.

Y hemos llegado al poblado. Negros o blancos,
    tristes. Hombres, mujeres.
Niños como una pluma. Una plumilla oscura, un
    gemido, quizá una sombra, algún junco.
Y una penumbra grande, redonda, en el cielo, sobre
    las chozas. Y el brujo. Y sus dientes hueros.   15

Y el tam-tam en la oscuridad. Y la llama, y el
    canto. Oh, ¿quién se queja?
No es la selva la que se queja. Son sólo sombras,
    son hombres.
Es una vasta criatura sólo, olvidada, desnuda.
Es un inmenso niño de oscuridad que yo he visto,
    y temblado.

Y luego seguir. La salida, la estepa. Otro cielo,
    otros climas.   20

Hombre de caminar que en tus ojos lo llevas.
Hombre que de madrugada, hace mucho, hace casi
    infinito, saliste.
Adelantaste tu pie, pie primero, pie desnudo. ¿Te
    acuerdas?
Y, ahora un momento inmóvil, parece que rememoras.
    Mas sigue…

---

14 *PRE:* oscura; un (…) sombra; algún
24 *HC3:* rememoras. / Mas (Se sigue *MPM* y demás ediciones).

El niño murió[67]

(Nana en la selva)

¿Quién sufre? Pasé de prisa.

¿Quién se queja? Y me detuve.

La choza estaba oscura. Y la voz: «¿Quién te quiere
    a ti, corzo mío?» Pero el niño no se callaba.

«Rey de la selva viva, rey mío.» Y el niño seguía
    llorando.

El amuleto; el lamento: la madre canta. Canta muy
    dulcemente. El niñito llora.   5

Huele a sándalo triste. Mano que mece a un niño.
    Canta. ¿Quién sueña?

---

[67] Apareció en *Cuadernos Hispanoamericanos (CH),* Madrid, núm. 41,
1953, pág. 167.
DM: 20 de octubre de 1952.

1-2 *HC2, HC3:* sin espacio interestrófico (posible errata) (Se sigue versión *HC1*).
5 *CH:* amuleto. El

El lamento largo no cesa. Dura más que la vida. El
        niñito calla. Canta la madre.

Más allá de la vida canta la madre. Duerme la selva.

El visitante[68]

Aquí también entré, en esta casa.
Aquí vi a la madre cómo cosía.
Una niña, casi una mujer (alguien diría: qué alta,
     qué guapa se está poniendo),
alzó sus grandes ojos oscuros, que no me miraban.
Otro chiquillo, una menuda sombra, apenas un
     grito, un ruidillo por el suelo,   5
tocó mis piernas suavemente, sin verme.
Fuera, a la entrada, un hombre golpeaba, confiado,
     en un hierro.

Y entré, y no me vieron.
Entré por una puerta, para salir por otra.

Un viento pareció mover aquellos vestidos.   10

Y la hija alzó su cara, sus grandes ojos vagos y
     llevó a su frente sus dedos.

Un suspiro profundo y silencioso exhaló el pecho
     de la madre.

---

[68] DM: 20 de octubre de 1952.

El niño se sintió cansado y dulcemente cerró
  los ojos.

El padre detuvo su maza y dejó su mirada en la
  raya azul del crepúsculo.

El otro dolor[69]

A veces, sentado, después de la larguísima jornada, en
    el largo camino, me tiento y casi te reconozco.
Dentro estás, dormida allí, madre mía, desde hace
    tantos años,
tendida, amorosamente sepultada, intacta en tus
    bordes.
Y ando, y no se me nota. Y digo, y tampoco.
Como el casco de una metralla que incrustado en
    el ser allí vive y, quedado, no se conoce,   5
así a veces tú, queda en mí, dentro de mi vivir me
    acompañas.
Pero muevo esta mano, y no te recuerdo.
Y pronuncio unas palabras de amor para alguien, y
    parece que lo que allí dentro está no las roza
    cuando las exhalo.
Y sigo y camino, y padezco y me afano,

---

[69] La muerte de Elvira Merlo García de Pruneda, madre del poeta,
ocurrió el 8 de marzo de 1934. Dice Leopoldo de Luis (1977, pág. 12): «Fue
el primer encuentro del poeta con la muerte, que le rondó a él mismo, y
dio origen, años más tarde, a un poema ("El otro dolor") inserto en *Historia del corazón.*»

Apareció en *ABC,* Madrid, 24 de mayo de 1953 (Véase nota a «Sombra final»).

DM: 27 de octubre de 1952.

---

5 *ABC:* vive, y,

siempre yo estuche vivo, caja viva de tu dormir, que
     mudo en mí llevo.   10

Pero a veces he sufrido y camino de prisa, y he
     tropezado y rodado, y algo me duele.
Algo que llevo dentro, aquí, ¿dónde?, en tu sereno
     vivir en mi alma, que blando se queja.
Oh, sí, cómo te reconozco. Aquí estás. ¿Te he dolido?
Hemos caído, hemos rodado juntos, madre mía
     serena, y sólo te siento porque me dueles.
Me dueles tú como una pena que mitigase otra pena,   15
como una pena que al aflorar anegase.
Y blando dolor, como una existencia que me hiciese
     bajar la cabeza hacia tu sentimiento,
se reparte por todo yo y me consuela, oh madre mía,
     oh mi antigua y mi permanente, oh tú que
     me alcanzas.
Y el otro dolor agudo, el del camino, el lacerante
     que me aturdía,
blandamente se suaviza como si una mano lo
     apaciguase,   20
mientras todo el ser anegado de tu blanda caricia
     de pena
es conciencia de ti, caja suave de ti, que me habitas.

---

18 *ABC:* oh, madre mía, oh, mi antigua y mi permanente, oh, tú, que
19-20 *ABC:* aturdía blandamente (forman un solo verso).

El viejo y el sol[70]

Había vivido mucho.
Se apoyaba allí, viejo, en un tronco, en un gruesísimo
       tronco, muchas tardes cuando el sol caía.
Yo pasaba por allí a aquellas horas y me detenía a
       observarle.
Era viejo y tenía la faz arrugada, apagados, más que
       tristes, los ojos.
Se apoyaba en el tronco, y el sol se le acercaba primero,
       le mordía suavemente los pies
y allí se quedaba unos momentos como acurrucado.   5
Después ascendía e iba sumergiéndole, anegándole,
tirando suavemente de él, unificándole en su dulce
       luz.

---

[70] Apareció en *Orígenes (O),* La Habana, año XI, núm. 35, 1954, páginas 3-4. Aunque aparece en el mismo año de publicación del libro, presenta importantes diferencias.
DM: 4 de noviembre de 1952.
Leopoldo de Luis (1978, pág. 44) dice: «(...) quién sabe si no era un
trasunto de aquel anciano abuelo Vicente, sentado en el porche de la soleada casita de Godella, aquel viejo menestral consumido a quien su padre
también llamaba padre, lo que movió la pluma del autor de *Historia del
corazón,* el día 4 de noviembre de 1952, para escribir: "El viejo y el sol"».

1-2 *O:* hay espacio interestrófico. Lo mismo entre: 2-3 / 3-4 / 4-5 / 6-7 /
8-9 / 9-10 / 11-12 / 17-18 / 18-19.
4 *PRE:* arrugada, consumida la boca; apagados,
7 *PRE:* sumergiéndolo,

¡Oh el viejo vivir, el viejo quedar, cómo se desleía!
Toda la quemazón, la historia de la tristeza, el resto
     de las arrugas, la miseria de la piel roída,   10
¡cómo iba lentamente limándose, deshaciéndose!
Como una roca que en el torrente devastador se va
     dulcemente desmoronando,
rindiéndose a un amor sonorísimo,
así, en aquel silencio, el viejo se iba lentamente
     anulando, lentamente entregando.
Y yo veía el poderoso sol lentamente morderle con
     mucho amor y adormirle   15
para así poco a poco tomarle, para así poquito a
     poco disolverle en su luz,
como una madre que a su niño suavísimamente en
     su seno lo reinstalase.

Yo pasaba y lo veía. Pero a veces no veía sino un
     sutitilísimo resto. Apenas un levísimo encaje
     del ser.
Lo que quedaba después que el viejo amoroso, el
     viejo dulce, había pasado ya a ser la luz
y despaciosísimamente era arrastrado en los rayos
     postreros del sol,   20
como tantas otras invisibles cosas del mundo.

---

9 *PRE:* quedar, ¡cómo

La oscuridad[71]

No pretendas encontrar una solución. ¡Has
    mantenido tanto tiempo abiertos los ojos!
Conocer, penetrar, indagar: una pasión que dura lo
    que la vida.
Desde que el niño furioso abre los ojos. Desde que
    rompe su primer juguete.
Desde que quiebra la cabeza de aquel muñeco y ve,
    mira el inexplicable vapor que no ven los otros
    ojos humanos.
Los que le regañan, los que dicen: «¿Ves? ¡Y te lo
    acabábamos de regalar!…»   5
Y el niño no les oye porque está mirando, quizá está
    oyendo el inexplicable sonido.

Después cuando muchacho, cuando joven.
El primer desengaño. El primer beso no correspondido.

Y luego de hombre, cuando ve sudores y penas, y
    tráfago, y muchedumbre.
Y con generoso corazón se siente arrastrado   10

---

[71] DM: 27 de agosto de 1952.

---

5 *HC2:* los que le dicen

y es una sola oleada con la multitud, con la de los
    que van como él.
Porque todos ellos son uno, uno solo: él, como él es
    todos.
Una sola criatura viviente, padecida, de la que cada
    uno, sin saberlo, es totalmente solidario.

   Y luego, separado un instante, pero con la mano
    tentando el extremo vivo donde se siente y
    hasta donde llega el latir de las otras manos,
escribir aquello o indagar esto, o estudiar en larga
    vigilia,   15
ahora con las primeras turbias gafas ante los ojos,
    ante los cansados y esperanzados y dulces
    ojos que siempre preguntan.

   Y luego encenderse una luz. Es por la tarde. Ha
    caído lentamente el sol y se dora el ocaso.
Y hay unos salpicados cabellos blancos, y la lenta
cabeza suave se inclina sobre una página.

   Y la noche ha llegado. Es la noche larga.   20
Acéptala. Acéptala blandamente. Es la hora del sueño.
Tiéndete lentamente y déjate lentamente dormir.
Oh, sí. Todo está oscuro y no sabes. Pero ¿qué
    importa?
Nunca has sabido, ni has podido saber.
Pero ya has cerrado blandamente los ojos   25
y ahora como aquel niño,
como el niño que ya no puede romper el juguete,
estás tendido en la oscuridad y sientes la suave
    mano quietísima,
la grande y sedosa mano que cierra tus cansados
    ojos vividos,
y tú aceptas la oscuridad y compasivamente te rindes.   30

El niño y el hombre[72]

A José A. Muñoz Rojas[73]

I

El niño comprende al hombre que va a ser,
y callándose, por indicios, nos muestra, como un padre,
    al hombre que apenas todavía se puede
    adivinar.
Pero él lo lleva, y lo conduce, y a veces lo desmiente
    en sí mismo, valientemente, como
    defendiéndolo.
Si mirásemos hondamente en los ojos del niño, en
    su rostro inocente y dulce,

---

[72] Apareció en *Cántico (C),* Córdoba, II Época, núm. 1, abril de 1954, primera y segunda páginas, aún sin dedicatoria.

DM: 24 de agosto de 1953.

[73] A diferencia de *Nacimiento último*, en *Historia del corazón* sólo hay, además de la general a Dámaso Alonso, dos dedicatorias: la que leemos y la de «La hermanilla», «A Conchita».

José Antonio Muñoz Rojas (Antequera, 1909) mantuvo una larguísima amistad con Vicente Aleixandre y éste le dedicó dos «encuentros»: «José Antonio Muñoz Rojas, señor andaluz» *(Los encuentros,* 1958) y «José Antonio Muñoz Rojas, entre corte y cortijo» (*Nuevos encuentros,* 1968).

Poeta de vasta y premiada labor, narrador, ensayista, entre sus títulos de poesía pueden recordarse: *Abril del alma* (vol. IV de la Colección «Adonais», 1943), *Cantos a Rosa* (1954), *Consolaciones y Lugares del corazón, Oscuridad adentro.* Merece recordarse la bellísima prosa poética de su libro *Las cosas del campo.*

---

1 *C, PRE:* ser / y

veríamos allí, quieto, ligado, silencioso,   5
al hombre que después va a estallar, al rostro
        experimentado y duro, al rostro espeso
        y oscuro
que con una mirada de desesperación nos contempla.

    Y nada podemos hacer por él. Está reducido,
        maniatado, tremendo.
Y detrás de los barrotes, a través de la pura luz de la
        tranquila pupila dulcísima,
vemos la desesperación y el violento callar, el cuerpo
        crudo y la mirada feroz,   10
y un momento nos asomamos con sobrecogimiento
para mirar el cargado y tapiado silencio que nos
        contempla.

    Sí. Por eso vemos al niño con descuidada risa
        perseguir por el parque el aro gayo de
        rodantes colores.
Y le vemos despedir de sus manos los pájaros
        inocentes.
Y pisar unas flores tímidas tan levemente que
        nunca estruja su viviente aromar.   15
Y dar gritos alegres y venir corriendo a nosotros, y
        sonreírnos
con aquellos ojos felices donde sólo apresuradamente
        miramos,
oh ignorantes, oh ligeros, la ilusión de vivir y la
        confiada llamada a los corazones.

---

    6 *C:* estallar, al hombre experimentado y
   16 *PRE:* nosotros y
   17 *Och:* miramos / oh
   18 *C, PRE:* confiada / llamada a los corazones.

2

Oh, niño, que acabaste antes de lo que nadie
        esperaba,
niño que, con una tristeza infinita de los que te
        rodeaban, acabaste en la risa.   20
Estás tendido, blanco en tu dulzura póstuma,
y un rayo de luz continuamente se abate sobre tu
        cabeza dorada.

En un momento de soledad yo me acerco.
Rubio el bucle inocente, externa y tersa aún
la aterciopelada mejilla inmóvil,   25
un halo de quietud pensativa y vigilante
en toda tu actitud de pronto se me revela.

Yo me acerco y te miro. Me acerco más y me
        asomo.
Oh, sí, yo sé bien lo que tú vigilas.
Niño grande, inmenso, que cuidas celosamente al
        que del todo ha muerto.   30
Allí está oculto, detrás de tus grandes ojos,
allí en la otra pieza callada. Allí, dormido, desligado,
        presente.
Distendido el revuelto ceño, caída la innecesaria
        mordaza rota.
Aflojado en su secreto sueño, casi dulce en su terrible
        cara en reposo.
Y al verdadero muerto, al hombre que definitivamente
        no nació,   35
el niño vigilante calladamente bajo su apariencia lo
        vela.
Y todos pasan, y nadie sabe que junto a la definitiva
        soledad del hondo muerto en su seno,
un niño pide silencio con un dedo en los labios.

---

19 C, PRE: Oh niño que
22-23 Och: sin espacio interestrófico.
30 PRE: inmenso que
32 C, PRE: Allí dormido,

III
LA REALIDAD

La realidad[74]

Sí, detenida;
nunca como desamor,
nunca huida, jamás como sueño, nunca sólo como
    el deseo.
En esta hora
del mediodía, blanca, preciosa, pura, limpísima;   5
en esta transparente hora del día completo.

Lo mismo que podría ser por la noche.
Porque siempre existes.
He soñado mucho. Toda mi vida soñando. Toda mi
    vida tentando bultos, confesando bultos.
Toda mi vida ciego dibujando personas.   10

Recuerdo aquel amor: ¿era amor?
Recuerdo aquel corazón. ¿Tenía la forma del corazón?
Recuerdo aquella música que yo pretendía escuchar
    en un pecho.
Me quedaba dormido sobre un pecho cerrado.
    Y soñaba el hermoso color del amor en el
    corazón latidero.

---

[74] DM: 3 de marzo de 1950.

Tenté bultos, indagué cuidados: 15
escuché el sonido del viento,
nocturnamente azotando, fingiendo, tomando de
          pronto la forma de un cuerpo,
adelantando una mano; y oía su voz. Y mi nombre.
          Y se oía…

Pero no oía nada.
Así, por la vida;   20
por todos los libros;
por las arenas; entre la mar; en las cuevas; debajo del
          tiempo…

Siempre soñando, o callando.
Destrozado de ropas. O vestido de nuevo.
O agolpado de pronto sobre una roca, desnudo,
          insumiso.   25

Pero engañándome.

Y hoy,
aquí, en este cuarto con sol,
con delicado sol casi doméstico;
hoy, detenido,   30
aquí, con la ventana abierta, esperando.
Pero no esperando lo que nunca llega.
Porque tú sí que llegas. Porque un instante te has
          ido y vuelves.
Vuelves, y te veo llegar sobre un fondo de pared
          blanca.
En un jardín. Y te veo llegar entre acacias muy
          verdes,   35
con olor vivo, y sonidos…

---

23 *HC1, HC2:* soñando, o callado.

Nunca como desamor,
nunca como el afán,
jamás sólo como el deseo.
Sino con tu dibujo preciso   40
que yo no tengo
que trazar
con mi sueño...

El alma[75]

El día ha amanecido.
Anoche te he tenido en mis brazos.
Qué misterioso es el color de la carne.

---

[75] Apareció en *La Isla de los Ratones (I)*, Santander, núm. 12, 1950, págs. 179-180, precedido de un fragmento autógrafo de Vicente Aleixandre.

DM: 18 de febrero de 1950.

Dice Julio Neira: «La correspondencia conservada por Arce [Manuel Arce, director de *La Isla de los Ratones*] permite reconstruir las distintas vicisitudes de esta colaboración. El día 8 de agosto, Aleixandre precisa la correcta lectura del original para que no se produzcan errores (...) Pero el día 2 de octubre comunica que no debe publicarse tal como lo había mandado, pues lo está reescribiendo. Envía otro poema para sustituirlo y da instrucciones minuciosas para evitar errores de imprenta.

"Querido Manolo: El poema que te mandé para La Isla de ningún modo quiero que salga así. He tachado una estrofa y lo he refundido, lo estoy refundiendo; de modo que lo que tú tienes no es ni vale, y no puede publicarse así. Por eso te incluyo otro para que lo sustituya. (...)

Sin embargo ya es tarde para la rectificación, pues el número de La Isla ha salido ya; y si Aleixandre no lo sabe es porque el correo había extraviado el ejemplar que Arce le había enviado. (...)".»

Al acusar recibo de la revista, muy pocos días después, el 8 de octubre, Aleixandre le agradece la publicación y felicita a M. Arce por la marcha de la revista. Y agrega: «Y contento también de que el poema "El alma" haya salido en tu revista, ya que tanto te gusta. Lo que haré en su día, en libro, es que irán dos poemas: éste y la otra versión.»

Pese a las variantes existentes entre *I* y *HCI*, no justifican la inclusión de la primera publicación en el Apéndice de Versiones Diferentes. Entre *I* y *HCI* existió una refundición del poema, como acabamos de leer, pero

Anoche, más suave que nunca:
carne casi soñada.   5
Lo mismo que si el alma al fin fuera tangible.
Alma mía, tus bordes,
tu casi luz, tu tibieza conforme...
Repasaba tu pecho, tu garganta,
tu cintura: lo terso,   10
lo misterioso, lo maravillosamente expresado.
Tocaba despacio, despacísimo, lento,
el inoíble rumor del alma pura, del alma manifestada.
Esa noche, abarcable; cada día, cada minuto, abarcable.
El alma con su olor a azucena.   15
Oh, no: con su sima,
con su irrupción misteriosa de bulto vivo.
El alma por donde navegar no es preciso
porque a mi lado extendida, arribada, se muestra
como una inmensa flor; oh, no: como un cuerpo
        maravillosamente investido.   20

    Ondas de alma..., alma reconocible.
Mirando, tentando su brillo conforme,
su limitado brillo que mi mano somete,
creo,
creo, amor mío, realidad, mi destino,   25
alma olorosa, espíritu que se realiza,
maravilloso misterio que lentamente se teje,
hasta hacerse ya como un cuerpo,

---

la desconocemos: es probable que la historia editorial, como en tantos ca-
sos, haya decidido la suerte definitiva de la página (Julio Neira, «Vicente
Aleixandre, faro en la posguerra: *La Isla de los Ratones*», en *Peña Labra*,
Santander, núm. 54, 1985, págs. 21-28).

    4-5 *I*: Anoche más suave que nunca. / Casi soñada. / Carne casi so-
ñada. / Lo
    8 *I*: conforme.
    18 *I*: alma, por
    18-19 *I*: forman un solo verso.
    19 *I*: arribada se
    21 *HC2*: alma... alma
    28 *I*: hasta ser como un cuerpo, / hasta ser un cuerpo, / comunicación

comunicación que bajo mis ojos miro formarse,
organizarse,   30
y conformemente brillar,
trasminar,
trascender,
en su dibujo bellísimo,
en su sola verdad de cuerpo advenido;   35
oh dulce realidad que yo aprieto, con mi mano, que
        por una manifestada suavidad se desliza.

   Así, amada mía,
cuando desnuda te rozo,
cuando muy lento, despacísimo, regaladamente te toco.
En la maravillosa noche de nuestro amor.   40
Con luz, para mirarte.
Con bella luz porque es para ti.
Para engolfarme en mi dicha.
Para olerte, adorarte,
para, ceñida, trastornarme con tu emanación.   45
Para amasarte con estos brazos que sin cansancio se
        ahorman.
Para sentir contra mi pecho todos los brillos,
contagiándome de ti,
que, alma, como una niña sonríes
cuando te digo: «Alma mía...»   50

Tierra del mar[76]

Habitaba conmigo allí en la colina espaciosa.
Vivíamos sobre el mar,
y muchas veces me había dicho:
«¡Oh, vivir allí los dos solos,
con riscos, cielo desnudo, verdad del sol!»   5
Y pude llevármela. Una casita colgaba
como despeñada, suspensa
en algunos poderosos brazos que nos amasen.

Allí habitábamos. Veíamos en la distancia
trepar a las cabras salvajes, dibujadas contra los
        cielos.   10

---

[76] Véase Apéndice 1: Versiones Diferentes, para la lectura del poema
según el autógrafo en poder de Leopoldo de Luis.

Apareció en *Aljaba (A),* Jaén, núms. 10-11, julio-octubre de 1953, primera página. Dice Vicente Aleixandre a José Luis Cano en carta del 13 de
agosto de 1953: «(...) Me ha escrito Ruiz Parra, el de *Aljaba,* para el número
dedicado a Andalucía (...) Acabo de mandarle un poema, "Tierra del mar".
Es largo, inspirado en Mallorca. Está en un tono realista y pertenece a la
cuarta parte de *Historia del corazón* (que tiene seis). Es curioso que se apoya
en realidad y fantasía. La base es Mallorca, pero lo que cuento de soledad
y misterio de la amada es fantasía del corazón... Lo demás es deslumbramiento. El paisaje es verdad. De Mallorca tengo otro, "En el bosquecillo",
también feliz. Todos los hice el año pasado.» (Vicente Aleixandre, *Epistolario,* 1986, pág. 118.) Véase carta a José Luis Cano (1986, pág. 118).
DM: 18 de agosto de 1951.

El rumor de la trompa lejana
parecía un trueno que se adurmiese.
Todo era vida pelada y completa.
Allí, sobre la piedra dorada por el sol bondadoso,
su forma se me aquietaba, permanecía.   15
Siempre temía verla desvanecerse.
Cuando la estrechaba en mis brazos
parecía que era sobre todo por retenerla.
¡Ah, cómo la comprobaba, suavidad a suavidad,
en aquel su tersísimo cuerpo que la ofrecía!   20

     Lo que más me sorprendía era su dulce calor.
Y el sonido de su voz,
cuando yo no la veía,
me parecía siempre que podía ser el viento contra las
          rocas.
No había árboles. Apenas algún arce, algún pino.   25
A veces se templaba una loma con un ahogado
          sofoco.
Pero el cielo poderoso vertía luz dorada, color
          fuerte, templado hálito.

     Lejos estaba el mar: añil puro.
Los cantiles tajantes parecían cuajados, petrificados
          de resplandor.
En la amarilla luz todo semejaba despedazado,   30
rodado, quedado,
desde un violento cielo de júpiter.

     Pero en la cumbre todo poseía templanza. Y ella
hablaba con dulzura, y había suavidad,
y toda la exaltación terrestre se aquietaba en aquel
          diminuto nudo de dicha.   35

_____

14 *A:* Allí sobre (...) bondadoso
19-20 *A:* Ah, (...) ofrecía.
35 *A:* terrestre / se

Había días que yo estaba solo.
Se levantaba antes que yo, y cuando yo me
      despertaba,
sólo un viento puro y templado penetraba mudo
      por la ventana.
Todo el día era así silencioso,
eterno día con la luz quedada.   40
Vagaba quizá por la altura, y cuando regresaba
      había como una larga fatiga en sus ojos.
Como un ocaso caído,
como una noche que yo no conociese.
Como si sus ojos no viesen toda aquella luz que
      nos rodeaba.

Por la noche dormía largamente, mientras yo
      vigilaba,   45
mientras yo me detenía sobre su velo intacto,
mientras su pecho no se movía.

Pero amanecer era dulce. ¡Con qué impaciencia
      lo deseaba!
Ojos claros abiertos, sonrientes vivían.
Y besos dulces parecían nacer, y un sofocado sol
      de lirio puro   50
penetraba por la ventana.

Siempre ida, venida, llegada, retenida,
siempre infinitamente espiada,
vivíamos sobre la colina sola.
Y yo sólo descansaba cuando la veía dormir
      dichosa en mis brazos,   55
en algunas largas noches de seda.

Tierra del mar que giraba sin peso,
llevando un infinito miedo del amor
y una apurada dicha hasta sus bordes.

---

37 *A:* despertaba
41 *A:* altura y
49 *A:* abiertos sonrientes

Tendidos, de noche[77]

Por eso tú,
quieta así, contemplándote,
casi escrutándote, queriendo en la noche mirar muy
        despacio el color de tus ojos.
Cogiendo tu cara con mis dos manos mientras
        tendida aquí yaces,
a mi lado, despierta, despertada, muda, mirándome.   5

Hundirme en tus ojos. Has dormido. Mirarte,
contemplarte sin adoración, con seca mirada. Como
        no puedo mirarte.
Porque no puedo mirarte sin amor.
Lo sé. Sin amor no te he visto.
¿Cómo serás tú sin amor?   10

---

[77] DM: 24 de febrero de 1950.

En *Davanti allo specchio* (Giancarlo Depretis, 1986, págs. 112-113) se
reproduce un manuscrito del poema con el título «Tendidos; de noche»,
cedido por Leopoldo de Luis. Las variantes de esta versión seguramente
anterior a la definitiva son:
  1 Por eso, a ti,
  3 mirándote, queriendo
  3-4 separación interestrófica.
  4 manos, mientras
  9 sé: Sin

A veces lo pienso. Mirarte sin amor. Verte como
     serás tú del otro lado.
Del otro lado de mis ojos. Allí donde pasas,
donde pasarías con otra luz, con otro pie,
con otro ruido de pasos. Con otro viento que
     movería tus vestidos.
Y llegarías. Sonrisa… Llegarías. Mirarte,   15
y verte como eres. Como no sé que eres.
Como no eres… Porque eres aquí la que duerme.
La que despierto, la que te tengo.
La que en voz baja dice: «Hace frío.» La que cuando
     te beso murmura
casi cristalinamente, y con su olor me enloquece.   20
La que huele a vida,
a presente, a tiempo dulce,
a tiempo oloroso.
La que señalo si extiendo mi brazo, la que recojo y
     acerco.
La que siento como tibieza estable,   25
mientras yo me siento como precipitación que huye,
que pasa, que se destruye y se quema.
La que permanece como una hoja de rosa que no
     se hace pálida.
La que me da vida sin pasar, presente,
presente inmóvil como amor, en mi dicha,   30
en este despertar y dormirse, en este amanecer,
en este apagar la luz y decir… Y callarse,
y quedarse dormido del lado del continuo olor que
     es la vida.

---

17 eres. Porque eres la que aquí duerme.
24 brazo. La

Mi rostro en tus manos[78]

Cuando me miras,
cuando a mi lado, sin moverte, sentada, suave te
    inclinas;
cuando alargas tus dos manos, suavísima, porque
    quieres, porque quisieras ahora, tocar, sí,
    mi cara.
Tus dos manos como de sueño,
que casi como una sombra me alcanzan.   5
Miro tu rostro. Un soplo de ternura te ha echado
    como una luz por tus rasgos.
Qué hermosa pareces. Más niña pareces. Y me miras.
Y me estás sonriendo.
¿Qué suplicas cuando alargando tus dos manos,
    muda, me tocas?
Siento el fervor de la sombra, del humo que vívido
    llega.   10
Qué hermosura, alma mía. La habitación, engolfada,
    quieta reposa.
Y tú estás callada, y yo siento mi rostro, suspenso,
    dulce, en tus dedos.
Estás suplicando. Como una niña te haces. Una niña
    suplica.

[78] DM: 3 de febrero de 1950.

Estás pidiendo. Se está quebrando una voz que no
      existe, y que pide.
Amor demorado. Amor en los dedos que pulsa sin
      ruido,   15
sin voces. Y yo te miro a los ojos, y miro y te oigo.
Oigo el alma quietísima, niña, que canta escuchada.
Amor como beso. Amor en los dedos, que escucho,
      cerrado en tus manos.

En el bosquecillo[79]

Así la vida es casi fácil. La vida no es tan difícil.
Es día de fiesta, nos levantamos por la mañana, y el
        mar está enfrente.
Pesada plata con luz, con lomo tranquilo.
A veces una barquilla resbala; apenas se mueve.
        Y estamos los dos asomados.
¡Qué hermoso ese cielo!   5
Cielo grande, rendido, redondo, completo. Cielo
        todo sobre las aguas.
Y salimos. Y la ciudad asciende, y arriba está verde.
        Ah, tranquilo bosque donde a veces moramos.

Largo es el día en sus troncos. Y allí
la tarde de arriba adviene. Es la luz. Tamizada
entre los pinos, pura, fresquísima.   10
Toda la idealidad se presiente invisible, más allá de
        las copas ligeras.
Pero a nosotros nos basta esta pasión serenada en
        bondad,
este alegrarse a la hora en que mirar el mar alejado
        que aguarda

---

[79] Véase nota a «Tierra del mar».
DM: 5 de junio de 1952.

---

9 *HC2:* tarde de lo alto adviene.

es casi inocencia,
es casi alegría continua que, en un instante sin
      bordes, se diera.   15

  Aquí en la eminencia, el bosquecillo, y allí abajo
      el mar desplegado, el mar contenido,
el mar en que tantas veces hemos bogado, sumos,
      en la mañana.
La tarde se cumple, y tú estás tendida, y yo veo las
      mariposas estivales,
los lentos gusanillos de colores, el diminuto insecto
      rojo que sube.
Por tu falda ruedan briznas, parecen rodar,
      descolgándose para ello, los cánticos de los
      pájaros.   20
En tu dedo brilla una mota de sangre. Pulcra
      coccinela que ha ido ascendiendo
y sobre tu uña un instante se queda y duda. Elitros
      leves,
finas alas interiores que sorprendentemente despliega.
      Vuela y se aleja
en el zumbido del bosque, puro, caliente.
Casi hubiera podido mirarla sobre tus ojos. Punto
      dormido,   25
punto encendido, allí como la vida toda, dulce en
      tus ojos.

  Y luego bajamos. Crujen las púas secas de los
      pinos bajo el pie claro.
Tarde encendida y clara. Tarde con humos.
Lejos el mar se calla. Pesa, y aún brilla.

  ¿Oyes? Sí, allá la ciudad parece lentamente
      encenderse, baja, sin ruido.   30
Y nosotros ya no nos vemos. Ven. ¡Qué ligeros!
En tu talle, la vida misma. Casi volamos.
Casi nos derrumbamos, corriendo, desde aquel
      monte, rumbo a la gloria.
Rumbo al silencio puro de ti,
oh noche.   35

El sueño[80]

Hay momentos de soledad
en que el corazón reconoce, atónito, que no ama.
Acabamos de incorporarnos, cansados: el día oscuro.
Alguien duerme, inocente, todavía sobre ese lecho.
Pero quizá nosotros dormimos... Ah, no: nos
    movemos.   5
Y estamos tristes, callados. La lluvia, allí insiste.
Mañana de bruma lenta, impiadosa. ¡Cuán solos!
Miramos por los cristales. Las ropas, caídas;
el aire, pesado; el agua, sonando. Y el cuarto,
helado en este duro invierno que, fuera, es distinto.   10

Así te quedas callado, tu rostro en tu palma.
Tu codo sobre la mesa. La silla, en silencio.
Y sólo suena el pausado respiro de alguien,
de aquella que allí, serena, bellísima, duerme
y sueña que no la quieres, y tú eres su sueño.   15

[80] DM: 23 de julio de 1952.

En el jardín[81]

¡Es tan dulce saber que nunca se enfada!

Y en su torno la vida
es graciosa.
Nunca veo, allá, venir por poniente
la tormenta morada   5
que estalle en su rostro.
Una sombra de pesar: es bastante.
«Mira: ¡los pájaros!» O: «Esa rama…»
        O: «¿Qué luce?…»
Sí. Un viento corre,
pasa, sensible,   10
oloroso.

Flores en el jardín, que ella prueba. Hay un arce.
Alto, aromático, hermoso
en su majestad juvenil. Y ella a veces
está allí paralela, esbeltísima, grácil,   15
con su templanza fragante, su novedad,
y allí dura.

---

[81] Apareció en *Clavileño*, Madrid, año I, núm. 6, noviembre-diciembre de 1950, págs. 63-64. Véase Apéndice de Versiones Diferentes para la lectura de esta publicación.
    DM: 28 de julio de 1950.

Otras veces se agita por el jardín, entre luces.
Rubio su pelo: una mano del sol con furia lo mueve...
Pero yo veo sus colores, su movimiento por el
       sendero, frontera a las rosas.   20
Y una infinita tristeza, de pronto, me llena.
Rosas, y su amor. Y sus pétalos. Flores.
Y su rostro que mira, sin tiempo, en aromas.
¡Cómo brilla y se instala, entre olores! Y es joven.

Eternamente juvenil la mañana   25
la rodea.
Su vestido ligero, traspasado por la luz, ardió. ¡Y es
       tan puro
mirarla, a ella, mientras ajena a su tenue desnudez
       va tentando
los claveles carnosos, los aéreos alhelíes, los secretos
ramos de olor invisible que sus pies van pisando!   30

Desnuda, pudorosa en la luz, el rostro instantáneo,
       sin tiempo, me mira,
y desde allá me ama, misterioso, increído.
Y un momento desgarradoramente la llamo.
Con mi voz natural. (Aquí su nombre.)
Y se acerca, se hace tocable, penetra.   35
En su ruido veraz. Rompiente, fresquísima,
y me entrega su ramo de flores.
Presente, con su olor a esta hora,
con su mano mojada, a esta hora,
con su beso —su calor—,   40
a esta hora.

La certeza[82]

No quiero engañarme.
A tu lado, cerrando mis ojos, puedo pensar otras cosas.
Ver la vida; ese cielo… La tierra; aquel hombre…
Y entonces mover esta mano,
y tentar, tentar otra cosa.   5
Y salir al umbral, y mirar. Mirar, ver, oler, penetrar,
        comulgar, escuchar. Ser, ser, estarme.
Pero aquí, amor, quieta estancia silenciosa, olor
        detenido;
aquí, por fin, realidad que año tras año he buscado.
Tú, rumor de presente quietísimo, que musicalmente
        me llena.
Resonado me hallo. ¿Cómo dejarte?   10
¿Cómo abandonarte, quietud de mi vida que
        engolfada se abre,
se recrea, espejea, se vive? Cielo, cielo en su hondura.

Por eso tú, aquí con tu nombre, con tu pelo
        gracioso, con tus ojos tranquilos,
con tu fina forma de viento,
con tu golpe de estar, con tu súbita realidad realizada
        en mi hora.   15

---

[82] DM: 1 de marzo de 1950.

Aquí, acariciada, tentada, reída, escuchada,
misteriosamente aspirada.
Aquí en la noche: en el día; en el minuto: en el siglo.
Jugando un instante con tu cabello de oro,
o tentando con mis dedos la piel delicada,   20
la del labio, la que levísima vive.

   Así, marchando por la ciudad: «¡Ten cuidado: ese
       coche!…»
O saliendo a los campos: «No es la alondra: es un
       mirlo…»
Penetrando en una habitación, agolpada de sombras,
       hombres, vestidos.
Riéndonos gozosamente entre rostros borrados.   25
Encendiendo una luz mientras tu carcajada se escucha,
tu retiñir cristalino.
O saliendo a la noche: «Mira: estrellas.» O: «¿qué
       brilla?»
«Sí; caminemos.»

   Todo en su hora, diario, misterioso, creído.   30
Como una luz, como un silencio, como un fervor
que apenas se mueve. Como un estar donde llegas.

   Por eso… Por eso callo cuando te acaricio,
cuando te compruebo y no sueño.
Cuando me sonrío con los dientes más blancos, más
       limpios, que besas.   35
Tú, mi inocencia,
mi dicha apurada,
mi dicha no consumida.

   Por eso no cierro los ojos.
Y si los cierro es dormido,   40
dormido a tu lado, tendido, sonreído, escuchado,
       más besado, en tu sueño.

IV
LA MIRADA INFANTIL

Al colegio[83]

Yo iba en bicicleta al colegio.
Por una apacible calle muy céntrica de la noble
    ciudad misteriosa.
Pasaba ceñida de luces, y los carruajes no hacían ruido.
Pasaban majestuosos, llevados por nobles alazanes
    o bayos, que caminaban con eminente porte.
¡Cómo alzaban sus manos al avanzar, señoriales,
    definitivos,   5
no desdeñando el mundo, pero contemplándolo
desde la soberana majestad de sus crines!
Dentro, ¿qué? Viejas señoras, apenas poco más que
    de encaje,
chorreras silenciosas, empinados peinados, viejísimos
    terciopelos:
silencio puro que pasaba arrastrado por el lento tronco
    brillante.   10

---

[83] DM: 9 de diciembre de 1952.
    Leopoldo de Luis (1978, págs. 69-70) nos explica que, instalada la familia Aleixandre en Madrid (marzo de 1909): «la geografía urbana que Aleixandre iba a frecuentar se escorza por la Castellana y el Prado, hasta la Carrera de San Jerónimo, se detiene en la esquina de la calle Ventura de la Vega, junto a la casa del desaparecido Hotel de Rusia, donde estaba el Colegio Teresiano, para regresar en un orden inverso. (...) El niño recorría aquel itinerario en bicicleta».

---

4 *HC2:* bayos que

Yo iba en bicicleta, casi alado, aspirante.
Y había anchas aceras por aquella calle soleada.
En el sol, alguna introducida mariposa volaba sobre
        los carruajes y luego por las aceras
sobre los lentos transeúntes de humo.
Pero eran madres que sacaban a sus niños más chicos.   15
Y padres que en oficinas de cristal y sueño…
Yo al pasar los miraba.
Yo bogaba en el humo dulce, y allí la mariposa no
        se extrañaba.
Pálida en la irisada tarde de invierno,
se alargaba en la despaciosa calle como sobre un
        abrigado valle lentísimo.   20
Y la vi alzarse alguna vez para quedar suspendida
sobre aquello que bien podía ser borde ameno de
        un río.
Ah, nada era terrible.
La céntrica calle tenía una posible cuesta y yo
        ascendía, impulsado.
Un viento barría los sombreros de las viejas señoras.   25
No se hería en los apacibles bastones de los caballeros.
Y encendía como una rosa de ilusión, y apenas de
        beso, en las mejillas de los inocentes.
Los árboles en hilera eran un vapor inmóvil,
        delicadamente
suspenso bajo el azul. Y yo casi ya por el aire,
yo apresurado pasaba en mi bicicleta y me sonreía…   30
y recuerdo perfectamente
cómo misteriosamente plegaba mis alas en el umbral
        mismo del colegio.

---

20 *HC2:* como por un
28 *HC1, HC2, HC3:* era (errata).

La clase[84]

Como un niño que en la tarde brumosa va
    diciendo su lección y se duerme.
Y allí sobre el magno pupitre está el mudo profesor
    que no escucha.

---

[84] DM: 13 de enero de 1953.

Las referencias a «la clase», a «el más pequeño», atravesadas por la ternura y la nostalgia que inspira la lejana infancia paradisíaca, en Málaga, son recuerdos compartidos con otro compañero de infancia y generación: Emilio Prados. Así dice Vicente Aleixandre a Emilio Prados, en carta (inédita) del 16 de septiembre de 1954, escrita desde Miraflores, en la que el poeta recuerda el último verso de este poema, uno de los *leitmotiv* de la correspondencia Aleixandre-Prados:

«Mi queridísimo Emilio: Calla, malísima persona, que dices que no te escribo. Te escribo siempre, y tanto, y tantas veces que cuando llega tu carta no sé cuál de los dos la ha escrito. Pero, mira, te estoy escribiendo aquí en Miraflores, donde todavía estoy y donde me llegaste con tus cartas. Solísimo Emilio. Emilioto, como yo te llamaba tanto, y te llamo. El "abolido profesor" aquél, ¿te acuerdas? ¿Qué tendría aquella sala grande (que sería mucho más chica que como tú y yo la vemos) que así nos hizo y nos dejó? "El abolido profesor que allí sueña". "Con tu babero de mallorquín a rayas blancas y azules". Así me decías tú en la primera carta que me escribiste preguntándome si yo era aquel chiquillo que era tu amigo. Calle Granada. ¡Dios mío! Voy a volver seguramente este año, es decir en Febrero, a Málaga. Falto cinco años (entonces serán seis) y me voy a pasear contigo por aquella calle. El niño que iba en bicicleta o el del Monte de Sancha y Pedregalejo, y la calle, no, la Alameda de Carlos Haes núm. 6. Ya no se llama así, sino calle Córdoba, y los jóvenes no saben que se llamaba Alameda de Carlos Haes. ¡Cuánto olvida la gente! Yo en cambio no olvido nada. A mí todo se me graba a fuego y no olvido nunca, nunca.

293

Y ha entrado en la última hora un vapor leve,
    porfiado,
pronto espesísimo, y ha ido envolviéndolos a todos.
Todos blandos, tranquilos, serenados, suspiradores,   5
ah, cuán verdaderamente reconocibles.
Por la mañana han jugado,
han quebrado, proyectado sus límites, sus ángulos,
    sus risas, sus imprecaciones, quizá sus lloros.
Y ahora una brisa inoíble, una bruma, un silencio,
    casi un beso, los une,
los borra, los acaricia, suavísimamente los recompone.   10
Ahora son como son. Ahora puede reconocérseles.
Y todos en la clase se han ido adurmiendo.
Y se alza la voz todavía, porque la clase dormida se
    sobrevive.
Una borrosa voz sin destino, que se oye y que no se
    supiera ya de quién fuese.

    Y existe la bruma dulce, casi olorosa, embriagante,   15
y todos tienen su cabeza sobre la blanda nube que
    los envuelve.
Y quizá un niño medio se despierta y entreabre los
    ojos,
y mira y ve también el alto pupitre desdibujado
y sobre él el bulto grueso, casi de trapo, dormido, caído,
del abolido profesor que allí sueña.   20

Yo creo que esto es una desgracia. No olvidar a nadie, no olvidar nada,
llevarlo todo consigo. Toda la larga historia de mi vida, la vida del corazón, historiada, arrastrada, acompañada hasta que me siente por última
vez y no me levante. Tú, Emilioto, eres el último testigo, el más antiguo,
el primero y serás el último también. (...)»
    Cuando *Cuadernos de Ágora,* dirigida por Concha Lagos, organiza el
Homenaje al «sesentón» Vicente Aleixandre (29-30, marzo-abril de 1959),
Emilio Prados escribe, con el título de esta sección de *Historia del cora-*
zón, «La mirada infantil» (pág. 10). En el poema se van hilvanando algunos versos de «La clase» (los versos 1, 2, 3-4, 13-14, 15-16, 17) con los de
Prados: «cada uno con su palabrilla», como le dirá alborozado el mismo
Aleixandre a su amigo, en carta del 12 de mayo de 1959 (inédita). *(Co-*
rrespondencia de Vicente Aleixandre a la generación del 27, ed. Irma Emiliozzi, Castalia. En prensa).

La hermanilla[85]

A Conchita

Tenía la naricilla respingona, y era menuda.
¡Cómo le gustaba correr por la arena! Y se metía en
     el agua,
y nunca se asustaba.
Flotaba allí como si aquél hubiera sido siempre su
     natural elemento.
Como si las olas la hubieran acercado a la orilla,   5
trayéndola desde lejos, inocente en la espuma, con
     los ojos abiertos bajo la luz.
Rodaba luego con la onda sobre la arena y se reía,
     risa de niña en la risa del mar,
y se ponía de pie, mojada, pequeñísima,
como recién salida de las valvas de nácar,
y se adentraba en la tierra,   10
como en préstamo de las olas.

---

[85] DM: 31 de diciembre de 1952.
HC1, HC2, PRE: aún sin dedicatoria.

6 *PRE:* lejos, / inocente

    ¿Te acuerdas?
Cuéntame lo que hay allí en el fondo del mar.
Dime, dime, yo le pedía.
No recordaba nada.   15
Y riendo se metía otra vez en el agua
y se tendía sumisamente sobre las olas.

_____

    13-14 *PRE:* mar; / dime,

El niño raro[86]

Aquel niño tenía extrañas manías.
Siempre jugábamos a que él era un general
que fusilaba a todos sus prisioneros.

Recuerdo aquella vez que me echó al estanque
porque jugábamos a que yo era un pez colorado.   5

Qué viva fantasía la de sus juegos.
Él era el lobo, el padre que pega, el león, el hombre
      del largo cuchillo.

Inventó el juego de los tranvías,
y yo era el niño a quien pasaban por encima las
      ruedas.

Mucho tiempo después supimos que, detrás de
      unas tapias lejanas,   10
miraba a todos con ojos extraños.

---

[86] DM: diciembre de 1952.

1-2 *HC2:* separación interestrófica.

«Violeta»[87]

Aquel grandullón retador lo decía.
«Violeta.» Y una calleja oscura.
Violeta… Una flor… ¿Pero un nombre?
Y decía, y contaba. Y el niño chico casi no lo entendía.
Cuando él se acercaba, los mayores no se callaban.   5
Ah, aquella flor oscura, seductora, misteriosa,
          embriagante,
con un raro nombre de mujer…
«Violeta»… Y en el niño rompía un extraño olor a
          clavel reventado.
Y el uno decía: «Fui…» Y el otro: «Llegaba…»

---

[87] DM: 14 de enero de 1953.
   Con el título «En negro y blanco *(Violeta)*» Vicente Aleixandre incluyó
en *Retratos con nombre* (1968, pág. 1042) una reelaboración de este retrato.
En carta del 23 de agosto de 1963, escrita desde Miraflores, dice Vicente
Aleixandre a José Luis Cano: «Acabo de escribir un poema "A Violeta" (es
el nombre de aquella puta, te acordarás, que figuraba en la parte "La mirada infantil" de *Historia del corazón*). Forma parte de estos poemas a personas que escribo ahora.» (1986, pág. 203.)
   Dice Leopoldo de Luis (1978, pág. 73): «Los primeros años de bachillerato [de Vicente Aleixandre] asócianse, por lo común, con el primer ci-
garrillo consumido entre bascas y con el inicial entrever del secreto tema
sexual. (…) A la salida de las clases, ya en la calle Ventura de la Vega, los
alumnos de segundo curso del Colegio Teresiano escuchan absortos (…)
las explicaciones picarescas de un alumno de sexto. Al cabo de más de cuarenta años (el 14 de enero de 1953) el poeta reflejará así aquella experiencia del niño: "Violeta".»

Y un rumor más bisbiseante. Y la gran carcajada
      súbita, 10
la explosión, casi hoguera, de una como indecente
      alegría superior
que exultase.
Y el niño, diminuto, escuchaba.
Como si durmiese bajo su inocencia, bajo un río
      callado.
Y nadie le veía y dormía. 15
Y era como si durmiese y pasase leve, bajo las aguas
      buenas que le llevaban.

El más pequeño[88]

Es el más pequeño de todos, el último.
Pero no le digáis nada; dejadle que juegue.
Es más chico que los demás, y es un niño callado.
Al balón apenas si puede darle con su bota pequeña.
Juega un rato y luego pronto le olvidan.   5
Todos pasan gritando, sofocados, enormes,
y casi nunca le ven. Él golpea una vez,
y después de mucho rato otra vez,
y los otros se afanan, brincan, lucen, vocean.
La masa inmensa de los muchachos, agolpada, rojiza.   10
Y pálidamente el niño chico los mira
y mete diminuto su pie pequeño,
y al balón no lo toca.
Y se retira. Y los ve. Son jadeantes,
son desprendidos quizá de arriba, de una montaña,   15

---

[88] DM: 13 de enero de 1953.

Ya en «Emilio Prados (Retrato en redondo)», de 1927, incluido después en *Nacimiento último* (véase nota 22, pág. 150), la primera página de
Vicente Aleixandre dedicada a su amigo de la infancia, se retrata a un ser
delicado, débil, y puro, luminoso, elemental o paradisíaco, como reitera
ahora en las imágenes de «El más pequeño». En 1958 incluye Aleixandre
en *Los encuentros* la bellísima prosa «Emilio Prados, niño de Málaga»
(1968, págs. 1211-1214) en la que está toda la historia de la compartida niñez en la «ciudad del paraíso», y el reencuentro, primero epistolar, en 1926,
y luego físico, otra vez en Málaga, en 1929.

son quizá un montón de roquedos que llegó
      ruidosísimo
de allá, de la cumbre.

    Y desde el quieto valle, desde el margen del río
el niño chico no los contempla.
Ve la montaña lejana. Los picachos, el cántico de los
      vientos.   20
Y cierra los ojos, y oye
el enorme resonar de sus propios pasos gigantes por
      las rocas bravías.

La joven[89]

Tiene ojos grandes, empañados, hondos de dulzura
    y cariño.
Y una boca fresquísima, tantas veces extensa en su
    grito claro.
Y me habla. Y de pronto se calla. O comienza a
    contarme un cuento.
Es mucho mayor que yo. Y cuando sale conmigo
—porque algunas tardes, al pasar, dice: «¿Vienes
    conmigo?»—,   5
casi nunca me lleva de la mano. «Anda: ¡corre!»
Pero yo no quiero correr.
Dime…Y la mirada espía
aquel silencio en que a veces se queda,
y aquella sonrisa súbita como si de pronto llegase,   10
como si de pronto mirase y estuviese.
Y siento que sus ojos sonrientes están saludándome.
No, antes no estaba.
Antes iba conmigo, pero no estaba.
Es mayor, es muy alta. Y yo miro su frente,   15
su erguida cabeza, todo allí, todo alto.
Y desde allí me sonríe. Pero sé está conmigo.
Y nos sentamos en el campo. Ahora sí…

[89] DM: 26 de enero de 1953.

Ah, sí, aquí conmigo.
Jugamos a algo. Mas miro   20
aquellos ojos que son como el mar. Sin saberlo
                    refresco
allí la gozosa infancia, allí bebo
la brisa pura de la mar. Son azules.
Y el niño siente la brisa salada…
Pero ¿qué pasa? Sí, llora.   25
¿Dónde, dónde llora? Porque no aquí conmigo.
Llora en su cabeza erguida, en sus solitarios ojos
                    de mujer.
Y el niño —qué pequeño— la mira,
derribado, lejanísimo, mientras ella se levanta
rehusada en su altura, y cogiéndome   30
se aleja, sin mí, sí, llevándome
de la mano, y avanza, en su bellísima figura de
                    mujer sola.

En el lago[90]

Por la ciudad callada el niño pasa.
No hacen ruido las voces, ni los pasos.
Es un niño pequeño en su bicicleta.
Atraviesa la calle majestuosa, enorme, cruzada por
        los lentos tranvías.
Y sortea carruajes, carros finos, cuidados.   5
Y va suavemente con las manos al aire, casi dichoso.
De pronto, ¿qué? Sí, el gran parque
que se lo traga.
¡Cómo pedalea por la avenida central, rumbo al lago!
Y el niño quisiera entrar en el agua, y por allí
        deslizarse, ligero sobre la espuma.   10
(¡Qué maravillosa bicicleta sobre las aguas, rauda
        con su estela levísima!
¡Y qué desvariar por las ondas, sin pesar, bajo cielos!…)
Pero el niño se apea junto al lago. Una barca.
Y rema dulcemente, muy despacio, y va solo.
Allí la estatua grande sobre la orilla, y en la otra
        orilla el sueño bajo los árboles.   15
Suena el viento en las ramas, y el niño se va acercando.

[90] Apareció en *Ínsula*, Madrid, año VIII, núm. 87, 15 de marzo de 1953,
pág. 3, con el título «El lago», y sin ninguna otra variante.
    DM: 26 de enero de 1953.

Es el verano puro de la ciudad, y suena el viento
        allí quedamente.
Sombras, boscaje, oleadas de sueño que cantan dulces.
Y el niño solo se acerca y rema, rema muy quedo.
Está cansado y es leve. Qué bien la sombra bajo
        los árboles.   20
Ah, qué seda o rumor... Y los remos penden,
        meciéndose.
Y el niño está dormido bajo las grandes hojas,
y sus labios frescos sueñan..., como sus ojos.

Una niña cruzaba[91]

Éramos aún niños los dos,
y ella se cruzaba conmigo
en aquel monte verde por donde yo pasaba todos
      los días.
Ni una palabra. Pájaros y rumores. Y el eco de la
      mar allí cerca.
¡Ah, la mañana como una risa blanca que se extendiese!   5
Yo pasando, ligerísimo, sumo, casi vibrátil, rumbo al
      mar de allá abajo.
O rumbo a aquel sorprendente nudo de luz que
      cruzaba.
Un cabello, un rizo puro de resplandor, una idea
limpia: una niña; algo que no se tocara
y que todavía, en mí, sonriera mucho tiempo
      después de haberla pasado.   10

¿Cómo te llamas? Nunca lo pregunté. Su gran lazo
eran las recientes alas plegadas. Y nunca
me extrañé de no verla en el instante antes, posándose
generosa a mi lado, aunque sí comprendía
que su ligero cuerpo aún traía el envite del vuelo
      cuando a pie me cruzaba.   15

---

[91] DM: 19 de enero de 1953.

Sí, se perdía, y unos pasos más allá, sí, lo sé,
      levantaba
su luz, su cuerpo ingrave y tomaba
sesgadamente ahora su vuelo,
en una dulce curva de rumor que rondase
al paso apresurado, estremecido, con que yo descendía   20
aturdido hacia el mar, despeñado desde el alto monte
      de mi delicia.

V
LOS TÉRMINOS

La explosión[92]

Yo sé que todo esto tiene un nombre: existirse.
El amor no es el estallido, aunque también
      exactamente lo sea.
Es como una explosión que durase toda la vida.
Que arranca en el rompimiento que es conocerse y
      que se abre, se abre,
se colorea como una ráfaga repentina que, trasladada
      en el tiempo,   5
se alza, se alza y se corona en el transcurrir de la vida,
haciendo que una tarde sea la existencia toda, mejor
      dicho, que toda la existencia sea como una
      gran tarde,
como una gran tarde toda del amor, donde toda
la luz se diría repentina, repentina en la vida entera,
hasta colmarse en el fin, hasta cumplirse y coronarse
      en la altura   10
y allí dar la luz completa, la que se despliega y traslada
como una gran onda, como una gran luz en que los
      dos nos reconociéramos.

---

[92] Apareció en *Cuadernos Hispanoamericanos (CH),* Madrid, núm. 41,
1953, págs. 167-168.
    DM: 22 de enero de 1952.

---

   5 *CH:* repentina, que,

Toda la minuciosidad del alma la hemos recorrido.
Sí, somos los amantes que nos quisiéramos una tarde.
La hemos recorrido, ese alma, minuciosamente, cada
       día sorprendiéndonos con un espacio más.   15
Lo mismo que los enamorados de una tarde, tendidos,
revelados, van recorriendo su cuerpo luminoso, y se
       absorben,
y en una tarde son y toda la luz se da y estalla, y se
       hace,
y ha sido una tarde sola del amor, infinita,
y luego en la oscuridad se pierden, y nunca ya se
       verán, porque nunca se reconocerían…   20

Pero esto es una gran tarde que durase toda la vida.
       Como tendidos,
nos existimos, amor mío, y tu alma,
trasladada a la dimensión de la vida, es como un
       gran cuerpo
que en una tarde infinita yo fuera reconociendo.
Toda la tarde entera del vivir te he querido.   25
Y ahora lo que allí cae no es el poniente, es sólo
la vida toda lo que allí cae; y el ocaso
no es: es el vivir mismo el que termina,
y te quiero. Te quiero y esta tarde se acaba,
tarde dulce, existida, en que nos hemos ido queriendo.   30
Vida que toda entera como una tarde ha durado.
Años como una hora en que he recorrido tu alma,
descubriéndola despacio, como minuto a minuto.
Porque lo que allí está acabando, quizá, sí, sea la vida.
Pero ahora aquí el estallido que empezó se corona   35
y en el colmo, en los brillos, toda estás descubierta,
y fue una tarde, un rompiente, y el cenit y las luces
en alto ahora se abren del todo, y aquí estás:
       ¡nos tenemos!

---

20 *CH:* verán; porque (…) reconocerían.
22 *CH:* alma / trasladada
23 *CH:* vida es
38 *HC1, HC2, HC3:* de todo, (probable errata; se sigue versión *CH*
y *MPM*).

No queremos morir[93]

Los amantes no tienen vocación de morir.
    «¿Moriremos?»
Tú me lo dices, mirándome absorta con ojos grandes:
    «¡Por siempre!»
«Por siempre», «nunca»: palabras
que los amantes decimos, no por su vano sentido
    que fluye y pasa,
sino por su retención al oído, por su brusco tañir y
    su vibración prolongada,
que acaba ahora, que va cesando…, que dulcemente   5
    se apaga como una extinción en el sueño.

No queremos morir, ¿verdad, amor mío? Queremos
    vivir cada día.
Hacemos proyectos vagos para cuando la vejez venga.
    Y decimos:
«Tú siempre serás hermosa, y tus ojos los mismos;
ah, el alma allí coloreada, en la diminuta pupila,   10
quizá en la voz… Por sobre la acumulación de la vida,
por sobre todo lo que te vaya ocultando
—si es que eso sea ocultarte, que no lo será, que no
    puede serlo—, yo te reconoceré siempre.»

***

[93] DM: 15 de enero de 1952.

Allí saldrás, por el hilo delgado de la voz, por el
       brillo nunca del todo extinto de tu
       diminuto verdor en los ojos,
por el calor de la mano reconocible, por los besos
       callados.   15
Por el largo silencio de los dos cuerpos mudos, que
       se tientan, conocen.
Por el lento continuo emblanquecimiento de los
       cabellos, que uno a uno haré míos.
Lento minuto diario que hecho gota nos une,
nos ata. Gota que cae y nos moja; la sentimos: es una.

   Los dos nos hemos mirado lentamente.   20
¡Cuántas veces me dices: «No me recuerdes los años»!
Pero también me dices, en las horas del recogimiento
       y murmullo:
«Sí, los años son tú, son tu amor. ¡Existimos!»
Ahora que nada cambia, que nada puede cambiar,
       como vida misma, como yo, como juntos…
Lento crecer de la rama, lento curvarse, lento
       extenderse; lento,   25
al fin, allá lejos, lento doblarse. Y densa rama con
       fruto, tan cargada, tan rica
—tan continuadamente juntos: como un don, como
       estarse—,
hasta que otra mano que sea, que será, la recoja,
más todavía que como la tierra, como amor, como
       beso.

Con los demás[94]

Extraña sensación cuando vemos a nuestra amada
con otras gentes que quizá no lo saben.

Nos mira con ojos grandes, ojos absortos, dulces.
Allí impresos todavía están los besos, los favores, los
      largos silencios.
Están aquellas horas fervientes, cuando inclinados
      sobre el tendido dibujo murmuramos apenas.   5
Las largas navegaciones quietas en el cuarto del amor,
      los envíos,
las altas mareas, las briosas constelaciones fúlgidas
      que han visto al cuarto bogar.
Y están la música de las olas, los lentos arribos, el
      sueño quieto en la costa del alba;
y el despertar en la playa encontrada, y el salto desde
      el sueño a la orilla,
y el salir mucho después juntos por la ciudad, y el
      llevar todo,   10
y el escuchar todavía, en el tráfago de las calles, el
      eco apagado, en el oído encendido,
del largo clamor inmóvil de las espumas de la
      navegación infinita, en las relucientes
      noches de altura.

---

[94] DM: octubre de 1951.

Y el alma, allí rodeada, nos mira como con sólo amor,
y ofrece, en los ojos impresos besos largos, designios,
    silencios largos, estelas…

    Y hoy en medio de los otros, nos encontramos.
        ¿Tú me miras? Te veo.   15
Ellos no te conocen. Hablan. Mueven. Oscilan.
Déjalos. Tú les dices. Pero tu alma cambia
largos besos conmigo, mientras hablas, y escuchan.
No importa. Sí, te tengo, cuerpo hermoso, y besamos
y sonreímos, y: «Toma, amor; toma, dicha.»
        Pronuncian,   20
insisten, quizá ceden, argumentan, responden.
        No sé lo que les dices.
Pero tú estás besando. Aquí, cara a cara, con
        hermosos sonidos,
con largos, interminables silencios de beso sólo,
con estos abrazos lentos de los dos cuerpos vivos,
de las dos almas mudas que fundidas se cantan   25
y con murmullos lentos se penetran, se absortan.

    Todos callan. Los muertos. Los salvados. Vivimos.

Difícil[95]

¿Lo sabes? Todo es difícil. Difícil es el amor.
Más difícil su ausencia. Más difícil su presencia o
       estancia.
Todo es difícil... Parece fácil y qué difícil es
repasar el cabello de nuestra amada con estas manos
       materiales que lo estrujan y obtienen.
Difícil, poner en su boca carnosa el beso estrellado
       que nunca se apura.   5
Difícil, mirar los hondos ojos donde boga la vida,
y allí navegar, y allí remar, y allí esforzarse,
y allí acaso hundirse sintiendo la palpitación en la
       boca, el hálito en esta boca
donde la última precipitación diera un nombre o la
       vida.

Todo es difícil. El silencio. La majestad. El coraje: 10
el supremo valor de la vida continua.
Este saber que cada minuto sigue a cada minuto,
y así hasta lo eterno.
Difícil, no creer en la muerte; porque nadie cree en
       la muerte.

---

[95] DM: 7 de enero de 1952.

3 *HC2:* Todo difícil...

Hablamos de que morimos, pero no lo creemos.   15
Vemos muertos, pisamos
muertos: separamos
los muertos. ¡Sí, nosotros vivimos!
Muchas veces he visto
esas hormigas, las bestezuelas tenaces viviendo,   20
y he visto una gran bota caer y salvarse muy pocas.
Y he visto y he contado las que seguían, y su divina
        indiferencia,
y las he mirado apartar a las muertas y seguir afanosas,
y he comprendido que separaban a sus muertos como
        a las demás sobrevenidas piedrecillas del campo.

    Y así los hombres cuando ven a sus muertos   25
y los entierran, y sin conocer a los muertos viven,
        aman, se obstinan.

    Todo es difícil. El amor. La sonrisa. Los besos de
        los inocentes que se enlazan y funden.
Los cuerpos, los ascendimientos del amor, los castigos.
Las flores sobre su pelo. Su luto otros días.
El llanto que a veces sacude sus hombros. Su risa o
        su pena.
Todo: desde la cintura hasta su fe en la divinidad;   30
desde su compasión hasta esa gran mano enorme y
        extensa donde los dos nos amamos.

    Ah, rayo súbito y detenido que arriba no veo.
Luz difícil que ignoro, mientras ciego te escucho.

    A ti, amada mía difícil que cruelmente,
        verdaderamente me apartarás con
        seguridad del camino
                                                                      35
cuando yo haya caído en los bordes, y en verdad
        no lo creas.

Comemos sombra[96]

Todo tú, fuerza desconocida que jamás te explicas.
Fuerza que a veces tentamos por un cabo del amor.
Allí tocamos un nudo. Tanto así es tentar un cuerpo,
un alma, y rodearla y decir: «Aquí está.» Y repasamos
     despaciosamente,
morosamente, complacidamente, los accidentes de una
     verdad que únicamente por ellos se nos
     denuncia.   5
Y aquí está la cabeza, y aquí el pecho, y aquí el talle
     y su huida,
y el engolfamiento repentino y la fuga, las dos largas
     piernas dulces que parecen infinitamente
     fluir, acabarse.
Y estrechamos un momento el bulto vivo.
Y hemos reconocido entonces la verdad en nuestros
     brazos, el cuerpo querido, el alma escuchada,
el alma avariciosamente aspirada.   10

---

[96] Apareció en *Orígenes (O)*, La Habana, año X, núm. 33, 1953, páginas 35-36.
DM: 13 de febrero de 1952.

---

5 *O:* complacidamente los
5-6 *Och:* hay espacio interestrófico.
6 *O:* pecho y
9 *Och:* verdad de nuestros (errata salvada por Aleixandre en el ejemplar dedicado a Claudio Rodríguez).

¿Dónde la fuerza entonces del amor? ¿Dónde la
        réplica que nos diese un Dios respondiente,
un Dios que no se nos negase y que no se limitase
        a arrojarnos un cuerpo, un alma que por él
        nos acallase?
Lo mismo que un perro con el mendrugo en la boca
        calla y se obstina,
así nosotros, encarnizados con el duro resplandor,
        absorbidos,
estrechamos aquello que una mano arrojara.   15
Pero ¿dónde tú, mano sola que haría
el don supremo de suavidad con tu piel infinita,
con tu sola verdad, única caricia que, en el jadeo, sin
        términos nos callase?

Alzamos unos ojos casi moribundos. Mendrugos,
panes, azotes, cólera, vida, muerte: 20
todo lo derramas como una compasión que nos dieras,
como una sombra que nos lanzaras, y entre los dientes
        nos brilla
un eco de un resplandor, el eco de un eco de un eco
        del resplandor,
y comemos.
Comemos sombra, y devoramos el sueño o su sombra,
        y callamos.   25
Y hasta admiramos: cantamos. El amor es su nombre.

Pero luego los grandes ojos húmedos se levantan.
        La mano
no está. Ni el roce
de una veste se escucha.
Sólo el largo gemido, o el silencio apresado.   30
El silencio que sólo nos acompaña
cuando, en los dientes la sombra desvanecida,
        famélicamente de nuevo echamos a andar.

26-27 *O:* sin espacio interestrófico.
27 *HC3:* levantan. La / mano no (errata. Se siguen las demás versiones, incluida *MPM).*

Entre dos oscuridades, un relámpago[97]

> *Y no saber adónde vamos, ni de*
> *dónde venimos*
>
> RUBÉN DARÍO

Sabemos adónde vamos y de dónde venimos. Entre
    dos oscuridades, un relámpago.
Y allí, en la súbita iluminación, un gesto, un único gesto,
una mueca más bien, iluminada por una luz de estertor.

Pero no nos engañemos, no nos crezcamos. Con
    humildad, con tristeza, con aceptación,
    con ternura,
acojamos esto que llega. La conciencia súbita de una
    compañía, allí en el desierto.   5
Bajo una gran luna colgada que dura lo que la vida,
    el instante del darse cuenta entre dos infinitas
    oscuridades,
miremos este rostro triste que alza hacia nosotros
    sus grandes ojos humanos,
y que tiene miedo, y que nos ama.

---

[97] Apareció en *Cuadernos Hispanoamericanos (CH)*, Madrid, núm. 41, 1953, págs. 164-165.

    DM: 6 de agosto de 1952.

    Vicente Aleixandre, probablemente citando de memoria, funde los dos versos finales de «Lo fatal» de *Cantos de Vida y Esperanza* de Rubén Darío, en uno solo, dándole categoría de oración independiente y obviando signos de exclamación y puntos suspensivos finales.

Y pongamos los labios sobre la tibia frente y rodeemos
con nuestros brazos el cuerpo débil, y temblemos,   10
temblemos sobre la vasta llanura sin términos donde
    sólo brilla la luna del estertor.

  Como en una tienda de campaña,
que el viento furioso muerde, viento que viene de las
    hondas profundidades de un caos,
aquí la pareja humana, tú y yo, amada, sentimos las
    arenas largas que nos esperan.
No acaban nunca, ¿verdad? En una larga noche, sin
    saberlo, las hemos recorrido;   15
quizá juntos, oh, no, quizá solos, seguramente solos,
    con un invisible rostro cansado desde el
    origen, las hemos recorrido.
Y después, cuando esta súbita luna colgada bajo la
    que nos hemos reconocido
se apague,
echaremos de nuevo a andar. No sé si solos, no sé si
    acompañados.
No sé si por estas mismas arenas que en una noche
    hacia atrás de nuevo recorreremos.   20

  Pero ahora la luna colgada, la luna como
    estrangulada, un momento brilla.
Y te miro. Y déjame que te reconozca.
A ti, mi compañía, mi sola seguridad, mi reposo
    instantáneo, mi reconocimiento expreso
    donde yo me siento y me soy.
Y déjame poner mis labios sobre tu frente tibia —oh,
    cómo la siento—.
Y un momento dormir sobre tu pecho, como tú
    sobre el mío,   25
mientras la instantánea luna larga nos mira y con
    piadosa luz nos cierra los ojos.

---

   9 *CH:* frente, y
  16 *CH:* juntos, oh no,
  17-18 *CH:* forman un solo verso.
  23 *CH:* ti, mi compañera, mi
  24 *CH:* siento.

Ante el espejo[98]

Como un fantasma que de pronto se asoma
y entre las cortinas silenciosas adelanta su rostro y nos
      mira,
y parece que mudamente nos dijera...

Así tú ahora, mientras sentada ante el vidrio elevas
      tus brazos,
componiendo el cabello que, sin brillo, organizas.   5
Desde tu espalda te he mirado en el espejo.
Cansado rostro, cansadas facciones silenciosas
que parecen haberse levantado tristísimas como
      después de un largo esfuerzo que hubiese
      durado el quedar de los años.
Como un cuerpo que un momento se distendiese
después de haber sufrido el peso de la larguísima
      vida,   10
y un instante se mirase en el espejo y allí se
      reconociera...,

[98] Apareció en *Alfoz (A)*, Córdoba, año II, núm. 7, marzo-abril de 1953, s. pág.
DM: 18 de julio de 1952.

9-10 *A:* forman un solo verso.
11 *A:* reconociera,
11-12 *A:* sin espacio interestrófico.

así te he visto a ti, cansada mía, vivida mía,
que día a día has ido llevando todo el peso de tu vivir.
A ti, que sonriente y ligera me mirabas cada mañana
        como reciente, como si la vida de los dos
        empezase.
Despertabas, y la luz entraba por la ventana, y me
        mirabas   15
y no sé qué sería pero todos los días amanecías joven
        y dulce.
Y hoy mismo, esta mañana misma, me has mirado
        riente,
serena y leve, asomándote y haciéndome la mañana
        graciosamente desconocida.
Todos los días nuevos eran el único día. Y todos
los días sin fatigarte tenías tersa la piel, sorprendidos
        los ojos,   20
fresca la boca nueva y mojada de algún rocío la voz
        que se levantaba.

    Y ahora te miro. De pronto a tu espalda te he
        mirado.
Qué larga mirada has echado sobre el espejo donde
        te haces.
Allí no estabas. Y una sola mujer fatigada, cansada
        como por una larga vigilia que durase
        toda la vida,
se ha mirado al espejo y allí se ha reconocido.   25

---

16 *HC1, HC2, HC3:* sería, pero (Se sigue versión *A* y *MPM).*
18 *A:* leve y serena,

Ascensión del vivir[99]

Aquí tú, aquí yo: aquí nosotros. Hemos subido
    despacio esa montaña.
¿Cansada estás, fatigada estás? «¡Oh, no!», y me sonríes.
    Y casi con dulzura.
Estoy oyendo tu agitada respiración y miro tus ojos.
Tú estás mirando el larguísimo paisaje profundo allá
    al fondo.
Todo él lo hemos recorrido. Oh, sí, no te asombres.   5
Era por la mañana cuando salimos. No nos despedía
    nadie. Salíamos furtivamente,
y hacía un hermoso sol allí por el valle.
El mediodía soleado, la fuente, la vasta llanura, los
    alcores, los médanos;
aquel barranco, como aquella espesura; las alambradas,
    los espinos,
las altas águilas vigorosas.   10
Y luego aquel puerto, la cañada suavísima, la siesta
    en el frescor sedeño.
¿Te acuerdas? Un día largo, larguísimo; a instantes
    dulces: a fatigosos pasos; con pie muy herido:
casi con alas.
Y ahora de pronto, estamos. ¿Dónde? En lo alto de
    una montaña.

---

[99] DM: 20 de agosto de 1952.

Todo ha sido ascender, hasta las quebradas, hasta los
     descensos, hasta aquel instante que yo dudé
     y rodé y quedé   15
con mis ojos abiertos, cara a un cielo que mis pupilas
     de vidrio no reflejaban.

  Y todo ha sido subir, lentamente ascender,
     lentísimamente alcanzar,
casi sin darnos cuenta.
Y aquí estamos en lo alto de la montaña, con cabellos
     blancos y puros como la nieve.
Todo es serenidad en la cumbre. Sopla un viento
     sensible, desnudo de olor, transparente.   20
Y la silenciosa nieve que nos rodea
augustamente nos sostiene, mientras estrechamente
     abrazados
miramos al vasto paisaje desplegado, todo él ante
     nuestra vista.
Todo él iluminado por el permanente sol que aún
     alumbra nuestras cabezas.

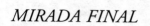

MIRADA FINAL

Mirada final[100]

(Muerte y reconocimiento)

La soledad, en que hemos abierto los ojos.
La soledad en que una mañana nos hemos despertado,
      caídos,
derribados de alguna parte, casi no pudiendo
      reconocernos.
Como un cuerpo que ha rodado por un terraplén
y, revuelto con la tierra súbita, se levanta y casi no
      puede reconocerse.
Y se mira y se sacude y ve alzarse la nube de polvo   5
      que él no es, y ve aparecer sus miembros,
y se palpa: «Aquí yo, aquí mi brazo, y éste mi cuerpo,
      y ésta mi pierna, e intacta está mi cabeza»;
y todavía mareado mira arriba y ve por dónde ha
      rodado,
y ahora el montón de tierra que le cubriera está a sus
      pies y él emerge,
no sé si dolorido, no sé si brillando, y alza los ojos y
      el cielo destella   10
con un pesaroso resplandor, y en el borde se sienta
y casi siente deseos de llorar. Y nada le duele,
pero le duele todo. Y arriba mira el camino,

---

[100] DM: 27 de febrero de 1952.

y aquí la hondonada, aquí donde sentado se absorbe
y pone la cabeza en las manos; donde nadie le ve,
      pero un cielo azul apagado parece
      lejanamente contemplarle.   15

   Aquí, en el borde del vivir, después de haber rodado
      toda la vida como un instante, me miro.
¿Esta tierra fuiste tú, amor de mi vida? ¿Me preguntaré
      así cuando en el fin me conozca,
      cuando me reconozca y despierte,
recién levantado de la tierra, y me tiente, y sentado
      en la hondonada, en el fin, mire un cielo
piadosamente brillar?

   No puedo concebirte a ti, amada de mi existir, como
      sólo una tierra que se sacude al levantarse,
      para acabar,   20
cuando el largo rodar de la vida ha cesado.
No, polvo mío, tierra súbita que me ha acompañado
      todo el vivir.
No, materia adherida y tristísima que una postrer
      mano, la mía misma, hubiera al fin
      de expulsar.
No: alma más bien en que todo yo he vivido, alma
      por la que me fue la vida posible
y desde la que también alzaré mis ojos finales   25
cuando con estos mismos ojos que son los tuyos,
      con los que mi alma contigo todo lo mira,
contemple con tus pupilas, con las solas
      pupilas que siento bajo los párpados,
en el fin el cielo piadosamente brillar.

   20-21 *HC3:* forman un solo verso (Se sigue versión *MPM, HC1*
y *HC2*).

APÉNDICES

Apéndice I

VERSIONES DIFERENTES

Acabó el amor[1]

¿Por qué, por qué llorar? Acabó el amor.
Dime tendida tu secreto. Ya no amas.
Miré en tus ojos los lucientes jardines,
luna tremenda que encadenó mi vida,
mientras las hojas dulces sonaban y un gemido   5
largo, largo, me ataba firmemente a tu boca.

Con mano lenta, más lenta que la misma muerte,
toqué tu pelo.
Eternidad. Un brillo del cabello en mis labios,
duró. Duró la vida en las venas besándote.   10

Pero el amor, si fue puñal instantáneo que desangró
          mi pecho,
si incendió el aire y sus súbitos pájaros,
si fue un beso, un destino, una luz labio a labio
          apresada,
finó. Finó el beso. Finamos.

---

[1] En *NU2:* pág. 588, este poema apareció acompañado de la siguiente
nota aclaratoria: «El texto de *Nacimiento último,* en la presente edición de
Poesías Completas, está aumentado con un poema, "Acabó el amor", inédito e incorporado ahora al libro a que pertenece.» Volvió a ser incluido
en *NU3:* pág. 618.

Calla. Tendida constas como un río parado.   15
Azul, tranquilo, el cielo sobre tus ojos consta.
Consta el aire elevado, sus templados destellos.
La vida quieta consta tranquilamente exacta.

Yo reclinado en tierra de un verdor sin espuma,
transcurro, leve, apenas, como la hierba misma.   20
Nada llena los aires; las nubes con sus límites
derivan. Con sus límites los pájaros se alejan.

La cogida[2]

(Nueva versión)

El beso
con su testuz de sueño
y seda, insiste,
oscuro, negro.

Se adensa   5
caliente, concreto,
herida adentro,
como un cuerpo de amor
entero
que arrasase y alzase   10
violento
su maravilloso
trofeo.

---

[2] Apareció en el volumen *Homenaje a la memoria de D. Antonio Rodríguez Moñino (1910-1970)* (en adelante *RM*), Madrid, Castalia, 1975, pág. 5. Fue incorporado a la sección *Poemas Varios* de *Mis poemas mejores (MPM)* desde su cuarta edición (1976).

---

2 *RM:* tu testuz (posible errata).

        Beso ciego,
tremendo,   15
que la vida potente
enrisca contra el pequeño cuerpo,
mientras ella indemne en su terciopelo
salta de la nube de oro,
bulto poderoso de negro,   20
imponente majestad que ha emergido
elevando la testuz hacia un reino.

        Hermosa luna, toro
del amor ciego
que ensalza como contra el cielo   25
el cuerpo del amor diestro,
tendido en la cuna radiante,
delicado entre los dos cuernos.

---

23 *NU3:* Hermosa, luna

Tierra del mar[3]

Habitaba conmigo allí en la colina espaciosa.
Vivíamos sobre el mar.
Y muchas veces me había dicho:
«Oh, vivir allí los dos solos,
con riscos, verdad desnuda, lumbre del sol.»   5
Y pude llevármela. Una casita colgaba
como despeñada, suspensa
en algunos poderosos brazos que nos amasen.

Allí habitábamos. Veíamos en la distancia
trepar a las cabras salvajes contra los cielos.   10
El rumor de la trompa lejana
parecía un trueno que se adurmiese.
Todo era vida pelada y completa.
Allí sobre el granito dorado por el sol bondadoso
su forma se me aquietaba, permanecía.   15
Siempre temía verla desvanecerse.
Cuando la estrechaba en mis brazos
parecía que era sobre todo por retenerla.

[3] Esta versión, que se conserva autógrafa en poder de Leopoldo de
Luis, fue publicada gracias a su gentileza por Gabriele Morelli en «La
morte di Vicente Aleixandre: una testimonianza personale», *Quaderni,* Istituto Universitario, Dipartamento di Lingue e Letterature Neolatine,
Bergamo, Istituto Universitario, 1985/1.

Ah, cómo la comprobaba, suavidad a suavidad,
en aquel su tersísimo cuerpo que la ofrecía.   20

　　Lo que más me sorprendía era su dulce calor.
Y el sonido de su voz
cuando yo no la veía
me parecía siempre que podía ser el viento contra las
　　　　rocas.
No había árboles. Apenas algún pino, algún olivo.   25
A veces se templaba una loma con un morado sofoco.
Pero el cielo poderoso vertía luz dorada, color fuerte,
　　　　templado hálito.

　　Lejos estaba el mar: añil puro.
Los cantiles violentos parecían cuajados, petrificados
　　　　de resplandor.
En la amarilla luz todo semejaba despedazado,   30
rodado, quedado
desde un inmenso cielo de júpiter.

　　Pero en la cumbre todo poseía templanza. Y ella
hablaba con dulzura, y había suavidad,
y toda la exaltación terrestre   35
se aquietaba en aquel diminuto nudo de dicha.

　　Había días que yo estaba solo.
Se levantaba antes que yo, y cuando yo me despertaba
sólo un viento puro y templado penetraba mudo por
　　　　la ventana.
Todo el día era así silencioso,   40
eterno día con la luz quedada.
Vagaba quizá por la altura y cuando regresaba había
　　　　como una larga fatiga en sus ojos.
Como un ocaso caído,
como una noche que yo no conociese.
Como si sus ojos ahora no viesen toda aquella luz
　　　　que nos rodeaba.   45

Por la noche dormía largamente, mientras yo
   vigilaba,
mientras yo me detenía sobre su velo intacto,
mientras su pecho no se movía.

Pero amanecer era dulce. ¡Con qué impaciencia lo
   deseaba!
Ojos claros abiertos sonrientes vivían.   50
Y besos dulces parecían nacer, y un sofocado sol de
   lirio puro
penetraba por la ventana.

Siempre ida, venida, llegada, retenida,
siempre infinitamente espiada,
vivíamos sobre la colina sola.   55
Y yo sólo descansaba cuando la veía dormir dichosa
   en mis brazos,
en algunas largas noches de seda.

Isla del mar que bogaba sin peso,
llevando un infinito miedo del amor
y una apurada dicha hasta sus bordes.   60

En el jardín[4]

¡Es tan dulce saber que nunca se enfada!
Juventud suya, alegre vida viva que miro moverse.
Y que sonríe. O está triste. O está alegre. O toma
      besos. O lee. O luego se aduerme.

Pero la vida es graciosa
en su torno.   5
Nunca veo allá venir por poniente
la tormenta morada
que estalle en su rostro.
Una sombra de pesar: es bastante.
«Mira: ¡los pájaros!» O: «Este libro…» O: «¿Qué
      brilla?…»   10
Sí. Un viento corre,
pasa, sensible,
oloroso.

---

[4] Versión aparecida en *Clavileño,* Revista de la Asociación Internacional de Hispanismo, Madrid, año I, núm. 6, noviembre-diciembre
de 1950, págs. 63-64.

Flores en el jardín, que ella prueba. Hay un cedro.
Alto, aromático, hermoso   15
en su majestad juvenil. Y ella a veces
está allí paralela, esbeltísima, grácil,
con su templanza fragante, su novedad,
y allí dura.

Otras veces se agita por el jardín, en colores.   20
Rubio su pelo: una mano del sol con furia lo mueve
y me estalla en los ojos su brillo o su grito, que ciego
      yo escucho.

Pero veo sus colores, su movimiento por el sendero,
      frontera a las rosas.
Y una infinita tristeza, en masa, me llena.
Rosas, y su amor. Y sus pétalos. Flores.   25
Y su rostro que mira, sin tiempo, en aromas.
¡Cómo brilla y se instala, entre olores! Y es joven.

Eternamente juvenil la mañana
la rodea.
Su vestido ligero, traspasado por la luz, ardió. ¡Y es
      tan puro   30
mirarla, a ella, mientras ajena a su tenue desnudez va
      tentando
los claveles carnosos, los aéreos alhelíes, los secretos
ramos de olor invisible que sus pies van pisando!
Desnuda, pudorosa en la luz, el rostro instantáneo,
      sin tiempo, me mira,
y desde allá me ama, misterioso, increído.   35
Y un momento desgarradoramente la llamo.
Con mi voz natural.
(Aquí su nombre.)
Y se acerca, se hace tocable, penetra.
En su ruido veraz. Rompiente, fresquísima,   40
y me entrega su ramo de flores.
Presente, con su olor a esta hora,
con su mano mojada a esta hora,
con su beso —su calor—
a esta hora.   45

APÉNDICE 2

POEMAS DISPERSOS DEL CICLO NACIMIENTO ÚLTIMO *E* HISTORIA DEL CORAZÓN

Se reúnen en este apartado algunas páginas aún dispersas de Vicente Aleixandre pertenecientes al período de composición de *Nacimiento último* e *Historia del corazón*. Parece fácil afirmar que un poeta no sólo es muy importante por lo que publica sino por lo que decide no publicar o destinar al olvido, en obra inédita o en publicaciones dispersas en revistas y periódicos: algunas de las siguientes páginas pueden desmentir categóricamente esta afirmación y ratificar el componente azaroso que también existe en toda selección.

2.1. Poemas del ciclo *Nacimiento último*

Presentamos aquí seis textos propiamente relacionados con la génesis, estilo y propósito de las secciones de *Nacimiento último*, respetando las ideas de coherencia y organicidad que rigieron su aparición. Tres de ellas se recogen aquí por primera vez.

Se presentan siguiendo el orden de los poemas de *Nacimiento último* de los que estas páginas son complementarias.

Como aclaramos en relación con la publicación en revistas de los poemas del libro, es obvio que de ninguna manera creemos abarcar toda la abundante colaboración de Vicente Aleixandre en publicaciones periódicas de la época, lo que no impide que el conjunto de páginas dispersas ahora presentado sea verdaderamente significativo en sí mismo y complemento de un mejor análisis de *Nacimiento último*.

La noche joven[5]

Yo las oí. Fue en otro tiempo. Noches,
noches de luz que entre unas rondas vivas
de lunas nuevas, vírgenes cantaban;
labios hermosos que brillaban suaves,
constelándose tibios en los aires.   5
Yo os vi, os amé. Sobre ligera música,
que una mano divina conducía,
no eran cabellos rubios los suspiros
donde los astros caminaban leves.
La noche tibia era el aliento dulce   10
de un pecho hermoso. De unos dientes puros
vi yo los brillos, contemplé los rojos
abrirse —el fuego respiraba—,
y mis cabellos se agitaron blandos.
Yo sentí roces. Una luz, un aire,   15
un labio, acaso esa caliente lengua
de terciopelo pronunció mi nombre.
Gemí. Canté. Sobre mis labios, otros

---

    5 Este poema fue publicado en *El ómnibus,* suplemento literario de *El Alcázar,* Madrid, 1, 9 de abril de 1945, y recopilado por Alejandro Duque Amusco para la selección de *Nuevos poemas varios* de Vicente Aleixandre, ed. de Irma Emiliozzi y Alejandro Duque Amusco (1987, págs. 69-70), en adelante: *NPV.* Complementario de la primera sección del libro y en general de la vertiente temática de la unión o «Posesión» hombre-cosmos, presente desde *Ámbito.*

pusieron fuego, amor, o sangre, o música,
música larga, embriagadora a venas,   20
a envíos dulces, a calientes pulsos
de qué remotos, inoíbles golpes
de un corazón, que entre mis labios bate.
¡Qué beso! Di, ¿quién ama? Di, ¿a quién amo?,
¿a qué carne constante aquí poseo,   25
luz apretada, resplandor ceñido,
hecho tormento o fuego entre mi vida,
entre mis brazos? Denso el mundo late
entero: ¡oh brillo por mi labio, oh chorro
grueso de luz que por mi boca rueda   30
y que me inunda! ¡Oh comunión de cielos!
¡Ciega entregada noche mía!

[Ha visto el poeta un día][6]

(José María Valverde, en su libro
Oda a la Creación del mundo)

Ha visto el poeta un día
alzarse la luz, amanecer la tierra,
crecer las aguas, coronarse el cielo;
ha visto con ojo inocente
la aurora del mundo, del dividido mundo   5
que hoy triste pisa el
hombre, mientras siente sobre su testa un cielo.

---

[6] Apareció en *Finisterre,* Madrid, segunda época, núm. 37, mayo de 1948, págs. 68-70, sin título y en el orden 4, con el epígrafe que se reproduce, en el conjunto «Tres poetas y una muchacha (Retratos)» (págs. 61-70). De los cuatro poemas, los tres primeros pasaron a formar parte de *Nacimiento último* (Véase nota a «Las barandas»). Aleixandre pensó también en incluir este poema en el libro, de lo que finalmente desistió. En extensa e importantísima carta a Pablo Beltrán de Heredia, del 30 de marzo de 1949, en medio de los avatares del inicial proyecto de publicación de *Desamor,* dice Vicente Aleixandre:

«Los títulos de los poemas deben imprimirse todos iguales, a pesar de que no lo ha hecho así mi copista.

»Se exceptúan los dos poemas referentes a José María Valverde y José Luis Cano, cuyos títulos deben ir lateralmente, no como títulos sino en casi en el sitio *[sic]* donde se suelen poner las dedicatorias, y entre paréntesis. Algo se indica en la copia. No deben ir, esos dos, con todo mayúsculas.» (Julio Neira, 1986, pág. 23.)

No, no busquéis
poetas sabios en su tristeza
que con su larga experiencia recogen   10
fruto de pesadumbre, o que dejan escapar al acaso,
        de unos brazos alzados, unas aves sin día.
Ellos dirán la notación triste,
el cansado reflejo del mundo en su voltear monótono,
o registrarán en su frente vivida la desteñida luz de
        las estrellas.

    Proclamarán al mar dueño de la continua playa
        sin centella donde rompen sin tregua los
        cuerpos humanos.
Y el fuego de los bosques, cuán cenicientamente mas   15
        sin término,
se apagará en un poniente infinito.

    Escapad de esas voces.
Grises voces profundas
que golpean a las frentes humanas   20
convocando al difícil conocimiento de que el hueso
        no arde,
de que el hueso constante bajo la carne se rehúsa,
muerta materia triste, sabia y nunca quemada,
que resiste inmutable el flamígero mundo.

    Para ver a la vida   25
primigenia en sus bordes,
bordes de Dios, si divinos, distintos,
no busquéis al poeta
que de la tierra se alza con la tierra en los labios,
ni al que con su pecho de tierra crece y crece y se
        incrusta,   30
ay, dolorosamente, en los cielos finitos
donde sordos combaten con su duelo los astros.

Escapad, sí, ligeros,
cara a otra aurora nueva,
allí donde el joven poeta moja su intacto pie en el
    mar que Dios hace,   35
mientras mira las aves
aún templadas del labio divino,
como si fueran las mismas voces con que Dios las
    creara.

El poeta naciente, juventud en sus bordes,
inocente si sabio, sin tristeza en sus ojos,   40
puede ver en la luz sin edad en que él mismo sin
    edad vive intacto.

Sabio soplo ligero sentiréis, largo soplo
que abre luz, abre cielo a sus voces.
Y su frente cargada de luz abre luz a los hombres.
Su ademán toma luz, dicta luz al humano.   45
Y él os dice la historia sin edad, ay, presente
por virtud de su misma juventud misteriosa.

Nunca vi más cercano de la voz misteriosa al poeta.
A la sombra de Dios su ademán inefable se os tiende.
Y él revela el secreto vaticinio del mundo   50
desde el borde imperioso de su eterno vagido sin día.

La niña[7]

A Carmen Conde, en su jubileo

Carmen, ¿te acuerdas?
Fealdad, hermosura sólo es un nombre.
Aquella niña miraba con ojos grandes.
Trenes, barcos, tranvías, árboles, azucenas,
todo pasaba lentamente girando   5
por aquellos ojos tan grandes.
Y un rostro podía allí reflejarse un instante, bellísimo,
      absorto,
en aquel espejo tan limpio,
que, como amansándolo en su pura luz, clarísimo lo
      entregaba.
Como podía verse, al instante siguiente, el rostro
      duro, injurioso   10
que por un azar se cruzase,
y que piadosamente se devolvía.

---

[7] Apareció en el «Homenaje a Carmen Conde» de *Mensajes de Poesía,*
Vigo, 1951, s. pág. Asimilable a la sección de «Retratos y dedicatorias», es
una página complementaria de «Ofrecimiento»: probablemente Vicente
Aleixandre haya privilegiado el doble homenaje a Carmen Conde y
Amanda Junquera del poema incluido y decidiera la exclusión de este poema
por repetirse una de las dos destinatarias del «retrato o dedicatoria».

La niña crecía. Maduraba los frutos
con su mano. Crecía más, y unas flores
repentinas rodaban   15
desde sus dedos frescos.
Sin pensarlo enredaba su pelo
en árboles o en penumbra. Besaba y cantaba,
mientras los lisos pájaros le decían secreta su fuga.
Pero ella quedaba. Siempre quedaba. En el borde del
          mar   20
sus dedos menudos tocaban, sabían,
y la espuma se retiraba. ¡Qué libre, ese cielo!

Crecía y decía. ¿Se llamaba…?
Pero no lo diré. Su nombre se escucha
en la cueva profunda donde el viento la nombra,   25
sin entrar. Y se oye en el mudo
silencio con que la ola en la noche rompe en la playa.

Y en el árbol inmóvil. Y en el tiempo…

Pero allí está, en lo alto, quieta, dormida, en un
          borde, en peligro.
Siempre en peligro, en el borde, dormida, diciendo.   30
¡Oh, qué claros ojos abiertos, con mundo en su fondo!
Y allí dormida, diciendo, ignorando, enseñando,
          inquiriendo…

Oh, dinos, dinos, Carmen, si la niña ha crecido.

El poeta viejo[8]

*Y miro las vagas telas que los hombres ofre-
cen, máscaras que no lloran sobre las ciudades
cansadas.*

«Primavera en la tierra»

No buscabas a nadie. Cuando saliste de aquella puerta
oscura, detrás de la cual resollaban los últimos artefactos de
la ciudad cansada, de nada amanecías. No puedo compa-
rarte, hombre acabado, con una luz o una esperanza; sino
sólo, quizá, quizá tan sólo, con el cansado resto de sol apagado que los hombres no ven cuando derrotadamente se
esconde, vencidamente viejo.

¡Oh, viejo solo! ¡Oh, viejísimo solo! Miraste en derredor.
Tu efigie todavía compuesta era vieja, sin luz, pero la triste
apagada armazón se erguía como si todavía una magia posible fuera a iluminar tus palabras, quizá tus ojos, quizá tus
labios, por donde tanta luz escapó en otra hora.

---

    [8] Apareció en *Espadaña (E)*, León, 3 de junio de 1944, pág. [53] de la
reproducción facsimilar, León, Espadaña Editorial, 1978, junto a «El poeta
niño», y bajo el título general: *De la edad del poeta*. Fue incluido en *NPV.*
    Remitimos al punto 2.6. *Cinco poemas paradisíacos* y «algunas breves
series más» de nuestra Introducción para su comentario.

Un traje oscuro, gastado contra los días, cubría tu prestada ignominia a la muerte. Viejo, viejo, viejísimo, muerto que en pie sobre tu olvido pasas.

La ciudad te ignoraba. Atrafagada en la vertiginosa multiplicidad de sus piezas mecánicas, te ignoró siempre. Y tú la desdeñaste, cantor de la Naturaleza que allá en la juventud, desde tu oscuro rincón ciudadano hacia su seno huías. Preso de la ciudad, a veces saltabas sobre sus tristes torres y, libre y hermoso, sobre los verdes jugosos y sobre las espumas cedidas paseaste el azul de tus ojos libérrimos. Oh, poeta amante que, allí, de la tierra poderosa creciste.

Cantabas para los pájaros, acaso para los ríos, quizá para las hermosas colinas o los lucientes valles. Peladamente se ofrecían las rocas y las montañas. Pero cantabas para la sorda, para la impasible naturaleza que nunca pudo escuchar tu voz. Oh, solitario poeta, oh, viejo poeta sobrevivido que jamás fuiste asimilado por la tierra querida.

Imprecatorio o amante, violento o dulce, tú asestaste tus cantos contra los robles temibles o enviaste tu voz sobre los débiles juncos sometidos. Con tu mano extendida acariciaste los altísimos pájaros, alzaste un punto los montes redondos como cuerpos entregados, o pusiste tus labios, en los días completos, sobre las suaves laderas que tibiamente se hunden en los secretos valles.

Pero todo mentira, hermoso poeta, estéril hombre sin luz que destruiste tus límites desde el fondo de tu corazón contra la Naturaleza impasible. Porque ella jamás te aceptó, ni cuando derribado sobre su masa extensa, quisiste que te asumiera en un acto de amor, tras el que cantar, tú o ella, ya unificados en su seno profundo.

Oh, nacido para la muerte. Nacido para la muerte hermosa y terrible, en que la naturaleza consintiera. Nacido para su comunión completa, cuando con dientes duros e indelebles labios sobre la fría corteza, clamaste por tu aniquilamiento humano. Oh, sé de tu no-límite, amante entero de una tierra estrechada, que jamás te abolió de tu preciso cuerpo, para aceptarte íntegro, madre de amor tu vivir al cabo.

Gastado, superviviente de tu no muerte, rehusado de la tierra no amante, oh, doloroso rechazado, te veo deambular como una tela triste. Andas por la ciudad, sobre los hierros, sobre los cementos, sobre lo nunca tierra, y sientes debajo de tu pie desnudo un duro zapato, y más abajo la funda férrea de la tierra maniatada, sobre la que la ciudad levanta sus mentirosas torres de niebla manchada, entre las que tú vagas, mientras la ciudad se multiplica para que nunca alcances los campos olvidados.

Oh viejo, oh viejísimo, oh doloroso poeta sobrevivido. Yo te veo salir esta tarde por una puerta hacia otra puerta, mientras nadie te mira. La ciudad, fatigada, multiplica sus piezas sin descanso. Ruidos, calles, losas, estrépito; carros siempre, metales. Y entre las telas solas que vagamente tú cruzas, te veo a ti, vestido puro y engañador, cuerpo volado y vacío, muerto y evaporado, poeta vestido en cuya tela espesa un pedazo de barro seco, en su espalda, es el último beso olvidado de una tierra perdida.

Corazón del poeta[9]

En estas tardes del invierno la prematura última hora de la luz se puebla de una tristeza cernida, espolvoreada, que se respira lentamente hasta que pasa a nuestra sangre y allí duerme suave en nuestras venas.

Los fantasmas del corazón se alzan con sus voces amadas. Los ojos adorados, la boca fresca, la cantada voz pura: todo es presa de nuestros oscuros sentidos. Inútil el no acordado son del rodamiento triste: el intentado rumor de la ciudad adyacente. En esa hora dulce, casi emanación de un pecho total que tibiamente nos roza con su aliento profundo, los que vivimos en el borde de la ciudad, dolorosamente todavía prendidos a su vida mecánica, pero libres ya, con la frente y el pecho cara a la pura realidad inmediata de la sierra y el cielo, podemos recibir el vaho del crepúsculo como una confidencia dorada, penetrante, vibrante, casi musical para nuestros oídos humanos.

La soledad del hombre entonces rescata su verdad y nos convoca a un género de solicitud que para algunos es irresistible. A este ramo de soledad se llega por un vario ca-

---

[9] Apareció en *Proel,* Santander, otoño de 1946, págs. 5-8. Fue incluido en *NPV* con importantes erratas. Es complementario de la serie de textos acerca del poeta, como «El poeta niño» que cierra *Nacimiento último.* Recuerda y hasta cita o repite textualmente versos de *Sombra del paraíso.*

mino. Hay el filósofo, en quien su cerebro exento se eleva meditativamente, después de arrojar el lastre de su propia realidad latidora, con victoria que es la pura, admirable del pensamiento. Hay el que duerme, preciso, concreto, esculpido en la primera materia del mundo. Y hay el que sueña, con un latido único, acorde, concorde con la pura tristeza del universo; pero expresado, encerrado en un diminuto y repentino corazón de hombre.

Este último ha conseguido un día arrancar su secreto a la luz; apresarla un instante en su puño y arrojarla —creer que la arrojaba— sobre las frentes humanas, con un remedo inspirado del mar cuando en el borde del mundo se agolpa, se alza y se desploma, dando todavía espumantes los primeros destellos de la aurora del universo.

Pero el poeta es un hombre. Es limitado, por hombre. Cuando ase un momento el rayo, se abraza. Cuando incrusta su testa en los silencios estelares, ensordece. Cuando reposa sobre el mar, en esa superficie movediza en que, al fin, secretamente comulga con su materno origen, siente tentador e imposible su destino trágico, revelado por los ruiseñores del fondo.

Pero de todo se sale. Se sale con pie enjuto de la visita maravillosa del fondo del mar. Se desciende —la frente— de los espacios últimos, donde se respira el polvillo de astros. Se cesa de la confusión con montaña y se contempla separadamente el perfil puro, nítido del monte contra las estrellas, mientras el que mira está aquí, limitado también, recobrado también, cansado, con un cansancio que es fatiga del mundo triste y, ay, ya del todo distinto.

Pero no son éstos los fantasmas, no son éstas las penas o dichas del que sueña, acodado, en el borde de la ciudad, con la mano pesarosa sosteniendo la mejilla bañada en la pura luz sin sonidos, en soplos.

Soledad humana, amor humano. Hay una forma de cansancio de lo estelar, cuando el corazón humano ha recobrado su diminuta realidad concretísima y late imperioso, poblado, agolpado de una sangre que casi todo lo ignora, menos el amor. Ah, no sabe nada. Es hermosamente dulce y triste sentir la conciencia del limitado, infinito corazón pequeño, encendido, no comunicable más que a otro corazón pequeño, palpitante, donde sólo vivimos.

El fatigado del mundo, del universo, ha expulsado la mar de su pecho. Ha arrojado a los cien mil pájaros de las tardes piadoras. Tumultuosas gaviotas no entrarán ni saldrán por su garganta, en una catarata de plumas que inundaban el horizonte. No quiere sentir en su mano a la luna, acariciarla, estrujarla, sorber el lívido zumo que hacía lucir su lengua y amarilleaba su pesar, con sólo luz, afligida luz por sus venas.

Hele aquí, frente al crepúsculo, justo asomado a una ventana pequeña. Pequeña es la habitación donde vive. Sillas, libros, flores abajo, un jardincillo, un bosquecillo más allá. Vidrios existen. Lento papel existe. Tibieza, calor, pensativa frente, envuelta en rigurosa piel viva. Mano que despaciosamente él mira, mientras sonríe, con la buena luz del crepúsculo entre los dientes. Luz que casi respira, con su pecho humano, con su corazón ignorante.

La soledad ya es distinta. ¿Por qué suspiras, solitario, triste soñador real, realísimo que, en tu bulto propio, no te alucinas y padeces tu ración de dolor, mientras contenidamente descansas con la frente en tus manos y un gemido inoíble te sube del pecho y rompe silenciosamente en una boca que ha conocido el beso, el dulce beso sobre unos labios humanos?

El enamorado no puede romper ya sus fronteras. No le pidáis un abrimiento de cósmica gloria. Secretamente sólo romperá los límites de su vida para su amor concedido. Pero ya no puede sobrepasar su tamaño, con un reposo completo, adquiriendo la forma y el poderío pesante de la cordillera extendida.

La angustia del alma, los tormentos de la vida, los éxtasis de la existencia: todo cabe en el repentino corazón de hombre. Ya no sabe nada. Dejadle mover su mano, pero no entre las luces de arriba, sino acariciando la sedeña cabellera rizosa, donde las ondas crujen, no de espuma, sino de rubia tibieza entre los dedos amantes. Dejadle que se muevan sus labios, pero no para un torpe repasar la fría superficie del astro, sino para resbalar dulcemente por una frente tibia y posarse con tenuidad en unos ojos cerrados en el entresueño amoroso. ¡Cuánto sabe esa mano, y cuánto olvida! Olvida, mano triste, la extensión de la arena uniforme y conoce tu verdadero destino; detente en la cálida axila, hueco diminuto, nido aterciopelado, donde la mano olvida y renace, casi también pequeña, trémulamente diaria, gozosa, alerta y capaz de la reveladora sorpresa.

Tu tristeza, mano nueva, sea la que una frente adorada te dé cuando duerme, cuando tú la interrogas, con la zozobra de tu destino. Boca que juraste, lengua que descifraste, garganta que iluminaste: todo —besos y llanto, esperanza o caricia, desesperación o agonía—, todo pasa por vuestro reino como el aliento que exhala el corazón ocultado. Y tú, pecho no solitario que hoy recibes la luz, en tu ventana, del crepúsculo leve: yo sé que la esperanza y la tristeza combaten allí en el reducido ámbito donde cabe el amor. Inmenso amor reventado que recorre las paredes interiores del alma; pero instaurado entre ellas como en un universo. Porque el diminuto corazón encierra todo el amor del mundo; pero concretado para un solo corazón que dichosamente tiene forma, tiene nombre, fronteras, realidad besable, alma inspirable y tangible que embriaga con su luminosa presencia al rescatado ser que regresa, por el sufrimiento y la dicha, de su perdición en los aires, en las aguas, en las arenas, para rehacerse súbitamente en su dibujada forma precisa, en su sangriento color de carne, atravesada por una flecha.

A unos poetas jóvenes[10]

En esta tarde de la temprana primavera,
bajo un azul glorioso que, indemne hoy, nos remata,
henos aquí reunidos, poetas, amigos míos,
por la magia serena y ardiente de una palabra hermosa
que da su borde a la clara poesía.   5

No, no ignoráis vosotros, arrebatados
en tantas noches profundas o en mañanas violentas,
ardidos, consumidos en la savia de una sangre
        encerrada,
o vivificados por su secreta embestida,
no ignoráis que el destello de la amistad reparte   10
su luz a escasos hombres, que un noble ademán usan.

Dejad que tristes vayan, no sé si como sombras,
acaso como telas cansadas en ciudades,
como vestidos solos por las ciudades grises,
las máscaras del hombre que al hombre acaso imitan.   15

---

[10] Apareció en *Espadaña,* León, núm. 12, 1945 (págs. 265-267 de *Espadaña,* reedición facsimilar, León, Espadaña Editorial, 1978). Véase nota al poema «Eternamente», pág. 130. Se ubica junto a «El poeta viejo» y «Corazón del poeta» por tratarse de páginas fuertemente complementarias.

¡Oh soledad humana, sin amistad! Miradles
con un cuchillo frío apuñalar lo oscuro,
los fantasmas de hombre, mientras ciegos entierran
sus filos en las sombras, que en sombra se desangran.

Pero no, amigos míos.   20
Convocados en esta tarde de primavera os veo.
Más allá de estos muros hay montes, vemos cielo.
Primero está la tierra serena que, agolpada,
conoce vuestra sangre, que suya ha sido un día.
Yo os veo conmigo y veo la tierra por vuestros claros
                    ojos,   25
que ahora brilla total por vuestros dientes puros.
Y en vuestras manos estrecho la tierra: ¡cuán desnuda!
La tierra entera, hermosa, que nuestros cuerpos viven.

Más allá de los montes, os digo, vemos cielo.
No hay muros. Derribadas paredes, pido cielos,   30
cielos, verdad que sólo frentes rozan,
frentes que traen secretas resonancias oídas
entre los puros astros que vuestra frente habita.

Sabios sois, con la única sabiduría pura:
sabios del mundo, sabios de la tierra, sabios   35
de cielo; sabios con ciencia hermosa, si triste, que
                    mostráis
entre los hombres, sólo como piedad un día.

Jóvenes sois, amigos. Sois buenos. Así os quiero,
si sabios, inocentes, con la difícil luz
que es vieja como el mundo y es virgen con la aurora,   40
y si en la noche veo, por vuestros ojos, duros
planetas, apagadas estrellas, crudos astros
o lunas pensativas que en la pupila duran,
veo también lucientes mañanas, iniciales
criaturas que en vuestro ojo amanecen,   45
ojo donde miramos cabal cifra del mundo
que destella a los hombres, con un brillo incansable.

Esta luz que mis trémulas manos un día tomaron
de otras manos antiguas, como una antorcha viva
yo os paso, amigos. Vedla: 50
viva la llama está y vuestro rostro fulge
como una dura estrella segura. Allí un destino,
una órbita os aguarda. Corredla. Cumpla al cabo
su vida el poeta y rinda su estelar gloria última
transmitiendo la luz inconsumible. ¡Asidla!   55

2.2. Poemas del ciclo *Historia del corazón*

Presentamos aquí siete textos de temática amorosa pertenecientes al ciclo de *Historia del corazón*. Tres de ellos se recogen aquí por primera vez.

Queda siempre claro el carácter no completo de esta reunión de páginas dispersas, que ahora agrupamos siguiendo el orden de aparición en las diferentes revistas, con la excepción de «Ausencia», que se ubica primero por probable fecha de composición.

Ausencia[11]

Ay, qué lejos estás. En esta penosa tarde del invierno
contemplo aquí, desde el extremo límite de la ciudad
      que habito,
el monte leve donde tus ojos se posaron día a día,
la nube débil, las nubes amarillas, las casi transparentes
      nubes de ocaso
que tus ojos tranquilos contemplaron, quisieron.   5

Aquí en la soledad de mi vida, ¿qué hay sino tu
      memoria?
En vano vienen y van sombras lentas, las oscuras
      presencias que mis ojos, que no miran,
ignoran. Que mis oídos, que no oyen, no escuchan.
      Que mi corazón, que no siente,
no golpea en amor. Ay, qué solo, qué dulce y
      tristemente solo estoy cuando te miro
sin que tú estés, amor de mi vida, único amor de
      mi vida en mi cielo y mi vida.   10

---

[11] Apareció en *Mito,* Revista Bimestral de Cultura, Bogotá, año I, núm.
1, abril-mayo de 1955, págs. 25-26. En la Cronología de Poemas incluida por
Carlos Bousoño en *La poesía de Vicente Aleixandre* (1977, pág. 475), se data
un manuscrito de idéntico título: 15 de febrero de 1947. En nota se aclara:
«Este poema no fue luego recogido en libro.» Es muy probable que estos
datos correspondan al bellísimo poema que ahora leemos.

Yo no he sabido qué era amor hasta que tú llegaste.
He cantado el amor. He besado con la sombra del
          amor, he sufrido
por amor con un gemido largo, que era el mudo
          gemido que te esperaba.
A ti, graciosa muchacha esbelta, alma joven, pura
          acumulación de la luz, concentración hermosa
del vivir. De pronto en ti se arremolinó la belleza,
          como si el puño de un dios   15
la apresara y la arrojara a mi lado para mi destrucción
          o mi dicha.
Para mi sufrimiento, entre los relámpagos de la luz.

Entre la luz yo sufro, cuerpo concreto, oprimido,
          que entre mis brazos tanto te tuve.
Cuerpo revelado en mi abrazo que sin términos me
          quisiste.
¿Por qué sobreviví al primer beso? Primero y único
          beso que debió ser;   20
muerte o destino, libertad absorbidamente alcanzada
en el eterno nudo de los amantes.

Y hoy heme aquí, sin ti, dibujando despacio el
          contorno de tu besado cuerpo, bordes
          vividos de tu alma.
Aquí lo dibujo. Aquí pongo mi boca y con mis labios
          recorro
el puro perfil luminoso de tu vida apresada,   25
la trémula línea viva de tu retenida existencia.
Alma con forma que día a día rehago con mano
          trémula y derrotada,
con sagrada mano penosa que contemplo en respeto,
porque ella te acarició y repasó tu contorno,
la forma pura de tu amor, el milagro,   30
el palpitante milagro del amor, con su nombre.

Mientras duerme[12]

Nada más pesaroso que un cuerpo dormido, blanco, triste, al lado del amante, en la noche profunda. Cerrado el cuarto, oscuro, ¿existen los cielos? ¿Habrá estrellas? Un fulgor que tú no conoces, inmóvil, rodea esa forma, como el vaho que del sueño surtiera. ¿Conoces ese cuerpo soñado, sin peso, que finge un descanso sobre la holanda fina y que sin un gesto o su luz, te rechaza? Aquí está la frente. Blanquísima, vive el tenebroso reino de la sombra donde los negros besos estallan. Los labios rojos, sin color, por siglos se te alejaron, y allí en el tiempo infinito, reciben los besos de hielo puro que su carmín ardientemente le roban. Oh labios del sueño: pavor de esos labios. Oh labios que nunca he besado. Oh labio: agua pura, agua ciega —¿de dónde?— que yo no he bebido.

¿Qué miras? Aquí la nieve de los brazos, blancos fantasmas del amor caído. Aquí la delgada memoria de la cintura, perfecta nieve lúcida que vigilantemente reposa. ¿Y el vientre? Amontonamiento de blancor que continuamente se funde. No la toques, amante que verías esfumarse la casi aérea forma que sólo como suspiro existe a tu lado. Porque

[12] Apareció en *Mensajes de Poesía*, Vigo, 1948, s. pág. Gracias a las gestiones de Amparo Amorós y a la gentileza de Ramiro Fonte ubiqué hace ya muchos años este otro bellísimo poema, ahora en prosa.

la amada dormida a tu lado no es un alma con bordes frescos, como cuando el amor la revela. Es sólo el soplo tenue, el son, el ritmo de un existir que tú no contemplas. Allí, como sonido sólo, existe la leve quimera, el fantasma casi invisible al que tú desde tu oscura vida no puedes tocar, si no quieres que de su irrealidad no te quede sino una espuma en los labios.

En la ausencia de la amada[13]

Solitario está el ser que amó y vivió. Entro en el cuarto, y la sombra de amor, en la hora crepuscular, con el dedo en el inexistente labio me pide vivir: «Vive. Espera.» Qué largamente acaba la luz, qué interminablemente sigue la vida. Mientras, los seres que rodean a un hombre, a su sombra en la tierra, murmuran las convenidas palabras, los acentos gastados, y suenan desde unas colgadas telas iguales que rodean, agitan, dicen, engañan.

Alzar unos ojos en la soledad, en la falsa soledad, entre los fantasmas vestidos que con su nombre insisten, es mirar en el secreto rincón a la piadosa sombra adorada, resto de una luz que existió, y ver allí la turbia mancha clara, el ademán de hermosura, el entresoñado labio, el índice que sobre su casi carmín dice: «Silencio. Silencio; espera. Existo. Vuelvo.»

Vosotros, sombras impuras, flotantes, falsas, gruesas, pobres, que imitáis a los seres y que rodeáis a quien sueña y olvida: borrándoos vais con el último rayo de sol y en él escapáis con una muda algarabía de ademanes extintos. Solo estoy; solo contigo, amor, alma, sed. Soledad pura.

---

[13] Apareció en *Platero,* Cádiz, 11, noviembre de 1951, s. pág. Fue incluido en *NPV* (1987,págs. 87-88).

Solo: avanza. Osténtate. Despliega tu dulce gracia. Tu dolorosa gracia ausente, y reina para mi sufrimiento. (Desnuda y dulce, te yergues. La noche empieza. En la sombra absoluta sólo el beso de dos bocas entrelazadas existirá hasta las luces.)

Amaneciendo[14]

Pero cuando te veo más niña…
Quisiera soplar sobre tu rostro para así detenerte.
Ahora puedo alargar mi mano y tentarte más niña.
Aquí tu corazón.
Aquí tu soplo respirado.   5
Aquí tu sangre noble por tu talle inocente.
Aquí tu bondad.

Entonces vivir es casi tan delicioso como un sueño
        dormido.
Entonces se ríe mucho,
se alardea de besos,   10
de gracia, de lluvia, de vidas…
Nos perseguimos graciosamente, alocadamente por
        ese pasillo,
o nos acodaríamos en el balcón.
Allí abajo engolfado de flores el jardín reposa.
Engolfado de colores, de pájaros,   15
se mueve más despacio: está hondo.

---

[14] Apareció en *Poesía Española*, Madrid, 1 de enero de 1952, pág. 1.
Hemos incluido en el punto 3.2. de la Introducción las palabras de Leopoldo de Luis referidas no sólo a la historia de esta publicación, sino a la
sorpresa que deparó el «nuevo» Aleixandre.
    Fue incluido en *NPV* (1987, págs. 89-90).

Quietud de dicha parece donde casi miramos.
Y estamos más arriba y el jardín nos recoge,
recoge nuestras miradas, y pía sus gozos.
Rama de pluma larga, curva, sedosa.   20
Y lenta luz en sus hojas que suavísima se desliza.

    Mañana respirada.
Mañana vivida.
Los dos, y el oriente.
Y tu pelo gracioso, en rompientes colores. ¿Rubio?
       Riente.   25
Y mi mano: qué algarabía de luces en esa onda.
Mano que brota.
Brota en tu pelo, cae, se rehace.
Cascada de alegría. Mano que se alborota.

    Por eso la mañana es dichosa. Ríete. ¿Sabes?   30
¿Sabes que nunca será de noche? Mira el sol dulce.
Míralo cómo sube. Aquí se refleja,
en tu pecho casi desnudo: «Bésalo. Tómalo.»
Así dices, y beso pura su gracia,
su coloreada luz, su tibio silencio.   35

    Y ahora. Ahora, amor mío, ¿dormir? ¿Entrar en el
       sueño,
así, para que esto no pase, y el día siga creciendo
hacia su inacabable cenit donde rauda tú vivas?
No. Bésame, canta.
Bésame, inocencia mía. Sólo tú existes.   40
Sólo en tu luz nos hallamos, bella y creíble.
Y debajo de este balcón donde estamos, las flores, el
       agua.
Jardín quieto y despierto. ¡Sí: despiertísimo!

Quedándonos[15]

A veces te miro despacio, con miedo.
Viva estás y te miro. Viva, y te quiero.
Pongo mi rostro contra el pelo querido, mis labios
      contra el rostro que tengo.
Y te repaso y te acaricio, y te estrecho.
Pero me entra de pronto el miedo. Despacio
      marchamos.   5
Marchamos los dos muy despacio, minuto a minuto.
      Siguiendo…
Aquí las flores que tu mano ahora arranca; aquí el río,
      aquí el deseo.
Por aquí esos murmullos que corren: los vientos.
Aquí la luz; aquí el sueño.

Muy despacio miramos, marchando, a los ojos.   10
Qué hermosura agolpada de pronto contemplo.
Tú, amada mía, tú sola: en ti cierto.
Qué importa que la vida se escape deprisa, corriendo.
Despacio, despacísimo, más despacio, más lento,
vamos despacísimamente andando, transcurriendo,
      queriendo.   15

---

[15] Apareció en *Ketama*, suplemento literario de *Tamuda*, Tetuán, 2 de diciembre de 1953, pág. 1
    Fue incluido en *NPV* (1987, pág. 91).

Y aquí en este rincón del barranco, del dulce estar
              quedo,
nos paramos, nos miramos, nos amamos, nos estamos
              quedando, viviendo.

Jardín granadino[16]

Si el amante vaga por la ciudad
que a la amada en su infancia tuviera,
cálida es la mañana,
florido el jardín donde un instante su niñez se posó,
y armonioso el celaje   5
que cubrió su graciosa cabeza con su vuelo irisado.

Porque dulce es el corazón del amante
cuando visita la ciudad inicial
que a la amada tuviera en sus primeras horas.

Allí el solitario jardín,   10
los altos árboles centenarios,
las vaporosas flores
entre las que su niñez se instaló delicada y tranquila,
como otra flor
que pasó, pero que aquí perfuma mi vida con su
        aroma instantáneo.   15

---

[16] Apareció en *Aljibe*, Sevilla, 6 de marzo de 1955.
Fue incluido en *ÑPV* (1987, págs. 92-94).

Allí la recogida plaza, el banco verde,
la arena rumorosa por la que corrió su pie ligero,
los mismos pájaros leves que con apresurada garganta
hoy me gimen, me cantan en los claros ramajes.

El mismo viento mueve   20
las entregadas hojas
de este estío feliz que matinal me recibe.
Toda la infancia pura de la amada me roza
como un suspiro, apenas si como un nombre, como
        el grito delgado
de una leve criatura.   25

Y oigo su nombre entre las frondas que las frondas
        repiten,
y suena en el viento apresurándose como un juego
        dichoso.
Niños corren o pasan, surgen en su dorada presencia.
Rayos de sol parecen o son. Sobre el agua los miro.
Es el regato que un momento inclinado veía   30
su vivo rostro encendido
agitado por el placer de su cuerpo ligero.

Y allí suena la espuma y su lengua repite
las transparentes palabras, las más leves palabras
que ella oyó, y que murmura un instante en mi oído.   35

Cantad, pájaros armoniosos
que escuchasteis la felicidad primera,
la inocencia entregada,
el grito jubiloso infantil que como un alma pura acabó
para un cielo rendido.   40

Inútil que los tristes paseantes
que yo desconozco por la ciudad vivida,
pasen o crucen con sus vestes oscuras.
Sólo el sol gime dulce,   ·
sólo las alas resuenan dulcemente nombrando,   45
en el puro jardín que como un alma mi vida atraviesa.

La aparecida[17]

I

EN TIERRA

Tenía ojos grandes.
(Tristeza mía pura, ¿quién te quería?)
Tenía boca dulce, ojos que miraban muy lejos, frente
    pálida.
(¿Quién te tenía con tu cabeza echada sobre su hombro?)

Apenas parecías de uno,   5
aunque uno te retuviera dócil por la cintura.
Eras frágil como el suspiro que casi aquí alcanza.
Suave, como la hoja que resbala en otoño.

Pero no te quedabas. No recogida nunca sobre la
    tierra.

---

[17] Apareció en *Bottegue oscure,* quaderno XVIII, Roma, MCMLVI, págs. 385-386. En carta a Jorge Guillén escrita desde Madrid, el 17 de noviembre de 1956, dice Vicente Aleixandre: «Poesía escribo poco, apenas nada. Lo que usted conoce de "Botteghe" es cauda de «Historia del Corazón». En rigor todavía no he comenzado otro libro de verso.»
Agradezco al hispanista Gabriele Morelli la ubicación del número de la citada revista.

A veces dormías,   10
y eras como si un soplo de polvo tenue te hubiese
        llevado.

                                    2

                              LA MANO

    La mano no era grande. El hueso expresivo
allí era tan delicado que no pesaría.
Movía lentamente los ojos cuando miraba.
Y quedaba la mano suspensa   15
y, en el aire vivo,
parecía que, un momento solo, transpareciese.

    Pero no era así. Porque era cálida
y temblaba, pero no como un pájaro,
sino como la pluma dulce que nos dejase.   20

    La palabra escapaba...
Pero reteníamos temerosamente la mano, o su huida.

                                    3

                              SU BESO

    No. Su cabeza sobre mi hombro
se humanizaba repentinamente, casi con miedo.
Y besándola cerraba mis ojos sobre su boca,   25
sintiendo en la finísima piel del labio
el raudo latido que se azoraba.

    Apenas paloma, apenas cierva,
apenas sombra de un junco triste,
un instante se apaciguaba,   30
con casi forma bellísima entre mis brazos.

Apéndice 3

NOTAS Y COMENTARIOS DE VICENTE ALEIXANDRE

3.1. A *NACIMIENTO ÚLTIMO*

En la Primera Edición (1953)[18]

Hay libros que se desarrollan alrededor de un tema central, adquiriendo por trabado crecimiento la contextura y el límite de un verdadero organismo cerrado. Pero hay solicitaciones, expresiones en el trabajo del poeta (poemas o series) que sin llegar a cobrar cada una cuerpo bastante para constituir un volumen, no son tampoco asimilables en otro libro del autor, si éstos han crecido desde un núcleo originario, por definido, excluyente.

Un volumen entonces puede de tarde en tarde recoger algunos de estos más breves organismos e ingresarlos correctamente en la corriente general a la que pertenecen.

El presente libro se abre con un primer conjunto solidario: *Nacimiento último* —muerte, es decir, en la visión del poeta, nacimiento definitivo a la tierra unitaria—. Esta serie da su título al volumen porque ella lo sitúa, cronológicamente y acaso también con su sentido, en el lugar que le corresponde dentro del trabajo general de su autor. Le sigue otra serie, *Retratos y Dedicatorias,* donde se reúnen algunas expresiones que a lo largo de los años han inspirado al poeta movimientos de admiración o de amistad. Más

---

[18] Apareció en la edición *princeps (NU1,* págs. 9-10), bajo el título «Nota Editorial del autor». Con el de «Nota a la Primera Edición», y sin variantes, apareció acompañando la última edición *(NU3,* págs. 602-603).

otro conjunto manifestador de algunos poemas escritos sin
solución de continuidad con *Sombra del paraíso,* todavía en
su ámbito, pero cuando tal libro ya se imprimía y sin que
alcanzaran a incorporarse a su rúbrica. Y hay, en fin, algunas piezas distintas, de cuerpo separado, que en cada una
empezaba y terminaba, y que aquí se recogen en la que pudiera llamarse unidad de tiempo, unidad de poeta.

Falta la indicación, para el que le interese, de que la mayoría de los poemas incluidos, y no sólo la serie *Nacimiento
último,* están escritos —aparte algunos retratos y dedicatorias— entre la terminación de *Sombra del paraíso* y el comienzo de *Historia del corazón,* el último libro recién acabado e inédito.

En *Mis Poemas Mejores* (1956)[19]

Nacimiento último es la única obra mía que no forma
un organismo cerrado. A la primera parte, la más extensa,
que sí es un cuerpo orgánico y que da su título al volumen,
siguen *Retratos y Dedicatorias,* homenajes y semblanzas en
verso escritas por mí en el curso de los años, y algunas breves series más.

La parte titulada N*acimiento último,* por su cronología,
intermedia entre *Sombra del paraíso* e *Historia del corazón,*
me parece definitoria en cuanto a estilo y en cuanto a visión. Ella cierra la representación del cosmos iniciada con
Pasión de la tierra y desarrollada en los libros siguientes. Si
bajo tal mirada muerte es amorosa destrucción y reinte-
gración unitaria, a ese término, verdadero «nacimiento último», está dedicada esta sucesión de poemas finales. El ciclo queda concluso y con él cerrada la contemplación del
poeta.

De tal serie se incluyen aquí varios poemas, así como de
los *Retratos y Dedicatorias,* desde el más antiguo, el soneto
a fray Luis de León, muy reproducido, pero no recogido

---

[19] *MPM* (1984, pág. 175). La nota apareció en la primera edición, 1956.
Citamos por la sexta edición.

antes en un libro mío, hasta el más moderno, el recuerdo a Pedro Salinas. Aparte queda la «Elegía», de la que en 1948 se había hecho una edición autónoma, con título diferente.

El volumen *Nacimiento último* apareció en 1953, editado por la revista *Ínsula*.

3.2.   A *Historia del corazón*

Autocrítica de *Historia del corazón* (1954) [20]

Esto de las autocríticas me recuerda lo que alguna vez he oído de aquel escritor a quien le preguntaban qué había querido decir con un determinado soneto. Y contestó: «Lo que he querido decir es esto.» Y recitó el soneto.

Para no defraudar del todo a quien me hace una amable petición, diré que en *Historia del corazón* el hombre es el protagonista inmediato y directo, y, concretamente, el ciclo de su vivir hasta el borde mismo de la muerte. Siempre he creído, naturalmente, que el hombre es el protagonista en la poesía toda, por muy «cósmica» o «telúrica» que pueda apellidarse, porque la Naturaleza, aparezca ésta en la brizna de hierba o en la unidad universal, es siempre y ante todo, con proyección simbólica, materia anímica del hombre que la expresa por su palabra.

Pero en *Historia del corazón* la Naturaleza se ha retirado o es secundaria, fondo para el verdadero protagonista: el hombre en su dimensión temporal, y en primer término el poeta, eso sí, con una conciencia de solidaridad que creo empapa e impregna toda la obra.

Libro extenso, de partes varias, alcanza también proyección sobre la edad humana: el niño, poemas de amor, tiempo de la madurez, poemas de edad extrema, con la carga significativa y última de la vida. Ciencia del conocimiento y de la aceptación. Y la «mirada extendida», la mirada derramada sobre los demás, porque el hombre no vive

---

[20] En «Prólogos y notas a textos propios (1944-1965)», en *OC* (1968, pág. 1456).

solo y la conciencia de la vida es también —¡y de qué modo!— conciencia de compañía.

Libro copioso, en el que he trabajado bastante tiempo, y no sé si por esto hoy tenido como uno entre los preferidos por su autor.

No quisiera decir más, porque es el libro, si puede, el que lo ha de decir. Sólo añadir que el proceso de clarificación del lenguaje, que arranca en los orígenes mismos del poeta (mi estilo posible, alguna vez lo he dicho, es un estilo en movimiento), alcanza aquí su punto máximo de sencillez y de transparencia.

En *Mis Poemas Mejores* (1956)[21]

Historia del Corazón, escrita entre 1945 y 1953, creo que supone una nueva mirada y una nueva concepción en el espíritu del poeta. El vivir humano, tema central, se canta aquí desde una doble vertiente. Visión del hombre vivido, desde la conciencia de la temporalidad (por eso poemas de la edad humana: de niñez, de juventud, de madurez, de ancianidad). Y visión del amor como símbolo trascendido de solidaridad de los hombres, ante «los términos» de su vivir. Los términos... y el término, cuya vislumbre planea sobre todo el libro. Se inició la composición de éste como obra de amor en un sentido estricto, pero pronto la intuición se abrió y ensanchó hasta dar lugar a la visión completa y abarcadora. El título, sin alterarse, se mostró capaz de la cabal significación.

Aparecida en 1954, es quizá la obra mía que en más varios, repartidos y diferentes y hasta contrapuestos corazones ha resonado. No sé si por esto o por lo intentado en él, es hoy uno de los libros míos que prefiero, en unión de algún que otro título señalado antes.

---

[21] *MPM* (1984, pág. 195).

Apéndice 4

DOS ENTREVISTAS OLVIDADAS

Es el mismo Vicente Aleixandre quien nos advierte sobre las eventuales imprecisiones o inexactitudes que pueden tener las entrevistas y por consiguiente el riesgo de considerarlas documento fidedigno. En carta a José Luis Cano, escrita desde Miraflores el 21 de julio de 1953 decía a su amigo:

> Querido Jose *[sic]:* Hace cuatro días se presentaron en casa dos periodistas venidos de Madrid para hacerme una entrevista para *El Español.* En Madrid no me desagrada, según y conforme; pero aquí, sí. Con esta modalidad de la entrevista plural y el viaje ex profeso, me sometieron a tres horas de entrevista. Ellos se fueron contentos, pero yo me temo me hagan decir muchas tonterías, pues aunque tomaron algunas notas, fueron incompletas, y el «montaje» de la entrevista será de pavor. Estoy escarmentado. Nuestro amigo Morón, el de *El Nacional* de Caracas, me hace decir en su entrevista que «Dámaso me considera poeta genial, pero no andaluz»: ¡Y esto lo pone en mi boca! Así hablaría un torero o una bailarina. Y más cosas que no te detallo para no alargar esto. (1986, pág. 112.)

Queda así en claro el cuidado con el que debe ser evaluado y utilizado este tipo de material, siempre que consi-

deremos que, junto al indudable aporte que toda declaración del artista conlleva, las eventuales imprecisiones o inexactitudes corren muchas veces a cargo del mismo entre-
vistado, sumamente interesantes para entrever cómo
Vicente Aleixandre, con un término muy actual, «cons-
truía» la imagen que de sí y de su obra quería mostrar.

VICENTE ALEIXANDRE
LA VIDA Y LA OBRA[22]

> La poesía no es cuestión de expresión
> fácil o difícil, sino del punto de arranque.
> No puede sentirse poeta de «minorías» el
> que se dirige, no a lo que refinadamente
> separa, sino a lo que esencialmente une.

Innecesario parece presentar al poeta Vicente Aleixandre. Su personalidad ha dominado absolutamente el horizonte lírico español durante estos últimos diez años y su nombre ha aparecido constantemente en todas las referencias que se hayan hecho a la poesía española contemporánea. Vicente Aleixandre desde Madrid ha regido todo el mapa lírico español con segura sensibilidad. La dirección de su hotelito del Parque Metropolitano, Velingtonia, 3, ha sido la que los poetas jóvenes españoles han aprendido de memoria; a ella han escrito buscando consejo y ayuda y de ella ha retornado consejo, ayuda y amistad firme y cálida.

---

[22] Con la firma de Néstor Luján, apareció en *Destino*, Barcelona, núm. 768, 26 de abril de 1952, págs. 5-6. La entrevista, ilustrativa de la opinión de Aleixandre sobre su poesía y la evolución de la misma, incluye el comentario de sus dos libros aún inéditos: *Desamor* e *Historia del corazón*. La fecha de la aparición de esta página coincide con la del cumpleaños del poeta.

El gran poeta ha mantenido con el esfuerzo personal de su correspondencia vocaciones preciosas, ha alentado a los apesadumbrados, ha sostenido a los débiles, ha entusiasmado a los que descorazonaban. Ha sido el auténtico padre Nilo de toda nuestra poesía joven. El río majestuoso y fértil de su obra ha fecundado toda la obra poética de las jóvenes generaciones y su presencia lírica y humana ha sido definitiva para la poesía y los poetas.

Físicamente es Vicente Aleixandre un hombre que impresiona por su firme personalidad. Es suave y discreto de trato, de una cortesía profunda y absoluta. Siempre algo delicado de salud, vive muy aparte del caótico mundo madrileño de las letras. En su barrio, levemente desencajado y moderno, del Parque Metropolitano, recibe a los amigos y cumple con su infatigable correspondencia. Vicente Aleixandre es físicamente alto y sólido. Su cabeza, amplia en la frente, fina e inteligente, con su tez de un dorado viejo extraño, se aviva con sus ojos de un azul tierno y claro, ojos de poeta puro; sus manos son largas y elocuentes, en sus gestos breves y lentos, recatados.

Cuando nos recibe, el poeta está reposando. Su salud exige largos descansos del cuerpo, en tanto su espíritu vive en constante vibración. Nos habla quedo, con una voz pura y precisa. Articula con un cierto paladeo fonético de voluptuoso de las palabras, pero usa de una extraordinaria concisión de lenguaje. Durante dos horas contesta con sólida seguridad a todas las preguntas, sin palabras sobrantes, sin enmendar un concepto.

NOTAS BIOGRÁFICAS

—¿Haría el favor de darme los datos biográficos que considere esenciales?

—Nací en Sevilla, el 26 de abril de 1898. El mismo año que Xavier Zubiri, García Lorca y Dámaso Alonso. Como dice éste con gracejo, somos la verdadera generación del 98. Mi padre, el apellido ya lo dice, era levantino, de Valencia, y mi madre, andaluza. Cuando yo tenía dos años se trasladó mi familia de Sevilla a Málaga, de donde son todos mis recuerdos familiares. Cuando hoy alguien me dice que yo no soy «técnicamente» un poeta andaluz, respondo que no lo sé, pero sí sé que sin la Andalucía mediterránea de mi infancia mi libro «Sombra del Paraíso», por lo menos, no hubiera sido escrito…

Estudios

—En Málaga empecé el Bachillerato. Mi padre era ingeniero y yo tenía once años cuando nos trasladamos a Madrid. En Madrid estudié la carrera de Derecho y la de Comercio. Porque yo, amigo mío, ¡soy Intendente mercantil! La primera vez que apareció mi firma al pie de un escrito fue en una revista financiera y su tema era un tema ferroviario; muchos años más tarde debía publicarse mi primer poema.

Yo empecé a trabajar a los veintiún años, en una Compañía industrial. Y he explicado también a esa edad —como pude— dos años de Derecho Mercantil en la Escuela de Comercio de Madrid. Yo ya escribía entonces —muy secretamente— mis primeros versos. Y entonces una enfermedad larga y grave torció, mejor dicho, enderezó el curso de mi existencia. Estuve dos años ausente y desde que volví ya no he trabajado en otra cosa que en la literatura. Lo que pareció circunstancial vino a arrancarme de un destino equivocado.

LOS PRIMEROS POEMAS

—La poesía ¿fue para usted un descubrimiento o era algo inmanente en su espíritu?

—Yo descubrí la poesía a los dieciocho años. Hasta esta edad no conocía más versos que los de la Preceptiva Literaria del Bachillerato, donde los feos ejemplos escogidos de décimas, redondillas, endechas, etc., me hicieron aborrecer una actividad que por aquellas muestras sólo parecía pretenciosa y estéril. Yo era un voraz lector, pero de prosa, y cuando a los dieciocho años cayó en mis manos un gran poeta, Rubén Darío, el deslumbramiento caló hasta los huesos. Era el descubrimiento súbito de la poesía por un espíritu juvenil en cierto modo madurado por la lectura de otros géneros. Rubén Darío no influyó en mis primeros versos, porque la sensibilidad «modernista» me fue siempre ajena. Antonio Machado y Juan Ramón Jiménez fueron las sombras que velaron sobre mis primeros poemas juveniles.

—¿Los publicó usted?

—No, y en los azares de nuestra guerra hice un auto de fe con ellos. No los quería dejar atrás si yo desaparecía, a riesgo del fervor generoso de algún amigo. Hoy ese «riesgo» me sería indiferente, y siento, en cambio, no poseer el testimonio de los «primeros síntomas» de lo que luego había de ser «adolecimiento» mortal.

—Entonces, ¿en que ocasión publicó usted sus primeros poemas?

—A diferencia de lo que después he visto en la mayoría de los poetas jóvenes, yo no enseñaba mis versos a nadie. ¿Pudor? Temor más bien a que me desengañaran. ¡Amaba tan infinitamente la labor de hacer mis versos! Maduré a solas durante años. Así pudo darse el caso de que, cuando por un azar se llevaron mis poemas, aparecieran benévolamente en la «Revista de Occidente». Era 1926. Ya había quemado en silencio las etapas que suelen dedicarse a las primeras revistas juveniles.

Los libros

—La cronología de sus libros es distinta al orden de publicación, según creo. ¿Podríamos establecerla ahora?

—Mi primer libro, «Ámbito», publicado en 1928, apareció en el clima de lo que se ha llamado «poesía pura» y participó de este clima, aunque no con un entero sometimiento. El segundo libro, «Pasión de la tierra», de 1928-29, fue una verdadera ruptura con dicho clima. Frente al ideal de poesía «cristalizada» de la época, «Pasión de la tierra», en su pequeño sector, intentaba romper la cristalería y que saltara sangre. Para ello escogía la más libre de las formas: el poema en prosa... Una urgencia de manantial, un hervor de materia viva a la que el poeta escuchaba entregado: poesía en estado naciente. Es mi libro más extremoso y el más próximo a lo que se ha llamado suprarrealismo; aunque yo no he sido jamás un poeta suprarrealista, porque no he creído en la «escritura automática», ni en la abolición de la conciencia crítica.

De «Pasión de la tierra» arranca la evolución de mi estilo poético, que desde los inicios va gradualmente aclarándose, tanto en sus luces como en su materia verbal, en un proceso ininterrumpido.

«Espadas como labios», aparecido en 1932, tiene ya una voluntad de verso envasador, de ordenamiento y contención, y los temas se dibujan ya en muchos poemas con una representación objetiva, que se perfila aún más en el libro siguiente: «La destrucción o el Amor», escrito en 1933, impreso en 1935. ¡Qué lejos ya del suprarrealismo! La transparencia llega al máximo en «Sombra del Paraíso», publicado en 1944, donde campea una luz azul. Entre este libro y el anterior todavía hay uno intermedio, «Mundo a solas», que iba a aparecer en 1936, cuando estalló nuestra guerra, y que se ha publicado en edición limitada en 1950.

Libros inéditos

—¿Tiene usted algún libro inédito? Los largos espacios entre la realización de su obra y las fechas de su publicación lo hace esperar así.

—Tengo dos: «Desamor» e «Historia del corazón». En el primero, además de la serie de poemas que le da nombre, se recogen poemas de diferentes épocas no incluidos en ningún libro, que han sido siempre como organismos unitarios. Es este libro, en cierto modo, el más disperso y encontradizo de los míos y en este sentido le miro con especial simpatía. «Historia del corazón», libro de poemas amorosos, es lo último que he escrito y marca hasta ahora

el postrer período de esa evolución que es el proceso de un
estilo en movimiento. Salvando el escollo del verso libre,
de hecho quizá resulte un libro casi «para todos».

Los poetas amigos

—Mis mayores amigos entre los desaparecidos fueron
Federico García Lorca y Miguel Hernández. ¡Qué distintos
los dos! García Lorca era como un gran viento irresistible.
Miguel Hernández, como la tierra tangible y duradera.
Como poeta, qué duda cabe, ha habido otros contemporáneos tan grandes como Federico; como fenómeno humano no he conocido a nadie que pueda serle comparado.
Era como una irrupción de fuerza avasalladora. El poder de
la simpatía humana, fenómeno cósmico, llegaba en él a su
culminación. Era como un aire mágico que todo lo absor-
biese y encendiese. En cambio, Miguel, sano y terroso, era
mucho menos brillante, pero ¡qué confiado y fundamental
en su apariencia sencilla!

A Federico, al volver a Madrid después de mi larga enfermedad, le conocí el día del estreno de su «Mariana Pi-
neda». Miguel, mucho más joven, llegó a mí más tarde.
Acababa yo de publicar «La Destrucción o el amor» cuando
recibí una carta como de un desconocido —para mí lo
era— diciendo ser poeta y desear poseer mi libro y no tener dinero para comprarlo. Y firmaba: «Miguel Hernández,
pastor de Orihuela.» A los tres días vino a casa. Todavía me
parece estar viéndole entrar, con su media estatura, su rostro terroso y enjuto, sus ojos azules, los blancos dientes rei-
dores, un mechoncillo sobre la cabeza casi rapada. Sin cor-
bata, ni cuello; sin calcetines, en alpargatas. Como si
viniera de bañarse en el río. Y muchos días del verano venía de eso, efectivamente.

Su poética

—¿Qué es para usted la poesía?

—Para mí, poesía es comunicación. La poesía no se propone tanto ofrecer belleza (el que quiera salvarla la perderá) cuanto alcanzar propagación, comunicación profunda del alma de los hombres. Por eso no he estimado nunca del todo la posición de los artistas que se dirigen «por principio», a una minoría.

—Pero usted es un poeta minoritario...

—De hecho lo soy. Mas, esto, es la coyuntura histórica la que lo decide. En 1932, en la época en que el más cerrado minoritarismo era una buscada distinción, me preguntaron: «¿Usted escribe para una minoría?», y contesté: «Mi ideal sería que me leyera mi portera.»

—¿No entraña algún peligro ese ideal?

—No, si el poeta es fiel a sí mismo, que es tanto como serlo a los otros. Lo demás, si ha lugar, se dará por añadidura.

—¿En qué consiste para usted la diferencia esencial entre un artista minoritario y otro que no lo es?

—No es cuestión de expresión difícil o fácil, sino del punto de arranque. No puede sentirse poeta de «minoría» el que se dirige, no a lo que refinadamente separa, sino a lo que esencialmente une.

Esto aparte, creo cada vez más en un ensanchamiento de los públicos de poesía. En este sentido, estimo útil el acercamiento del poeta y su obra directamente a esos públicos, y este acercamiento me parece un estímulo tanto como un testimonio. Podría hablarle a usted de mi experiencia personal en muy diferentes latitudes, desde su Barcelona que abre marcha hasta mis solares tierras del Sur, por no hablar de los oyentes de otros países. La sensibilidad de los públicos más dispares para la poesía es extraordinaria y creo que no ha sido valorada ni registrada en lo que significa.

La poesía joven

—¿Qué opina usted de la poesía joven actual?

—Ahí está y no puede ser desconocida, y ¡cómo reconforta esta realidad sobre todo el haz de la Península! A ella está encomendada la marcha hacia adelante de la corriente viva, en la que creo. Si me pregunta usted qué problemas tiene planteados la juventud en la poesía, le diré que quizá dos principales, con los que se enfrenta vigorosamente. Uno, de fondo, es el de la renovación de los temas. Existe un cansancio, más que de los temas mismos, del modo uniforme de cantarlos. El otro problema es el de la buena resolución de la «prosaización» de la poesía (útil asimilación de giros, fórmulas de la prosa), por donde la lírica está buscando su ensanchamiento. En la primera mitad del siglo, la poesía dominó y tiñó a los otros géneros literarios. En los años que ahora se inician ha de resultar interesante observar cuál es la relación o influjo entre los géneros de la literatura. Por de pronto hay que registrar el renacimiento de la novela.

Una anécdota

—¿Recuerda usted la anécdota de su vida que tenga más poesía?

—No sé si la más poética, pero sí la más reciente. Vino una vez a verme un soldado, poeta desconocido de un pueblecito aragonés y autor, según me dijo ingenuamente, de sólo dos poemas, inéditos, «que le habían costado mucho trabajo». Me hizo varias preguntas, pero llegó la principal, aquello en realidad por lo que había venido a verme. «¿Cómo se las arregla usted, don Vicente, para estar escribiendo noche y día?» Había una enorme ansiedad en sus ojos. «Yo no escribo noche y día, ni muchos menos», le contesté con la mayor humildad. «¡Ah! Pero ¿usted no consigue estar escribiendo noche y día?» «No exactamente...» Jamás he visto mayor desencanto que el que se pintó en los ojos de aquel hombre. Su actitud varió por completo. Abrevió su visita. Había comprendido que yo podía ser como él, y que escribir un poema podía suponerme también un esfuerzo humano. Y esto es lo conmovedor: se sintió lejos de mí. Y se marchó llevándose su intacta fe en el poeta como un dios, redimido de la tarea humana y dispensador de la mágica fórmula con que también «salvar» a sus elegidos.

—¿Tiene usted algún «violín de Ingres» personal?

—No; pero guardo la secreta añoranza de no poseer el que hubiera querido: saber dibujar. Envidio a los poetas —Bécquer, Unamuno…— que podían hacerlo.

—¿Cree usted que escribir en verso libre supone algún género de liberación para el poeta?

—Para el poeta la liberación consiste en escribir poesía. Hacerlo en un metro o en otro no tiene significación: no es decisivo.

—¿Cuáles son sus poetas preferidos?

—Entre los nuestros, San Juan de la Cruz, Bécquer, Quevedo, Lope… Los dos primeros han sido siempre inmutables en mis gustos. Entre los extraños, Verlaine, Rilke, Keats. Hace veinte años le citaría a usted también a Rimbaud.

Al llegar aquí creemos ver en el poeta un ligero aire de fatiga. Posiblemente es una apreciación nuestra, porque su conversación se mantiene tersa y viva. Su optimismo esencial, de vitalísima poesía, nos ha ofrecido una serie de contestaciones certeras, sin la menor vaguedad. Y el poeta, profundamente humano, pasa a hablar con la misma acuidad y con una curiosidad viva, de otros temas más terrestres, de los problemas superficiales, pero también auténticos, de la vida actual.

VICENTE ALEIXANDRE
ROMPE SU CLAUSURA

Cerco de soledad[23]

Desde Miraflores de la Sierra el poeta habla de su mensaje.

Un nuevo libro de Vicente Aleixandre en la calle es siempre motivo más que suficiente para el comentario y la polémica. Así, «Nacimiento último» nos trae, junto a todo el sentir de la poesía aleixandrina, honda y profunda de pensamiento, la discusión de críticos y poetas.

No es tarea fácil entrevistar al poeta, porque ya Vicente Aleixandre no está en Madrid. Veranea en su hotelito de Miraflores de la Sierra y hasta allí tenemos que desplazarnos. En Miraflores, Aleixandre descansa durante dos meses y medio y está a 50 kilómetros de Madrid, como si estuviera a 2.000, porque el poeta no recibe en este tiempo y

---

[23] Apareció en *El español,* 16-22 de agosto de 1953, repitiendo una de las tres fotos del poeta (el poeta para esta época) que ilustraba la anterior entrevista.

A esta entrevista se refería el poeta en la carta a José Luis Cano del 21 de julio de 1953 que hemos citado en el comienzo de este Apéndice 4.

no tiene ni siquiera teléfono para quedar aún más aislado de su vida cotidiana de la capital. Ni amigos, ni periodistas, ni nadie, ya que este hombre, que es siempre tan generoso de su tiempo, quiere, al menos durante el verano, disponer un poco de sí mismo.

— La descansada vida...

«Vista alegre», la villa de Aleixandre, está enclavada en un escenario de serena quietud, lejos del tráfago de los veraneantes del pueblo. La casa se asienta sobre un altozano y mientras avisan nuestra llegada miramos cómo el aire de la sierra desfleca los olmos y las acacias del jardín y sentimos que nos llegan, de la llanada que se divisa a los pies, las voces con ecos de dimensiones grandiosas de los labriegos que terminan sus faenas.

Sorprendido de que hayamos irrumpido en su retiro, el poeta avanza hacia los dos periodistas seguido de su enorme perro de raza branca de Auvernia. Alto y rubio, más que un meridional, Aleixandre parece un nórdico. Sus primeras palabras son acogedoras.

— *Nacimiento último,* la muerte

BLANCA ESPINAR.—¿Se debe la transición que se apunta en su último libro a un estado de espíritu diferente?

ALEIXANDRE.—Se ha dicho, efectivamente, que hay una transición, pero no es muy notable y en casi todos mis libros la hay; además, es la fluencia misma de la vida que va llevando el poeta a su poesía. En «Nacimiento último» existe esa transición en el sentido de que se empieza a abandonar la visión cósmica.

JAIME VEIGA.—¿Y qué significa ese título de «Nacimiento último»?

ALEIXANDRE.—Significa y es la muerte. Es el nacimiento definitivo. El estado de postmuerte, del que trata, es el nacimiento a la muerte, a lo definitivo.

BLANCA ESPINAR.—Y dentro de su obra poética, ¿qué es «Nacimiento último»?

ALEIXANDRE.—En su primera parte, es un cerrar la visión del mundo poético mío al tratar de la muerte en concordancia con todo lo presupuesto en libros anteriores. El amor a la muerte es el amor definitivo, irrevocable.

JAIME VEIGA.—¿No habrá, don Vicente, algo morboso en ese regusto de la muerte?

ALEIXANDRE.—Para mí, la muerte no es término. Es una glorificación.

JAIME VEIGA.—De todas formas, ¿la poesía contenida en «Nacimiento último» podemos entenderla como pesimista?

ALEIXANDRE.—No; no puede ser pesimista si en ella canto a la muerte como un triunfo vital.

— Estoy apartado de la vida social

BLANCA ESPINAR.—¿A qué se debe ese retraimiento suyo de la vida social?

ALEIXANDRE.—Es verdad, yo estoy completamente apartado de la vida social, pero esto no es porque yo no sea un hombre sociable, sino porque trabajo intensamente y no tengo tiempo para asistir a reuniones y cócteles.

BLANCA ESPINAR.—¿A espectáculos tampoco va?

ALEIXANDRE.—Sí, me gusta mucho el teatro y el cine, cuando los dos son buenos, y suelo ir algunas veces.

JAIME VEIGA.—¿Qué le gustó últimamente?

ALEIXANDRE.—«Escuadra hacia la muerte».

BLANCA ESPINAR.—¿Qué opina de Sastre?

ALEIXANDRE.—Que tiene una personalidad muy interesante.

BLANCA ESPINAR.—¿Y a tertulias literarias asiste?

ALEIXANDRE.—Tampoco. Además, yo no soy hombre de tertulia, sino de diálogo. En mi casa recibo muchos amigos, pero no juntos, sino a horas diferentes, y cuando no trabajo siempre tengo para conversar grata compañía.

Blanca Espinar.—¿Quiénes suelen ser?

Aleixandre.—Pues amigos dilectos, hispanistas extranjeros, algún poeta de Hispanoamérica y bastantes poetas jóvenes.

Blanca Espinar.—¿Es verdad que su casa es como el centro de peregrinación de todos los poetas noveles de provincia?

Aleixandre.—En cierto modo, sí.

Jaime Veiga.—¿Usted se convierte en maestro de estos muchachos?

Aleixandre.—No, yo no les marco nada. Solamente les acojo y les aliento.

— Estuve muy solo al principio

Blanca Espinar.—¿Y no habrá alguna razón sentimental, algún recuerdo, para ser tan generoso con los que recién empiezan?

Aleixandre.—Sí, efectivamente. Esta reacción mía se debe, sin duda, a que yo, en mis comienzos, estuve muy solo. Escribí durante mucho tiempo sin decidirme a decirlo y sin enseñar mis poemas a nadie. Tenía una especie de pudor, mejor dicho, era miedo, un miedo terrible a que me dijesen que aquello no valía. Disfrutaba tanto mi alma escribiendo que temía tener que dejarlo por malo e inservible.

Jaime Veiga.—¿Y cuándo publicó por fin?

Aleixandre.—Pues mi primer poema se publicó en 1926, en la «Revista de Occidente», y sin yo saber nada hasta que lo vi en la calle. Yo dejé una vez olvidado un poema sobre una mesa y unos amigos llegaron a casa, lo encontraron y se les ocurrió llevárselo y ofrecerlo a la «Revista de Occidente», que lo publicó sin poner el reparo de que era de un desconocido. Después, ya todo me fue relativamente fácil.

Blanca Espinar.—¿Cuáles eran los poetas más destacados de entonces?

Aleixandre.—Pues, poco más o menos, los que han so-

brevivido en su renombre: Salinas, Guillén, García
Lorca, Dámaso Alonso, Gerardo Diego, Cernuda, Alberti, Prados y Altolaguirre.

Blanca Espinar.—¿Había ambiente para la poesía?

Aleixandre.—La poesía era el género dominante e incluso
impregnaba a los demás géneros literarios.

Jaime Veiga.—¿En dónde se reunían los poetas?

Aleixandre.—No teníamos tertulia; muchos de ellos no
residían en Madrid, pero manteníamos el contacto por
cartas y cuando venían y, sobre todo, por las revistas poéticas.

Jaime Veiga.—¿Existían muchas?

Aleixandre.—Sí, muchas jóvenes revistas dispersas por
todo el país. Recuerdo, en el Sur, «Litoral», que se tiraba
en Málaga. En el Norte «Carmen», de Gijón, y en Levante, «Verso y Prosa».

Blanca Espinar.—¿Tuvieron dificultad para publicar sus
libros?

Aleixandre.—Precisamente la revista «Litoral» hizo una
colección de volúmenes, y ahora es bonito encontrar en
ellos los primeros libros de los poetas consagrados hoy.

Blanca Espinar.—De esos poetas consagrados, ¿con
quién tiene usted mejor amistad?

Aleixandre.—Entre los que residen en España, con Dámaso Alonso y Gerardo Diego. Yo conocí a todos los
poetas de mi generación en los comienzos de mi vida literaria, pero a Dámaso mucho antes, a los dieciocho
años, cuando yo estudiaba Leyes y Comercio.

Blanca Espinar.—¿Qué predomina en Dámaso, su personalidad como poeta o como crítico?

Aleixandre.—Dámaso es, ante todo, un creador, un poeta, y lo es también cuando su personalidad se completa
con su magistral obra de crítico.

Jaime Veiga.—¿La mejor obra de Dámaso Alonso?

Aleixandre.—¿Para mí?

Blanca Espinar.—Sí.

Aleixandre.—En poesía «Hijos de la ira», y como crítico,
«Poesía española».

— Empleado en ferrocarriles

BLANCA ESPINAR.—En «Nacimiento último» hay una elegía a la muerte de Pedro Salinas. ¿Era también muy amigo suyo?

ALEIXANDRE.—Sí. Pedro Salinas era un gran poeta y era además un hombre generoso que se alegraba como nadie con el triunfo de sus compañeros.

BLANCA ESPINAR *(Volviendo sobre las palabras.).*—Nos ha dicho usted que estudió Leyes y Comercio. ¿Terminó y ejerció estas profesiones?

ALEIXANDRE.—Las terminé, pero nunca las ejercí. En cambio, fui empleado de una empresa de Ferrocarriles —termina el poeta, riendo.

— Rubén me empujó; aprendí de Machado y J. R. Jiménez

JAIME VEIGA.—¿Cuándo se dio cuenta de que sabía usted hacer versos?

ALEIXANDRE.—Inconscientemente. A los once años felicité a mi abuelo y la felicitación me salió en verso. Pero fue mucho después, a los dieciocho años, y por un libro de Rubén Darío que Dámaso Alonso me dejó. Yo a esa edad había leído muy buena prosa, pero poesía sólo la de mi Preceptiva literaria del bachillerato. El contacto con los versos de Rubén Darío fue la revelación de lo que yo sentía.

BLANCA ESPINAR.—Para muchos, Rubén es sólo un poeta sonoro.

ALEIXANDRE.—Sí, magníficamente sonoro, pero también de una técnica perfecta.

JAIME VEIGA.—Entonces, ¿la poesía de Rubén influyó en usted?

ALEIXANDRE.—No; fue sólo el empujón para conducirme a la poesía. Si yo aprendí de alguien el aprendizaje y manejo de los versos, fue de los maestros efectivos de aquel tiempo: de Antonio Machado y de Juan Ramón Jiménez.

BLANCA ESPINAR.—¿Quiere usted contarnos un recuerdo
    suyo de aquel tiempo para cerrar nuestras preguntas re-
    trospectivas?

ALEIXANDRE.—Les contaré una anécdota que fue para mí
    una sorpresa literaria. Estábamos comiendo Federico
    García Lorca y yo en una taberna en la Concepción Je-
    rónima y en el curso de la conversación nos descubri-
    mos recíprocamente que los dos éramos grandes admi-
    radores de Galdós, que pasaba entonces su purgatorio
    de artista, pues era de *mal gusto* el gustar de su prosa rea-
    lista. Todavía recuerdo las grandes carcajadas de los dos
    cuando nos fuimos descubriendo que casi habíamos
    empezado a leer en «Fortunata y Jacinta», «La de Brin-
    gas» y «Misericordia»...

— La poesía da para merendar

BLANCA ESPINAR.—¿Cree usted que nuestra poesía está en
    un buen momento?

ALEIXANDRE.—Sí, en un momento de alto nivel, como lo
    demuestran las numerosas revistas poéticas que circulan.
    Y en cuanto a los poetas, sobre un fondo no muy dife-
    renciado, pero sí estimable, se destacan los veinte o
    treinta nombres de poetas jóvenes de gran interés y so-
    bre ellos se yerguen cuatro o cinco de primera línea.

JAIME VEIGA.—Concretamente, don Vicente, ¿cuáles son
    para usted los poetas jóvenes más importantes de ahora?

ALEIXANDRE *(Diplomáticamente.)*.—Para una primera lista,
    creo que se puede formar a base del índice de la tan dis-
    cutida Antología Consultada de la Poesía Joven, sin más
    que añadir o trocar algunos nombres complementarios
    al gusto de cada cual.

BLANCA ESPINAR.—¿Por qué casi todos los poetas de hoy
    son muy parecidos?

ALEIXANDRE.—En las épocas muy ricas siempre existe un
    conjunto de poetas no muy diferenciados y que sirven de
    base de sustentación a las personalidades verdaderamente
    caracterizadas: no otra cosa sucedía en el Siglo de Oro.

JAIME VEIGA.—Se dice que los poetas jóvenes le siguen y están influenciados por su poesía e igual en Hispanoamérica.

ALEIXANDRE.—Creo que mi obra ha influido en el despertar de algunas vocaciones y en la confirmación de otras. Y en cuanto a Hispanoamérica, la responsabilidad será sólo de mis libros, que han alcanzado allí bastante difusión.

BLANCA ESPINAR.—¿Cuánto le habrán producido sus libros?

ALEIXANDRE.—En realidad, no lo sé fijo.

JAIME VEIGA.—¿Da la poesía para comer?

ALEIXANDRE.—Para comer, no; para merendar, sí.

BLANCA ESPINAR.—¿Es usted partidario del verso libre o del clásico?

ALEIXANDRE.—Para mí, el verso libre es una conquista de la poesía moderna actual y ha venido a sumarse a las demás formas poéticas sin que reclame ningún género de privilegio.

JAIME VEIGA.—¿Principales temas que se abordan en la poesía actual?

ALEIXANDRE.—El tema principal es el gran tema de la situación del hombre en el mundo actual, que si bien siempre inspiró al poeta, hoy lo hace dando fuerte vida a una variante que podríamos llamar poesía social.

— Nunca es tarde...

BLANCA ESPINAR.—¿Qué vida lleva usted aquí?

ALEIXANDRE.—Leo, descanso, no recibo a nadie y estoy revisando mi próximo libro «Historia del corazón», que muy pronto irá a la imprenta.

JAIME VEIGA.—¿Qué leyó usted ayer?

ALEIXANDRE.—A Goltfried Benn, el gran poeta alemán, y la biografía de un político europeo de ahora.

JAIME VEIGA.—Dos preguntas obligadas: su recuerdo más grato como poeta, ¿cuál fue?

ALEIXANDRE.—La primera vez que recibí la visita de unos

poetas más jóvenes que yo. Esto fue a raíz de publicarse mi libro «La destrucción o el amor». Con esta visita comprendí que había dejado de ser «poeta joven».

JAIME VEIGA.—¿Y el momento más ingrato?

ALEIXANDRE.—Una vez que no pude descifrar un poema por la letra tan imposible con que lo había escrito.

BLANCA ESPINAR.—¿Por qué no se casó usted?

(El poeta ríe y contesta divertido.)

ALEIXANDRE.—¡Nunca es tarde si la dicha es buena!

(Y reímos los tres mientras Aleixandre nos estrecha las manos y nos dice:)

ALEIXANDRE.—Adiós, buen viaje y hasta Madrid.

¡Hasta siempre, don Vicente!, decimos nosotros, alejándonos por la carretera.

ÍNDICE

Historia del corazón (poemas)

I
Como el vilano

II
La mirada extendida

COLECCIÓN CLÁSICOS BIBLIOTECA NUEVA

TÍTULOS PUBLICADOS

1. *Platero y Yo,* JUAN RAMÓN JIMÉNEZ, edición, introducción y notas de Jorge Urrutia.

2. *Cantar de Mío Cid,* edición, introducción y notas de Francisco A. Marcos Marín.

3. *El burlador de Sevilla. Marta la piadosa,* TIRSO DE MOLINA, edición, introducción y notas de Antonio Prieto.

4. *Antología del teatro breve español del siglo XVIII,* edición, introducción y notas de Fernando Doménech.

5. *Antología del teatro breve español (1898-1940),* edición, introducción y notas de Eduardo Pérez-Rasilla.

6. *Antología de la prosa medieval,* edición, introducción y notas de Manuel Ariza y Ninfa Criado.

7. *Teatro español del siglo XVI. Del palacio al corral,* edición, introducción y notas de Alfredo Hermenegildo.

8. *La cuestión palpitante,* EMILIA PARDO BAZÁN, edición, introducción y notas de Rosa de Diego.

9. *Antología poética,* FRANCISCO DE QUEVEDO, edición, introducción y notas de José María Pozuelo Yvancos.

10. *Romancero,* edición, introducción y notas de Pedro M. Piñero.

11. *Las moradas del castillo interior,* SANTA TERESA DE JESÚS, edición, introducción y notas de Dámaso Chicharro.

12. *Poesía castellana completa,* GARCILASO DE LA VEGA, edición, introducción y notas de Antonio Prieto.

31. *El príncipe constante,* Pedro Calderón de la Barca, edición, introducción y notas de Enrica Cancelliere.

De próxima aparición

Quinta del 42, José Hierro, edición, introducción y notas de Jorge Urrutia.

Un drama nuevo. Virginia, Manuel Tamayo y Baus, edición, introducción y notas de Julio Checa.

La malquerida, Jacinto Benavente, edición, introducción y notas de Coronada Pichardo.